HARVEY SACHS

A Nona Sinfonia

a obra-prima de Beethoven e o mundo na época de sua criação

Tradução de
CLÓVIS MARQUES

1ª edição

Rio de Janeiro, 2017

CIP-BRASIL. CATALOGAÇÃO NA PUBLICAÇÃO
SINDICATO NACIONAL DOS EDITORES DE LIVROS, RJ

S126n

Sachs, Harvey
 A nona sinfonia: a obra-prima de Beethoven e o mundo na época de sua criação / Harvey Sachs; tradução de Clóvis Marques. – 1ª ed. – Rio de Janeiro: José Olympio, 2017.

Tradução de: The ninth: Beethoven and the world in 1824
ISBN: 978-85-03-01308-6

1. Beethoven, Ludwig van, 1770-1827. 2. Compositores – Alemanha – Biografia. 3. Música clássica. I. Marques, Clóvis. II. Título.

17-42813

CDD: 927.8168
CDU: 929:78.071.1

Título original:
THE NINTH: BEETHOVEN AND THE WORLD IN 1824

Copyright © Harvey Sachs, 2017

Este livro foi revisado segundo o novo Acordo Ortográfico da Língua Portuguesa.

Todos os direitos reservados. Proibida a reprodução, armazenamento ou transmissão de partes deste livro, através de quaisquer meios, sem prévia autorização por escrito.

Reservam-se os direitos desta tradução à
EDITORA JOSÉ OLYMPIO LTDA.
Rua Argentina, 171 – 3º andar – São Cristóvão
20921-380 – Rio de Janeiro, RJ
Tel.: (21) 2585-2000

Seja um leitor preferencial Record.
Cadastre-se e receba informações sobre
nossos lançamentos e promoções.

ISBN: 978-85-03-01308-6

Impresso no Brasil
2017

Para Julian e Lyuba

Para Julián y Lydia

Sumário

Prelúdio   9

Parte um

Uma sinfonia grandiosa com muitas vozes   13

Parte Dois

1824, ou como os artistas internalizaram a revolução   77

Parte Três

Imaginando a Nona   141

Parte Quatro

Começar de novo   207

Poslúdio   245

Agradecimentos   253

Notas   255

Índice remissivo   265

Prelúdio

A Sinfonia nº 9 em ré menor, op. 125, de Ludwig van Beethoven, é uma das composições mais inovadoras e influentes da história da música. Seu movimento final cantado é uma declaração de fraternidade universal, o que explica que a Nona seja a obra mais frequentemente usada para conferir um caráter solene a ocasiões importantes — a abertura das Nações Unidas, a assinatura de um tratado de paz no fim de uma guerra, a queda do Muro de Berlim ou a consagração de uma nova sala de concerto: ela é vista como veículo de uma mensagem que derrama uma espécie de bênção quase religiosa, mas sem ligação a qualquer denominação, a pessoas, instituições e empreendimentos "bons" e "justos" — em suma, que estão "do nosso lado", o que quer que isto signifique. Tem sido usada como bandeira por liberais e conservadores, democratas e autocratas, nazistas, comunistas e anarquistas. Composta na última e mais notável fase da trajetória artística de Beethoven, a Nona consolidou e desenvolveu elementos de suas criações anteriores, transcendendo-os. Ela também se tornou referência e estímulo para gerações de artistas de toda a Europa e além, e ainda hoje ressoa nos mundos paralelos de ideias e ideais.

Carregar — ou sobrecarregar — a Nona com tais ideias e ideais, para não falar de significações de sentimentos bons, era e é possível apenas porque o último de seus quatro movimentos contém um texto que expressa aspirações de paz na Terra e boa vontade entre os homens. Mas os três primeiros movimentos da obra-prima sinfônica do compositor surdo, longos e dramáticos, não são cânticos de glória à liberdade do espírito ou a uma alegria avassaladora ou a qualquer outra coisa. Em toda uma gama de diferentes maneiras, eles falam de emoções íntimas e extremamente complexas e de estados do ser. Graças a seu *finale*, contudo, a Nona tornou-se um paradigma de liberdade e alegria, embora tenha surgido no meio de uma década da história europeia caracterizada pela repressão e o nacionalismo ultraconservador, no momento em que os Bourbon, os Habsburgo, os Romanov e outros governantes dinásticos aterrorizados lutavam por embelezar e fazer valer o conceito de direito divino, no rastro da Revolução Francesa e do novo imperialismo napoleônico. Nesse simples movimento sinfônico, Beethoven oferecia, na verdade, um contra-argumento único às tendências retrógradas da época; em consequência, a compreensão das circunstâncias em que ele foi criado é tão reveladora da política, da estética e do espírito da época quanto da trajetória musical do compositor.

Como tantos outros herdeiros espirituais da Revolução, Beethoven precisou camuflar suas aspirações libertárias e pagar preito aos governantes de cuja proteção dependia e para os quais as expressões de fraternidade universal remetiam aos ideais brandidos pela Revolução Francesa — ideais que esses mesmos governantes ainda recentemente tinham conseguido sufocar. E, no entanto, Beethoven pedia que os cantores e instrumentistas reunidos em Viena num dia da primavera de 1824, para a estreia mundial de sua nova sinfonia, proclamassem, reiterada e insistentemente, o objetivo potencialmente subversivo de fraternidade universal. "Alle Menschen werden Brüder" ("Todos os homens se tornam irmãos") e "Seid umschlungen, Millionen" ("Sejam abraçados, vocês, milhões") eram as expressões-chave dos trechos da ode de Friedrich von Schiller que Beethoven musicava no *finale* da sinfonia. O poema intitulava-se "An die Freude" ("À alegria"), mas nas mãos transformadoras de Beethoven tornou-se uma ode sutil, mas robusta e inconfundível, e uma oração pelo sofrimento da humanidade.

De nossa perspectiva hoje, a estreia da última sinfonia de Beethoven foi o acontecimento artístico mais importante de 1824, mas outras palavras e atos de outros artistas também expressavam, de muitas maneiras diferentes, insatisfação com o retorno do antiliberalismo como princípio mestre e com a restauração de regimes que rejeitavam as conquistas não só da Revolução como de seu antecessor, o Iluminismo. Byron, Pushkin, Delacroix, Stendhal e Heine, entre outros, desempenharam papel importante na história cultural desse ano. E havia também as figuras políticas do mundo "real" e cotidiano: um tsar fanático religioso e um papa de olho nas questões seculares, dois reis franceses e um libertador sul-americano, o príncipe Metternich e o presidente Monroe.

"Beethoven é o gênio quintessencial da cultura ocidental",[1] escreveu Tia DeNora em seu estudo de 1995, *Beethoven e a construção do gênio*, tratando da primeira década do compositor em Viena. Parece uma bela afirmação, porém abrangente demais. Seria mais preciso dizer que Beethoven era, entre outras coisas, um ícone dos adoradores de um certo tipo de gênio, ao passo que Michelangelo serve ao mesmo objetivo para outros, e Mozart ou Dante ou Goethe ou Shakespeare ou Picasso ou Stravinski para outros ainda. Muitos seres humanos precisam cultuar alguém ou alguma coisa, mas a escolha desse objeto fala mais da pessoa que cultua do que do objeto cultuado. Beethoven e suas obras, no entanto, assim como o culto romântico do gênio que seu exemplo e lenda certamente contribuíram para fomentar, exerceram forte influência em posteriores gerações de músicos, artistas e pensadores, e a Nona Sinfonia em particular tornou-se um símbolo da sua condição proteica e estatura dominante. Depois de ouvir a obra pela primeira vez em Dresden, em 1849, Mikhail

Bakunin, o revolucionário e eventual anarquista russo, disse ao regente Richard Wagner que "se toda a música jamais composta se perdesse na esperada conflagração mundial, deveríamos nos comprometer a recuperar esta sinfonia, ainda que correndo risco de vida".[2]

Muitos livros e ensaios examinam de forma detalhada a vida de Beethoven (toda ou apenas em parte), suas obras (muitas delas, algumas poucas ou uma exclusivamente) ou influência (musical, cultural ou política), e remeto a elas em minhas notas e eventualmente até no próprio corpo do texto. Mas devo confessar uma coisa: não sou um musicólogo autêntico. Declaro-o sem vergonha nem orgulho, simplesmente para lhe dar uma ideia do que vem pela frente. Minha educação formal depois do colegial foi breve e irregular demais para que eu pudesse invocar títulos que outros conquistaram fazendo o que não tive disciplina para fazer. Por outro lado, quando finalmente decidi dedicar-me a escrever em tempo integral — sobretudo sobre música —, estava com 38 anos e já acumulara uma dúzia de anos de experiência como regente, além de ter publicado três livros sobre temas musicais. O que quer que eu possa alegar saber sobre música, sei ao mesmo tempo de dentro e de fora. Quando me perguntam qual é minha profissão, costumo responder, para simplificar, "escritor e historiador da música", mas "sonhador acordado, apreciador e viciado em curiosidade" seria uma definição mais exata. Vou agora tentar envergar todas essas cinco vestimentas ao abordar Beethoven e o mundo em que criou sua Nona Sinfonia. E como a missão do historiador consiste em certa medida em remexer os refugos do passado, em que melhor lugar poderíamos começar esta história senão nas latas de lixo da cidade em que Beethoven se sentiu em casa a maior parte da vida?

PARTE UM

Uma sinfonia grandiosa com muitas vozes

"As últimas notícias em Viena"

Lixo malcheiroso e decomposto derramando-se dos latões: foi o que encontrei, em novembro de 2004, ao abrir a porta principal de um imponente mas anônimo prédio de pedras cinzentas no terceiro *Bezirk* (distrito) de Viena, percorrendo em seguida um corredor até o pátio interno. A fachada do prédio retangular de quatro andares ostenta uma placa comemorativa instalada pela Sociedade Schubert de Viena no dia 7 de maio de 1924 — centésimo aniversário da estreia da Nona Sinfonia de Beethoven — e uma outra, mais recente, decorada com bandeirolas sujas das emanações dos automóveis, informando que o tema da "Ode à alegria" constante da sinfonia foi oficialmente transformado em hino da Europa em 1972, quando o Conselho de Ministros da União Europeia tomou a decisão em Estrasburgo. Não há um museu no prédio da Ungargasse, 5, a esquina noroeste de um movimentado cruzamento; na verdade, ao passar pelo portão de entrada, eu estava invadindo propriedade privada.

Na época do compositor, o endereço era Landstrasse, 323 e o prédio era conhecido como a casa Zur schönen Sklavin (Pela Bela Escrava); Beethoven viveu ali nos últimos meses de composição da sinfonia e até pouco depois da estreia. Seu apartamento ficava no andar de cima — o mais barato, numa época sem elevadores —, mas ele costumava receber amigos e conhecidos num café próximo que já não existe, Zur goldenen Birne (Pela Pera Dourada), onde passava muitas tardes. Disse um escritor contemporâneo: "Se tiver algo importante a dizer a um vienense, você pode ir dez vezes a seu apartamento sem encontrá-lo, mas se souber qual o café que ele frequenta, certamente poderá encontrá-lo lá."[1]

Eventualmente, no entanto, as pessoas visitavam Beethoven em casa. Certa vez, durante a composição da Nona, ele convidou o poeta Franz Grillparzer ao apartamento da Landstrasse para discutir um projeto de ópera; Grillparzer encontrou Beethoven, que na época estava doente,

> deitado numa cama desarrumada com trajes de dormir sujos, um livro na mão. Na cabeceira da cama havia uma portinha que, conforme pude constatar mais tarde, dava para a despensa, e na qual Beethoven de certa forma estava montando guarda. Pois quando uma criada saiu por ela com manteiga e ovos, ele não se conteve, embora estivesse no meio de animada conversa, e lançou um olhar de avaliação da quantidade de alimento que estava sendo levada — o que me transmitiu uma terrível imagem de sua desorganizada intimidade doméstica. O projeto de ópera não sairia do papel, e não sabemos o que aconteceu com a manteiga e os ovos.[2]

O compositor Carl Maria von Weber visitou Beethoven nesse mesmo período, e mais tarde seu filho relataria as impressões do pai sobre "o deprimente, quase sórdido quarto habitado pelo grande Ludwig".[3] Ele se encontrava "na maior desordem: partituras, dinheiro e roupas pelo chão, roupa de cama empilhada na cama suja, o piano de cauda, aberto, coberto de grossa camada de poeira e xícaras de café quebradas sobre a mesa". Beethoven atirou as partituras para fora do sofá e "começou a se vestir para sair, nem um pouco incomodado com a presença dos convidados". Outro homem presente nessa ocasião descreveria a aparência de Beethoven:

> A cabeleira densa, cinzenta, empinada, bem embranquecida em determinados pontos, a fronte e o crânio extraordinariamente amplos e arredondados [...] o nariz quadrado, como o de um leão, a boca de contornos nobres e suaves, o queixo largo e com as maravilhosas covinhas vistas em todos os retratos, formado por duas mandíbulas que pareciam capazes de quebrar as nozes mais duras. Uma vermelhidão escura coloria seu rosto largo, com as marcas da varíola; por baixo das sobrancelhas espessas e contraídas numa carranca, os olhinhos brilhantes se fixavam com benevolência nos visitantes.

A respeito de outra visita a Beethoven, presumivelmente algumas semanas depois, Weber escreveu à mulher que esse dia "sempre seria memorável para mim", e que era "curiosamente estimulante ver-se cumulado de atenções tão afetuosas por esse grande homem".

A Viena de hoje parece um museu, ou um museu-sepulcro, embora, graças em parte à chegada de tantos imigrantes asiáticos e africanos, de fato pareça um pouco mais animada nesse início do século XXI do que nos anos de grave tensão entre o Oriente e o Ocidente. Mesmo em dias de sol uma camada de tristeza parece permear a atmosfera, como se um longo inverno tivesse passado sem que se seguisse a primavera. Talvez uma suave depressão tenha sido e continue sendo transmitida de geração a geração — consequência da opacidade que se seguiu a todo o brilho de Viena, do acentuado declínio cultural que sobreveio ao seu longo período de esplendor —, muito embora praticamente ninguém com menos de 90 anos se lembre como adulto de como era a cidade antes que seus artistas e intelectuais judeus e de esquerda fossem expulsos ou eliminados, e ninguém tenha lembrança da capital imperial de Francisco José no período anterior à Primeira Guerra Mundial. Ou quem sabe já se internalizou o sentimento de que essa cidade outrora importante não conta mais, a não ser como magnífico repositório de recordações, e para a maioria das pessoas, em Viena ou em qualquer outra parte, as lembranças históricas não têm grande importância. O que importa são as novidades de hoje, e nesse sentido Viena parece mais monótona que brilhante.

No terreno musical, a Viena de hoje honra (e lucra bastante sobre) os compositores de que mal se dava conta ou mesmo rejeitava quando estavam vivos. Haydn, Mozart, Beethoven, Schubert, Bruckner, Brahms, Schoenberg — a lista poderia prosseguir interminavelmente — têm monumentos, memoriais ou museus a eles dedicados, e podemos comprar chocolates, camisetas e recordações de todo tipo com os rostos e os nomes desses e de outros ícones. Turistas que não seriam capazes de distinguir *Eine kleine Nachtmusik*, de Mozart, da *Verklärte Nacht*, de Schoenberg, compram as bugigangas e ficam achando, ou pelo menos é o que presumimos, que levam para casa algo da quintessência de Viena.

Mas o fato é que certos pontos do turismo cultural podem despertar autêntica emoção. Veja-se, por exemplo, o circunspecto museuzinho dedicado a Beethoven na Casa Pasqualati, no Mölker Bastei, uma bela parte da cidade bem em frente à monumental sede principal da Universidade de Viena. O compositor viveu nesse prédio de apartamentos — que dá uma sensação de frieza vazia, como boa parte da cidade — no auge de sua carreira, de 1804 a 1808 e de 1810 a 1814, mas suas acomodações no quarto andar abrigam objetos de vários períodos de sua vida. Os quartos sem dúvida têm hoje melhor aparência e cheiro que na época em que eram ocupados por toda a sua desordem e sujeira, e, ao visitá-los, fiquei me perguntando se Beethoven teria achado graça se soubesse que gente de todas as partes do mundo um dia pagaria caro só para dar uma olhada no lugar. Ou quem sabe ficaria perplexo ou talvez até grato de pensar que as pessoas desejariam ver e até ficariam comovidas com algumas relíquias bem insignificantes de sua vida...

Seja como for, se você se interessa por Beethoven e pretende ir a Viena, não deixe de visitar a Casa Pasqualati e outros locais com recordações de Beethoven, mas não se sinta obrigado a conhecer a casa da Ungargasse onde a Nona Sinfonia foi concluída — a menos que queira dar uma espiada em alguns latões de lixo do século XXI. Mais importante ainda: não pense que poderá visitar o Kärntnertortheater (Teatro da Porta de Caríntia), onde teve lugar a primeira execução da sinfonia: ele foi demolido menos de meio século depois desse grande acontecimento. Mas, ao me aproximar das latas de lixo da casa Zur schönen Sklavin, pude facilmente imaginar Beethoven — supostamente acompanhado de seu eventual amanuense, Anton Schindler, e de seu inquieto sobrinho, Karl van Beethoven, que também foi seu filho adotivo — passando por este exato lugar, para sair à Landstrasse e se encaminhar para o Kärntnertortheater, uma ou duas horas antes da estreia. A um passo tranquilo, o percurso não teria levado mais de quinze minutos, e, dependendo do caminho tomado, o pequeno grupo poderia ter passado a poucos metros da atual Beethovenplatz — a Praça Beethoven —, um local sossegado, gramado, dominado por uma estátua do mestre construída no fim do século XIX: sobre um pedestal, ele está sentado com sua expressão carrancuda, cercado de anjos de ar entediado e figuras retorcidas, heroicas e aladas dignas de um Michelangelo. Tendo chegado ao destino, Beethoven daria com o ruído e a agitação que antecedem qualquer concerto envolvendo grande número de participantes. E seria saudado à entrada do palco com muitos aplausos e respeitosas reverências: embora suas obras não fossem populares como as de Gioacchino Rossini — o herói musical do momento em Viena e em muitas outras cidades europeias —, Beethoven, aos 53 anos, era o mais reverenciado compositor europeu vivo. Rossini, que na época tinha 32 anos, devia seu enorme sucesso a óperas maravilhosamente cativantes e à pura e simples beleza de sua escrita vocal; sua música era brilhante, mas tão acessível na época quanto hoje em dia; ao passo que Beethoven era brilhante, mas difícil — artilharia de grosso calibre voltada para o futuro. Ainda assim, um concerto dominado pelas estreias de importantes obras orquestrais de Beethoven automaticamente se transformava num acontecimento, e como nenhum concerto dessa natureza ocorrera em uma década, os músicos e melômanos locais aguardavam ansiosamente esse momento desde que fora anunciado, várias semanas antes.

"As últimas notícias em Viena dão conta de que Beethoven fará um concerto no qual apresentará sua nova sinfonia, três movimentos da nova missa e uma nova abertura",[4] escrevera Franz Schubert, então com 27 anos, a um amigo ausente, no dia 31 de março de 1824. Sabia-se que a nova sinfonia seria muito mais longa que qualquer obra anterior do gênero, contendo partes vocais solistas e corais — algo inédito na literatura sinfônica. Esses fatos haviam levado a curiosidade a níveis inusitadamente altos.

Beethoven concluíra essa obra colossal mais ou menos um mês antes de Schubert escrever sua carta, e no dia 10 de março de 1824 escrevera à editora de música de B. Schott, em Mogúncia, oferecendo "uma nova e grandiosa missa solene, com vozes solistas e corais [e] grande orquestra [...] que considero meu maior trabalho" e "uma nova grande sinfonia, que conclui com um *finale* (no estilo de minha fantasia para piano e coro, mas muito mais ampla em seu conteúdo) com solistas e coro de vozes cantantes, sobre texto do conhecido e imortal poema de Schiller: À alegria".[5]

Se você trabalha em alguma atividade que tenha algo de criativo, conhece essa sensação de ter chegado em determinado projeto a um certo ponto a partir do qual já não é possível fazer mais nada sem enlouquecer ou correr o risco de causar algum dano pelo excesso de manipulação. Diz então: "Neste ponto, vou parar." Em meio a sentimentos terrivelmente confusos — alívio e arrependimento, confiança e insegurança, satisfação e repulsa, entre outros —, você entrega o seu trabalho, e a partir desse momento ele adquire vida própria, separada da sua. Num período transitório relativamente curto, você pode talvez fazer alterações ou pequenos ajustes, com base em sugestões dos editores ou outras pessoas ou obedecendo a novas ideias que lhe ocorram, mas, ainda assim, o trabalho já não é inteiramente seu: passou a ser manipulado por estranhos que não sabem exatamente o que você pensava ou sentia enquanto o modelava. E, por sinal, nem mesmo *você* se lembra exatamente do que pensava ou sentia naqueles dias, semanas, meses ou anos atrás. Seu trabalho já não pertence só a você.

Beethoven provavelmente tinha pensamentos e vislumbres dessa natureza sempre que entregava uma nova obra a um de seus editores. Sabemos que ele trabalhava longamente e com afinco na maioria de suas composições — que era do tipo de criador que escreve, reescreve e volta a reescrever, e não totalmente espontâneo. Seu objetivo não era "apenas criar música, mas criar música do mais alto valor artístico",[6] segundo o estudioso de sua obra Barry Cooper, de modo que havia muitos "esboços e esforços afins", numa perene tentativa de "alcançar algo inalcançável". Como Beethoven sabia que a perfeição é impossível — que poderia passar o resto da vida fazendo mudanças e ajustes —, provavelmente precisava dizer a si mesmo a cada vez que concluía uma de suas obras: "Aí está o melhor que posso fazer", para em seguida mandá-la para execução ou publicação, ou ambas as coisas.

Mas não podemos deixar de tentar imaginar o que ele devia pensar ao concluir certas peças — peças nas quais e através das quais explorava novos caminhos, fazia coisas que sabia serem capazes de sacudir e provavelmente intrigar o *establishment* musical, de fato reorientando o leito do rio da história da música. Isto provavelmente acontecia não só em casos óbvios como a Sinfonia "Eroica", com sua duração nunca vista; suas ousadas inovações harmônicas, rítmicas e de textura; seu início chocante (a tradicional introdução lenta do primeiro movimento era condensada em dois rápidos e poderosos acordes tocados *forte* por toda a orquestra); e a distribuição mais ou menos equivalente do peso entre o primeiro, o segundo e o quarto movimentos, com um certo alívio emocional apenas no terceiro. Devia aplicar-se igualmente a obras como a Segunda Sinfonia, habitualmente relegada, cujo primeiro movimento — cerca de sete minutos de música bem acidentada, sem contar a repetição da exposição — contém as indicações *forte*, *fortissimo*, *sforzando* (reforçando, com acentuação forte), *forte-piano* ou *sforzando-piano* em mais de 260 pontos, além da instrução "crescendo" em dezessete momentos. A Segunda parece-nos hoje de uma eufônica animação, mas em 1803, quando da estreia, deu uns sérios sacolejos nos ouvintes. O crítico do jornal da alta sociedade vienense, o *Zeitung für die elegante Welt*, chegou a considerá-la "um monstro grosseiro, um dragão ferido terrivelmente contorcido que se recusa a expirar e, apesar de sangrando no *finale*, agita-se furiosamente com sua longa cauda".[7] E ainda havia outras inovações beethovenianas levando a muito coçar de cabeças: o início serpenteante e harmonicamente ambíguo da Primeira Sinfonia; os tímpanos ameaçadores, afinados em quintas diminutas, na ária de Florestan na ópera *Fidelio*; o emprego de quatro batidas leves de tímpano solo para abrir o Concerto para Violino; o violento início e interrupção no primeiro movimento da Quinta Sinfonia e a fusão do terceiro e do quarto movimentos num contínuo; as imitações da natureza na Sinfonia "Pastoral" (embora neste caso houvesse muitos precedentes); o caráter tempestuoso e veemente de muitos trechos das sonatas para piano; e, sobretudo, as inéditas exigências técnicas que a vasta maioria das obras de Beethoven apresentava para instrumentistas e cantores.

Ao concluir a Nona Sinfonia, ele provavelmente sabia que ela provocaria reações igualmente fortes ou mesmo ainda mais intrigadas e perplexas que suas obras anteriores. Ficamos nos perguntando o que deve ter passado por sua cabeça quando secou na última página da partitura a tinta das últimas notas, palavras, barras de compasso e indicações de dinâmica, preparando-se ele para entregá-la aos copistas e imaginar onde seria apresentada ao mundo.

As providências para a estreia começaram a ser feitas e, como indica a carta de Schubert, a sinfonia não foi a única obra do programa. Na véspera do concerto, um anúncio afixado em pontos estratégicos da cidade proclamava:

> Grande Academia Musical [isto é, concerto] de Herr L. van Beethoven terá lugar amanhã, 7 de maio de 1824, no R[eal] I[mperial] Teatro da Corte perto da Porta de Caríntia. As seguintes peças musicais são as mais recentes criações de Herr Ludwig van Beethoven. Primeiro. Grande Abertura. Segundo. Três grandes Hinos, com Vozes Solistas e Corais. Terceiro. Grande Sinfonia, com Vozes Solistas e Corais entrando no Finale, sobre a Ode à Alegria de Schiller. As partes solistas serão cantadas por D[emoise]lles Sontag e Unger, e Herren Haizinger e Seipelt. Herr Schuppanzigh dirige a orquestra, Herr Kapellmeister Umlauf dirige o conjunto, e a Sociedade de Música fará a gentileza de reforçar o coro e a orquestra. Herr Ludwig van Beethoven em pessoa participará da direção do conjunto. Os preços das entradas são os de sempre. Camarotes e assentos individuais podem ser adquiridos no dia do concerto na bilheteria do teatro, na Kärnthnerstrasse nº 1.038, na esquina da casa junto ao Porta de Caríntia, no primeiro andar, nos horários habituais.[8]

A "grande abertura" — *Die Weihe des Hauses* (*A consagração da casa*) — que iniciaria o programa não está entre as obras-primas de Beethoven, mas contém um tema de inconfundível semelhança com um dos temas do primeiro movimento da Nona Sinfonia. Os "três grandes hinos" que se seguiam eram o Kyrie, o Credo e o Agnus Dei da *Missa Solemnis* — a grande missa que vem a ser de longe a mais importante obra de música religiosa criada por Beethoven; ela fora concluída no ano anterior, mas tinha sido executada apenas uma vez, em São Petersburgo, um mês apenas antes do concerto em Viena, e sem a presença do compositor. E a "grande sinfonia" que vinha em terceiro lugar no programa era, naturalmente, a Sinfonia n° 9 em ré menor, op. 125, que seria apresentada pela primeira vez.

Ao chegar Beethoven, os ouvintes já deviam estar se acomodando no Kärntnertortheater — um teatro tradicional em estilo italiano e formato de ferradura: os assentos da plateia e da galeria eram ocupados livremente por quem fosse chegando; só os camarotes eram reservados. São conflitantes os relatos sobre os participantes do concerto, embora todos os artistas mencionados no anúncio traduzido acima certamente estivessem presentes. Em questão de poucos anos, a jovem soprano Henriette Sontag viria a se tornar a Maria Callas da época, idolatrada aonde quer que fosse. Caroline Unger, a contralto ligeiramente mais velha que a acompanhava, não ficaria muito atrás em matéria de celebridade: até Gaetano Donizetti e Vincenzo Bellini escreveriam papéis operísticos especificamente para ela. Seis meses antes da primeira execução da Nona, Anton Haizinger cantara o principal papel de tenor na estreia da ópera *Euryanthe*, de Weber, também ocorrida no Kärntnertortheater; no mundo de fala alemã, Haizinger já era um dos cantores mais conhecidos de sua geração, embora tivesse apenas 28 anos. O baixo Joseph Seipelt, o mais velho (37 anos) e o menos conceituado dos integrantes do quarteto vocal, substituía à última hora Joseph Preisinger, que não alcançava as notas mais altas de sua parte.

Um amigo do compositor, Ignaz Schuppanzigh, respeitado violinista de 47 anos que participara das estreias de muitas obras orquestrais e de câmara de Beethoven, "dirigia a orquestra". Em outras palavras, posicionou-se provavelmente numa plataforma ligeiramente elevada em frente aos músicos, às vezes tocando o violino e às vezes usando seu arco para dar entradas e outras indicações. Michael Umlauf — violinista e compositor de 42 anos que vinha apenas em quarto lugar na hierarquia dos seis diretores musicais a serviço do imperador austríaco, mas que era considerado confiável por Beethoven — "dirigia o conjunto", o que significa que também dava deixas, sendo igualmente responsável pela coordenação de orquestra, coro e solistas. Mas o anúncio também afirma que Beethoven "participaria da direção do conjunto" — perspectiva igualmente assustadora para participantes e ouvintes, considerando-se sua surdez e a complexidade das obras apresentadas. Segundo a maioria das fontes disponíveis, contudo, o papel de Beethoven limitou-se a dar a indicação básica de andamento no início de cada movimento, e não seria absurdo imaginar que Umlauf e Schuppanzigh instruíssem os músicos da orquestra, os integrantes do coro e os solistas a não prestar atenção se o compositor interferisse em outros momentos, pois ele poderia facilmente pôr a performance completamente a perder. (Num criterioso e fascinante capítulo sobre este concerto em seu livro *First Nights: Five Musical Premieres* [Estreias: cinco premières musicais], Thomas Forrest Kelly assinala que Umlauf já salvara Beethoven de desastres em execuções de outras obras, associando competência musical a "algo que poderia ser um dom para a diplomacia".)[9]

Alguns observadores categorizados consideravam a orquestra de 45 músicos do Kärntnertortheater o melhor conjunto profissional da cidade, mas, ainda que assim fosse o grupo, não era suficientemente numeroso para atender às exigências da Nona Sinfonia. Para esse concerto, Beethoven requeria uma grande seção de cordas e dois músicos em muitas das partes individuais de sopros, além de um timpanista e três percussionistas — o que somaria algo entre 85 e cem executantes, embora não saibamos o número exato. Alguns dos principais músicos profissionais de Viena se integraram ao conjunto, e os melhores instrumentistas amadores da cidade foram recrutados para completar as fileiras. Tampouco sabemos o tamanho exato do coro, que contava entre oitenta e 120 cantores. No dia 6 de maio, no ensaio geral para o concerto do dia seguinte, o compositor, de pé à entrada do palco,[10] abraçara um a um os integrantes amadores da orquestra e do coro que participavam sem qualquer remuneração.

Boa parte do programa apresentava dificuldades técnicas que nossas orquestras profissionais e os coros tarimbados de hoje há muito resolvem com relativa facilidade, mas que seriam consideradas praticamente insuperáveis pelos contingentes semiprofissionais, semiamadores que participaram do concerto de 7 de maio de 1824. Na época de Beethoven não existiam orquestras sinfônicas profissionais; os grandes teatros das cidades mais importantes tinham orquestras próprias cujos membros eventualmente executavam concertos sinfônicos, mas até mesmo nos melhores desses conjuntos as mudanças de pessoal eram frequentes e às vezes profundas. O nível esperado de precisão e disciplina era incalculavelmente mais baixo que o padrão que viria a ser alcançado nos cem anos subsequentes, graças em boa parte ao rápido desenvolvimento da profissão de regente, que na época de Beethoven ainda estava na infância. Schuppanzigh tentou ensinar as partes de cordas aos respectivos instrumentistas em alguns "ensaios separados" — ensaios por naipes, como chamaríamos hoje —, mas não houve ensaios da orquestra inteira sem o coro. E o coro semiamador, cuja tarefa por assim dizer podia ser considerada ainda mais assustadoramente difícil que a da orquestra, teve, ao que parece, apenas cinco ou seis ensaios antes de se integrar às execuções com a orquestra.

Pior ainda: o concerto ocorria antes da publicação das obras do programa, de modo que os executantes trabalhavam com cópias manuscritas, muitas de difícil decifração. Certas partes corais do manuscrito foram reproduzidas litograficamente, mas isto certamente não contribuiu para sua legibilidade. A preocupação de Beethoven com o problema parece quase tangível em uma ríspida carta que enviou a um copista não identificado, não mais de dez dias antes da estreia:

> Copie tudo exatamente como indiquei; e faça uso de um pouco de inteligência aqui e ali. Pois, naturalmente, se as barras de compasso forem copiadas em páginas diferentes das do manuscrito, as necessárias ligações deverão ser observadas; e as notas menores também; pois quase metade das suas notas nunca se encontram exatamente sobre as linhas ou entre elas. Se todos os movimentos da sinfonia forem copiados como o senhor copiou o primeiro Allegro, a partitura inteira ficará inutilizada — preciso das partes vocais solistas que já foram copiadas, e também das partes de violino e assim por diante que ainda não foram verificadas, para que não haja 24 erros em vez de apenas um.[11]

Os ensaios dos solistas vocais podem ter começado já em março. Beethoven conhecera Sontag e Unger no ano anterior, quando tinham 17 e 20 anos, respectivamente, e aparentemente tentou com ambas seus habituais e desajeitados flertes. "Duas cantoras vieram visitar-nos hoje", escreveu ele ao irmão Johann, "e como insistiram categoricamente em ter permissão para beijar minhas mãos e eram decididamente bonitas, eu preferi oferecer-lhes a boca para beijar."[12] No início de março de 1824, Schindler escreveu a Beethoven que Sontag tivera de cancelar compromissos porque bebera um vinho de má qualidade — presente que Beethoven recebera de um admirador e oferecera a ela e a Unger sem segundas intenções. "Ela vomitou quinze vezes na noite de anteontem. Na noite passada, sentiu-se melhor. No caso de Unger, o efeito foi em sentido inverso. Que dupla de heroínas!... Sontag deveria comparecer ao ensaio do concerto da Corte na manhã de ontem. Quando ficou sabendo que perderia os 24 ducados, mandou avisar que se recuperara do mal-estar e compareceria. As duas beldades enviam-lhe cumprimentos e pedem no futuro um vinho melhor e mais salutar."[13]

Quando as duas jovens começaram a estudar as partes que teriam de cantar nas novas obras de Beethoven, o horror diante das cruéis dificuldades impostas por sua escrita vocal diferente e não raro nada idiomática se sobrepuseram à admiração por seu gênio. E como Beethoven se recusasse a fazer alterações, Unger chamou-o de "tirano de todos os órgãos vocais", acrescentando, presumivelmente com um suspiro: "Teremos então de continuar nos torturando em nome de Deus."[14] Mais tarde, contudo, ela recordaria, evocando esses ensaios em geral e aquele encontro em particular:

> Ainda vejo aquela sala simples da Landstrasse, onde uma corda servia de toca-sineta, tendo no meio uma grande mesa onde eram servidos o excelente assado e o magnífico vinho doce. Vejo o quarto ao lado, com partes orquestrais empilhadas até o teto. Bem no meio ficava o piano [...] Jette [Henriette] Sontag e eu entramos no quarto como se entrássemos numa igreja, e tentamos (infelizmente em vão) cantar para nosso amado

mestre. Lembro-me de minha insolente observação de que ele não sabia compor para vozes, pois uma nota de minha parte na sinfonia era alta demais. Ele respondeu: "Trate de aprendê-la! A nota sairá." Suas palavras me estimularam a trabalhar daquele dia em diante.[15]

Beethoven efetivamente trocou um mi natural muito agudo por um dó sustenido no recitativo do baixo — o primeiro verso cantado da sinfonia —, mas como o expediente não resolvesse a questão, o baixo Preisinger foi substituído por Seipelt, como já mencionamos. (Ambas as versões foram mantidas na partitura final.) Qualquer bom baixo ou baixo-barítono solista deve ser capaz de cantar o mi agudo original e os vários mis e fás e mesmo o fá sustenido que ocorrem mais adiante em sua parte sem maiores dificuldades; muito mais problemática é a série de fás naturais agudos que toda a seção de baixos do coro deve cantar na passagem "Seid umschlungen, Millionen!" ("Sejam abraçados, vocês, milhões!"). Beethoven deve ter querido dar uma impressão de esforço e empenho, de aspiração celestial, nesse momento intenso, e com toda evidência assumiu o risco de que uma seção de baixos menos que ideal produzisse um uivo canino, em vez da mais humana das exortações.*

Segundo Helene Grebner, jovem soprano do coro que relataria o evento ao regente Felix Weingartner mais de setenta anos de-

---

* Em entrevista pública realizada por Ara Guzelimian no Judy and Arthur Zankel Hall, Carnegie Hall, Nova York, a 17 de janeiro de 2008, Pierre Boulez declarou que, ao compor passagens altamente virtuosísticas em sua peça *Sur Incises*, tivera em mente precisamente o fator de risco, e não a virtuosidade em si mesma. De maneira geral, os compositores mais inventivos escrevem para músicos talentosos dispostos a trabalhar duro e assumir riscos e capazes de fazê-lo.

pois, "Beethoven sentou-se entre os executantes desde o primeiro ensaio, para ouvir o máximo que lhe permitisse sua condição".[16] Prossegue o relato de Weingartner:

> Sua descrição dele é a mesma que nos tem chegado: um homem sólido, muito robusto, algo corpulento, de rosto rubro marcado pela varíola e sombrios olhos perscrutadores. Os cabelos encanecidos muitas vezes caíam em mechas espessas pela testa. Sua voz, dizia ela, era de um sonoro baixo; ele falava pouco, contudo, passando a maior parte do tempo a ler, pensativo, sua partitura. Tinha-se a trágica impressão de que ele não era capaz de acompanhar [o som da] música. Embora aparentemente estivesse acompanhando pela leitura, continuava a virar as páginas quando o movimento em questão já fora concluído.

Uma partitura inteiramente nova exigindo uma abordagem técnica inovadora; uma combinação de instrumentistas profissionais e amadores e cantores sem o hábito de trabalhar juntos; solistas vocais que consideravam trechos de suas partes impossíveis de cantar; partes manuscritas de difícil leitura e crivadas de erros nas mãos dos instrumentistas e cantores; e um tempo de estudo e preparação absolutamente insuficiente: em tais condições, só dois ensaios de todo o conjunto ocorreram! Ficamos imaginando se nem mesmo 50% dessa nova música poderia ter sido apresentada de maneira inteligível, muito menos convincente, no concerto de 7 de maio. Leopold Sonnleithner, um músico amador (e sobrinho de Joseph Sonnleithner, o libretista de *Fidelio*), estava presente na maioria dos ensaios, os preliminares e o final, e recordaria quarenta anos depois:

> Toda a sinfonia, especialmente o último movimento, gerou grande dificuldade para a orquestra, que inicialmente não a entendeu, embora músicos importantes [...] estivessem tocando nela. Os

contrabaixistas não tinham a menor ideia do que deviam fazer com os recitativos [no início do *finale*]. Ouvíamos apenas um rugido bruto nos baixos, quase como se o compositor quisesse dar prova concreta de que a música instrumental é absolutamente incapaz de falar.[17]

Mas, apesar de tudo, o concerto aconteceu. Beethoven convidara o imperador austríaco, Francisco I, além de toda a família imperial, mas eles não se encontravam na cidade; nem mesmo o irmão de Francisco, o arquiduque Rodolfo, arcebispo de Olmütz — assíduo músico amador que estudara composição com Beethoven e era seu mais importante protetor —, pôde estar presente, e o camarote real ficou vazio durante o concerto. O resto do teatro, contudo, estava inteiramente tomado por um público do qual faziam parte muitos dos protetores aristocráticos de Beethoven, um considerável número de admiradores cultos da burguesia e muitos músicos, em sua maioria pertencentes às classes mais baixas, e sem a menor chance de ascensão social. Beethoven, que na economia vienense em depressão da década de 1820 estava constantemente em busca de maneiras de levantar dinheiro, patrocinara pessoalmente o evento na esperança de lucrar uma bela soma, e deve ter ficado feliz de ver a casa lotada, por motivos financeiros e também pelo tributo à sua arte que isso representava.

Em nossa época, até mesmo as pessoas capazes de evocar impressões que tiveram na primeira audição da Nona dificilmente imaginariam o efeito causado no público daquele dia 7 de maio de 1824. A sinfonia pode nos comover hoje mais do que seria capaz de afetar as pessoas em 1824 porque até mesmo a mais modesta de nossas orquestras profissionais é capaz de tocá-la muito melhor — tornando-a, portanto, mais compreensível — que a orquestra do Kärntnertortheater na época, e também pelo simples fato de que uma obra criada há tanto tempo e reverenciada há tantas décadas vem necessariamente revestida de camadas extras de emoção. O Panteão de Roma é em si mesmo uma construção brilhante, mas o fato de se encontrar no mesmo local há dezenove séculos e de sabermos que seus criadores continuam falando a nós através dele por todo esse tempo contribui incrivelmente para o seu impacto nos observadores que dão importância a essas coisas. Para nós, a Nona é ao mesmo tempo um extraordinário organismo musical vivo e um marco na história da civilização; para os ouvintes de 1824, ela ainda não assumira essa importância como um marco, e, em matéria de organismos musicais vivos, era realmente dos mais difíceis.

Seja como for, a obra foi entusiasticamente saudada pelo público em sua primeira execução. No fim (ou depois do segundo movimento, segundo algumas fontes), os aplausos foram estrondosos, mas Beethoven, surdo e ainda mergulhado no manuscrito, não se deu conta da ovação até que Fräulein Unger o puxou pela manga e o fez voltar-se para ver o público batendo palmas e acenando com chapéus e lenços. Ele então se curvou em agradecimento.

"A atual temporada musical de inverno não poderia ter chegado ao fim mais condigna e brilhantemente do que com uma grande academia [concerto] musical em que o maior gênio de nossa época demonstrou que o verdadeiro artista não pode estagnar",[18] escreveu o autor anônimo de um artigo publicado na revista musical alemã *Cäcilia*. Prossegue o artigo:

> Para a frente, para cima, eis o seu lema, o seu brado de vitória. *Beethoven* apresentou uma grande abertura, três hinos de sua nova missa e sua nova sinfonia, cuja parte final termina com um coro sobre o poema de Schiller, "An die Freude". Podemos dizer apenas que os conhecedores admitiram e unanimemente declararam: *Beethoven* superou tudo que anteriormente nos tinha dado; *Beethoven* avançou ainda mais à frente!!

Essas novas obras de arte surgem como produtos colossais de um filho dos deuses, que acaba de trazer diretamente do céu a chama sagrada que dá vida.

Mas o entusiasmo da primeira plateia e de muitos dos críticos presentes quase certamente foi mais estimulado pela pura e simples força física da música e pelo generalizado respeito por seu compositor já avançando em idade (aos 53 anos, Beethoven ultrapassara em uma década a média de vida de um vienense dos meados do século XIX) do que por uma compreensão substancial daquilo que a gigantesca nova obra pretendia comunicar. "Ele certamente deu a toda aquela velharia de peruca bons motivos para sacudir a cabeça",[19] escreveu seu ex-aluno, o pianista e pedagogo Carl Czerny, ao comentar com um amigo a maneira como "a nova sinfonia respira frescor, vivacidade, juventude; tanta força, inovação e beleza como jamais [saiu] da cabeça desse homem de talento". Mas Czerny presumivelmente tinha a vantagem de ser capaz de se familiarizar com a obra executando a partitura ao teclado. Particularmente no que diz respeito ao movimento coral, os sentimentos da maioria dos ouvintes eram provavelmente traduzidos pelo resenhista anônimo do *Allgemeine musikalische Zeitung* (*Jornal Musical Universal*) alemão, que escreveu que "esse Finale verdadeiramente ímpar seria ainda mais impressionante numa forma mais concisa" — em outras palavras, mais breve e com uma estrutura mais fácil de ser acompanhada —, acrescentando, impiedoso: "O próprio compositor deveria compartilhar desse ponto de vista, não o tivesse o cruel destino privado dos meios de ouvir suas próprias criações."[20] A contribuição dos solistas vocais e do coro foi resumida numa única frase no *Wiener allgemeine Theater-Zeitung* (*Jornal Teatral Universal Vienense*): "Os cantores fizeram o que podiam."

Mas as reações de perplexidade são compreensíveis. Afinal, a Nona Sinfonia era uma visão protorromântica transformada em som, a irracionalidade tornada plausível, um insensato idealismo tornado realizável. Em 1824, nem mesmo Beethoven, muito menos aquele primeiro grupo de ouvintes casuais e com certeza totalmente desnorteados, podia dar-se conta da magnitude do que fora realizado.

"Austríacos-asníacos"

LOCAL: UM APARTAMENTO NO QUARTO ANDAR DE UM PRÉDIO NA LANDSTRASSE, 323, VIENA
ÉPOCA: POR VOLTA DAS 17H30, 7 DE MAIO DE 1824

Onde anda esse asno do Schindler? Não estou achando minha sobrecasaca preta — talvez ele saiba onde está. Parece que estou condenado a viver cercado de cretinos e ladrões indignos de respirar o mesmo ar que eu. Estou com fome, mas não quero comer nada agora: estou num tal estado de nervos que não seria capaz de controlar o intestino. Maldito concerto! Se pelo menos der dinheiro suficiente para me manter com a cabeça fora d'água pelos próximos meses... Não suporto esse constante, eterno aperto — eu, que tenho dado tanto! Eu não me devia ter deixado convencer a estrear a nova sinfonia aqui. Esses terríveis austríacos-asníacos! "Nós, vossos reverentes admiradores e discípulos", ou seja lá o que foi que escreveram esses idiotas. Alguém provavelmente se lembrou de que todas as minhas outras sinfonias foram estreadas aqui e quis dar continuidade à tradição. Mas a minha sobrevivência não tem o menor interesse para a aristocracia local, desde que possa se prevalecer dos reflexos da glória. Hipócritas, todos uns vilões! Mas o que é que eu estava pensando? Devo ter tido um momento de fraqueza — a vaidade deve ter-me levado a acreditar em suas açucaradas palavras de elogio. Meu

Deus, já vivo no meio dos vienenses há — quanto tempo? — mais de trinta anos. Karl! Karl! *Terrível: já nem posso ouvir minha voz quando grito. Nem estou certo de ter gritado.* Karl! Ah, aí está você. Schindler deixou recado? Não? Que horas são? Santo Deus! Eu lhe disse que estivesse aqui às 17 horas. O quê? Escreva no bloco, caramba! Eu disse 17h30? Você acha que seu tio está um velho tão gagá que não lembra o que disse aos outros? *Ele está apontando para minha cabeça e sorrindo...* Ah, então gostou do meu corte de cabelo? Já não era sem tempo, não é mesmo? Ah! O barbeiro lavou e aparou meu cabelo — disse que ainda está muito denso, considerando-se minha idade. *Mas como já está encanecido — havia muito tempo eu não me olhava no espelho.* Sim, desta vez me certifiquei de que já estava seco antes de sair; não quero ficar doente de novo. Aonde está indo?... Até a porta?... Oh, aí está você, Schindler. Por onde andou? Eu lhe disse que estivesse aqui às 17 horas. O quê? 17h30? Não importa; você chegou. Onde está minha sobrecasaca preta? O alfaiate... Que vou fazer? O quê? Escreva, caramba, não grite! A verde? Sim, tem razão, à meia-luz do teatro pouca gente perceberá de que cor é. *Meu Deus, que puxa-saco! Veja só aquele rosto — o rosto de um criado matreiro. E ele acha que pertence ao mundo da arte! Nunca esquecerei da vez em que me perguntou por que eu não compunha um finale para minha sonata para piano em dó menor — como se eu pudesse atirar a peça no solo depois de fazê-la pairar mais alto que as estrelas no longo segundo movimento! "Sobre a abóbada estrelada", como canta o coro na nova sinfonia. Eu lhe disse que não tivera tempo de compor um finale — pensei que entenderia a ironia, mas ele me levou a sério! E agora o que andará escrevendo? Eu devia...* Tudo bem, vou vestir o casaco e podemos ir para o teatro — mas não me venha com "Ó grande mestre"! Trate apenas de cuidar dos ladrões da bilheteria! *Mesmo que minha sobrecasaca verde estivesse coberta de merda seria boa demais para esses vienenses chorões. Pense só no que lhes estou oferecendo hoje: minha alma, minha vida, tudo que tenho para dar, tudo que sou! Eles vão gostar ou não, aceitarão ou não, mas* não podem *entender, não podem saber de onde vem, o que custou.* "Todos os homens serão irmãos", *disse o irmão Schiller, mas isto não acontecerá em minha vida, não acontecerá na vida de Karl, e provavelmente não acontecerá ainda por centenas de anos. Os homens de hoje não são meus irmãos. São mendigos, escravos, uns inúteis. Eu pairo sobre eles como minha música paira sobre a música de meus contemporâneos. Vivemos em planos diferentes. Para eles, esse outro verso de Schiller seria mais apropriado:* "Contra a estupidez, até os deuses lutam em vão." *Muito bem, vamos, então.*

* * *

Ninguém sabe o que Beethoven pensava no fim da tarde de 7 de maio de 1824, nas horas que antecederam a primeira execução de sua Nona Sinfonia, mas os pensamentos do compositor provavelmente se encaminhavam nas direções sugeridas nesse monólogo — ou diálogo unilateral — imaginário. Amor pela humanidade e desprezo pelos seres humanos; um sentimento da própria superioridade musical e fragilidade física, e uma preocupação especial com o intestino; afeto inextricavelmente misturado à aflição: todas essas e muitas outras emoções, ideias e condições, paralelamente ao nervosismo inerente ao processo de sustentação, organização e participação num grande concerto inteiramente dedicado a suas obras mais recentes, devem ter tornado Beethoven ainda mais difícil que de hábito — e ele podia mostrar-se difícil até mesmo nas melhores circunstâncias. Conhecemos bem suas descrições dos contemporâneos como patifes, camponeses e escravos, assim como seu canhestro trocadilho sobre os austríacos-asníacos (ainda mais forçado no original alemão: *Österreicher-Eselreicher*), seu tenso relacionamento com o sobrinho Karl e a desconfiança de Anton Schindler. Na época da estreia da Nona, Karl tinha 17 anos; sobre seu lugar na biografia do tio, veremos mais adiante, mas seja como for era um rapaz de interesses "normais" e pouca compreensão ou paciência com as incompreensíveis aspirações artísticas do tio e seus princípios pomposos. Schindler, um violinista de origem morávia — com 29 anos em 1824 —, é lembrado hoje apenas porque atuou como uma espécie de secretário de Beethoven, numa relação irregular que se prolongou de 1816 até a morte do compositor.*

E temos também os *Konversationshefte*, ou livros de conversação, nos quais os amigos de Beethoven e outros interlocutores anotavam o que precisavam dizer ao músico surdo. Após a morte do compositor, Schindler apropriou-se desses livros, queimou muitos dos que continham referências pouco lisonjeiras a ele próprio e forjou e extirpou anotações em outros; mas as citações que se seguem são trechos autenticados de alguns dos 137 cadernos de anotações que chegaram até nós. No dia 6 de maio de 1824, véspera da estreia da Nona, Schindler escreveu: "Agora levaremos tudo imediatamente conosco — também levaremos seu casaco verde, que poderá vestir no teatro para

---

* A observação tola e insensível de Schindler sobre a Sonata para piano em dó menor, op. 111, que seria a contribuição final de Beethoven — e, para muitos, a mais extraordinária — num gênero que havia enriquecido incomensuravelmente e mesmo transformado ao longo de três décadas, foi relatada pelo próprio Schindler em sua biografia do compositor, pouco digna de crédito: "Arrisquei-me, em minha inocência, a perguntar a Beethoven por que não compusera um terceiro movimento de acordo com o caráter do primeiro."[21] A darmos crédito à versão de Schindler, o compositor respondeu com evidente sarcasmo, que não foi entendido pelo interlocutor: "Ele respondeu, distraído, que não tivera tempo de compor um terceiro movimento, limitando-se assim a ampliar o segundo." O fato mais concreto é que Beethoven ainda teve quatro anos de atividade pela frente depois de concluir a op. 111 e facilmente poderia ter acrescentado outro movimento se assim o desejasse; e o menos concreto é que o segundo movimento da op. 111 conduz o ouvinte tão profundamente até o coração de Beethoven e — com perdão da hipérbole — o coração do universo inteiro, que qualquer coisa que se seguisse teria sido um inacreditável anticlímax.

reger. De qualquer maneira, o teatro é escuro, ninguém perceberá que é verde."²² Nesse momento, Beethoven disse algo, ao que Schindler respondeu por escrito — aparentemente com intenção humorística, pois trocou o tratamento formal *Sie*, que costumava usar com Beethoven, pelo familiar *du*, como se se dirigisse a Deus: "Ó grande mestre, o senhor não tem uma sobrecasaca preta! De modo que a verde terá de servir, dentro de alguns dias a preta estará pronta." Em meu monólogo inventado, transpus a conversa para o dia seguinte, mas a impaciência de Beethoven com as provocações de Schindler e sua preocupação perfeitamente presciente com os possíveis rendimentos a serem auferidos com o concerto estão bem documentadas, assim como sua crescente incapacidade de controlar o volume da voz ao falar. "Você fala alto demais", escrevera Karl num dos cadernos, durante uma conversa em abril de 1824, não muito antes da estreia. "As pessoas não precisam ouvir nossas conversas."²³ Karl ficava embaraçado com a situação; em nosso caso, podemos apenas ficar comovidos.

Os melômanos que visitam Viena hoje em dia são inundados de tal quantidade de lembranças de segunda categoria sobre Beethoven, Schubert e companhia, que facilmente poderiam ser levados a pensar que a Viena da década de 1820 fosse um lugar em que a alta cultura era universalmente respeitada, o gênio brotava a cada esquina e se podia sempre ouvir música de alto nível. A dura verdade é que expressões como "mistura", "*kitsch*" e "popularização" poderiam ser tão facilmente aplicadas à vida cultural de Viena na época de Beethoven e Schubert quanto à das grandes cidades do mundo ocidental hoje em dia.

No período pós-napoleônico, a maioria dos melômanos vienenses queria realmente ouvir os antecessores dos virtuoses fortes, cultores de música de segunda e cantores de ópera meio sérios, meio pop de hoje em dia. Em 1822, por exemplo, plateias enormes acudiam para ouvir não só o pianista Franz Liszt, de 11 anos, que demonstraria ter conteúdo para continuar em evidência, mas toda uma série de tecladistas juvenis empenhados numa corrida para ver quem tocava mais notas por segundo.[24] Para não falar do entusiasmo despertado, durante os anos vienenses de Beethoven, pelo arranjo-monstro da Abertura *Semiramide*, de Rossini, para dezesseis pianistas (comece a contar!) feito por Carl Czerny e dos oito filhos de Basilius Bohdanowicz que cantavam a mesma ária repetidas vezes, a cada uma delas numa língua diferente, para em seguida se espremerem diante de um teclado de piano para tocar uma peça em sincronia.

A distinção entre arte e espetáculo aparentemente era ainda mais difusa nessa época que hoje; e com certeza ouvir uma sinfonia de Beethoven constituía uma atividade muito mais elitista no primeiro quartel do século XIX do que no primeiro do século XXI. Quanto aos gênios encontráveis a cada esquina: dentre os cerca de duzentos músicos que pelo menos parcialmente ganhavam a vida com composições em Viena nessa época, os melômanos de hoje seriam capazes de reconhecer os nomes de Haydn, Beethoven e Schubert, e só.

A repulsa de Beethoven por algo que via como um declínio generalizado do gosto e um especial desprezo por ele próprio na Viena da década de 1820 dificilmente poderia ser maior, o que explica o fato de, no momento em que concluía a Nona Sinfonia, nos dois primeiros meses de 1824, ter contemplado seriamente a hipótese de promover a estreia em Berlim. Mas a notícia da sua provável intenção logo se espalhou, provocando forte reação. Pelo fim de fevereiro, provavelmente poucos dias depois de ter ele dado os toques finais na partitura da sinfonia, trinta destacados cidadãos vienenses mandaram-lhe uma petição, implorando que permitisse a estreia da Nona em sua cidade. "Do amplo círculo de reverentes admiradores que cerca o vosso gênio nesta vossa segunda cidade natal, alguns discípulos e amantes da arte dirigem-se hoje a vós para expressar desejos longamente cultivados e timidamente encaminhar uma solicitação há muito contida",[25] começava a petição. Ela prosseguia com comentários lisonjeiros sobre "o vosso valor e aquilo em que vos transformastes para o presente assim como para o futuro", com protestos de que o desejo dos requerentes era "também o desejo de uma multidão sem número" e de que a solicitação "ecoava alto ou em silêncio em todo aquele que seja animado em seu foro mais íntimo pelo sentido do divino na música". Os autores da iniciativa, então, foram ainda mais incisivos, dizendo a Beethoven que ele era o único sobrevivente da "sagrada tríade" integrada também por Haydn e Mozart, e que seus dois antecessores tinham criado "grandes obras imortais [...] no regaço do lar", eximindo-se de mencionar que Haydn e Mozart também criaram "grandes obras imortais" no exterior. Naturalmente, "o nome de Beethoven e suas criações pertencem a toda a humanidade contemporânea e a todo país que ofereça um coração sensível à arte", diziam os autores da petição, mas "a Áustria é que está em melhor posição para considerar-vos seu". (Por acaso, Beethoven, o único não austríaco da "sagrada tríade", foi também o único dos três que compôs quase todas as suas obras importantes na Áustria.)

Depois de se referir com desprezo à popularidade da música de Rossini ("uma potência estrangeira invadiu esta cidadela real"), a carta prosseguia:

> Não mais vos negueis ao prazer popular, não mais vos abstenhais do subjugante desfrute daquilo que é grande e perfeito, a execução das mais recentes obras-primas do vosso labor. Sabemos que uma grande composição sacra [a *Missa Solemnis*] veio juntar--se à primeira [a Missa em dó, op. 86] em que imortalizastes as

emoções de uma alma, impregnada e transfigurada pela força da fé e da luz supraterrestre. Sabemos que uma nova flor brota no buquê de vossas gloriosas e inigualadas sinfonias [...] Não desaponteis as expectativas gerais por mais tempo!

Assinada por sete aristocratas e vários conhecidos burocratas, músicos, editores musicais e pelo fabricante de pianos Andreas Streicher, a carta é valiosa não só como prova da estima por Beethoven em sua cidade de adoção, mas também por demonstrar quão profunda se tornara na Europa, ainda em vida do compositor, a ideia de que a grande música pode ser ao mesmo tempo "imortal" e amplamente disseminada. Antes do século XIX, os públicos tendiam a perder o interesse por música que não seguisse os ditames da moda. Bach, que nasceu em 1685 e cujas obras já eram estilisticamente ultrapassadas quando ele morreu 65 anos depois, ficaria encantado, mas espantado se soubesse que sua música seria venerada e amplamente executada quase três séculos depois de composta. Ele podia acreditar na vida depois da morte, mas compunha para o aqui e agora — para as cerimônias litúrgicas e os eventos da corte que corriam paralelamente à sua vida quotidiana, e também para a instrução dos músicos de sua época. Haydn (1732-1809) e mesmo Mozart (1756-1791) ainda trabalhavam no sistema de composição de peças específicas para ocasiões específicas, embora o fato de Mozart ter começado aos 28 anos a manter um catálogo de suas obras, assim como o fato ainda mais significativo de que ele e Haydn publicassem o maior número possível de composições, evidenciasse o surgimento, nesses compositores, de uma ambição de que suas obras sobrevivessem a eles, quem sabe até por tempo considerável.

Só na época de Beethoven, contudo, conquistar um lugar na posteridade passou a constituir um objetivo importante — o mais importante, para muitos compositores. Com a ascensão da burguesia, no período em que ele viveu, as famílias de classe média puderam oferecer aulas de música a seus filhos, e a *Hausmusik* — música feita em casa — tornou-se o sistema de entretenimento doméstico da década de 1800. Os equipamentos necessários para isto eram um piano, um ou mais dentre os outros instrumentos e/ou vozes e partituras, cuja demanda aumentou quase exponencialmente. Este fenômeno ocorreu no exato momento em que se firmava a figura do gênio romântico, o artista como indivíduo livre das limitações convencionais. A música do brilhante e excêntrico Beethoven circulava amplamente, e a convicção de que essa música haveria de se tornar "imortal" era uma consequência lógica ao mesmo tempo de sua persona e da difusão de suas obras. Na carta de seus admiradores vienenses, a referência "aos muitos que alegremente reconhecem o vosso valor e aquilo em que vos transformastes para o presente assim como para o futuro" representa um sinal excepcionalmente significativo dos tempos: as artes já não podiam ser consideradas meros "meios e objetos de passatempo". Os compositores transformavam-se em grandes sacerdotes, talvez até em deuses de uma religião secular; dos melhores dentre eles esperava-se que criassem obras duradouras. Além disso, eles também eram considerados representantes de características étnicas e nacionais, ainda que vagamente definidas. No caso em apreço, a pessoa ou pessoas que redigiram a carta davam a entender que a música germânica era profunda, ao passo que a música de certas áreas étnicas (a Itália, apesar de não ter sido mencionada, era o mais óbvio objeto de zombaria) era frívola. A carta repreende Beethoven por ter "contemplado em silêncio enquanto a arte estrangeira tomava posse do solo e da honrada casa da musa alemã, enquanto as obras alemãs davam prazer apenas ao fazer eco às melodias favoritas dos estrangeiros". Mas também infla seu ego ao afirmar que ele é "*o único* que nos sentimos compelidos a reconhecer como o mais destacado entre os vivos em vosso terreno".[26]

Em uma anotação no livro de conversas, o escritor Carl Joseph Bernard, amigo de Beethoven, informava ao compositor que a iniciativa da carta-petição fora tomada numa cervejaria vienense por um grupo de patriotas culturais inconformados com a popularidade da ópera italiana.[27] Beethoven não ficou em absoluto contrariado com o documento, mas sua posterior publicação em dois jornais de teatro o irritou: as pessoas achariam, em sua percepção, que ele instigara a publicação e talvez até tivesse escrito a carta. Mas sua raiva acabou cedendo.

Não resta dúvida de que havia importantes considerações de ordem prática, além de concessões a seus admiradores vienenses, por trás da decisão de Beethoven de permitir que o concerto se desse na capital austríaca. Sua saúde estivera muitas vezes abalada nos meses e anos anteriores, e ele deve ter ficado desalentado com a perspectiva de mais de duzentas horas de uma viagem sacolejante em uma carruagem puxada a cavalo de Viena a Berlim, e novamente de volta — um percurso que seria pontuado por noites e refeições em estalagens de qualidade dúbia. Uma vez se apresentando a séria possibilidade de ficar em casa, Beethoven resolveu tirar proveito.

Tomada a decisão, boa parte do tempo de Beethoven logo passaria a ser tomada por propostas e contrapropostas envolvendo a escolha do local, uma data e os músicos que seriam convidados a participar do concerto. Segundo a historiadora da música Mary Sue Morrow, as frustrações de Beethoven em matéria de organização de concertos durante o período em que viveu em Viena eram "sentidas por todos os músicos que tentavam trabalhar no contexto da inadequada estrutura de concertos da cidade",[28] mas as dificuldades de sua música a tornavam inapropriada para o formato então vigente. Qualquer teatro vienense de alguma importância dispunha não só de uma orquestra e coro próprios, mas também de um *Kapellmeister* (diretor musical, trabalhando como regente) e um *Konzertmeister* (primeiro violino principal, ou *spalla*, que também liderava a orquestra — motivo pelo qual ainda hoje o primeiro violino principal é chamado de líder na Grã-Bretanha). O conde Palffy, que dirigia o Theater an der Wien, onde haviam estreado muitas das obras-primas de Beethoven, entre elas a Terceira, a Quinta e a Sexta sinfonias, dispunha-se a abrir suas portas para o evento, e várias datas no fim de março foram propostas. Mas Franz Clement, o *spalla* da orquestra do teatro e também o solista que dezoito anos antes fizera a estreia do único concerto para violino de Beethoven, estava a essa altura na alentada lista negra do compositor. Beethoven queria seus amigos Schuppanzigh e Umlauf respectivamente como *spalla* e diretor musical, provavelmente por saber que poderia convencê-los ou pressioná-los a fazer as coisas do seu jeito. A realização do concerto na Quaresma, além disso, provavelmente reduziria a venda de entradas, e em 1824 a Páscoa caiu em data tardia, a 18 de abril. Só a 23 de abril ou por volta desse dia é que Beethoven chegou a um acordo com Louis Antoine Duport, gerente do Kärntnertortheater, para o evento, tendo Schuppanzigh e Umlauf no comando, e a data exata só seria estabelecida seis ou sete dias depois — apenas uma semana antes da realização do concerto.

Havia outros problemas. Beethoven não era nenhum mago da economia — sequer aprendera a multiplicar —, mas receava que, não sendo os preços das entradas para esse acontecimento especial elevados acima do padrão normal da casa, sua expectativa de obter lucro substancial com o concerto após cobrir os gastos de uso do teatro e sua orquestra e de remuneração dos copistas evaporaria. "Depois de conversas e discussões que já duram seis semanas, sinto-me agora cozido, assado e frito", escreveu ele a Schindler em algum momento de abril. "Que diabos podemos esperar desse tão discutido concerto, se os preços não forem elevados? Que poderá restar para mim depois de despesas tão pesadas, considerando-se que só a cópia já custa tanto?"[29]

As autoridades policiais recusaram-se a permitir a elevação dos preços — não sabemos o motivo —, e Beethoven teve mais uma vez de pedir autorização para incluir trechos da *Missa Solemnis* no programa, pois, segundo as leis da rígida Áustria católica da Restauração, era proibida a execução de obras litúrgicas em locais profanos. Em algum momento de abril, antes de decidir realizar o concerto no Kärntnertortheater, e não no Theater an der Wien, Beethoven escreveu ao Dr. Franz Sartori, diretor do Escritório Central de Censura de Livros:

> Senhor!
>
> Estando eu informado de que a Censura Real e Imperial levantará objeções à execução de certas obras litúrgicas num concerto noturno no Theater an der Wien, posso apenas informar-lhe que fui convidado a promover essa execução, que todas as composições solicitadas já foram copiadas, o que acarretou considerável gasto, e que o tempo é por demais breve para providenciar em caráter de urgência a produção de outras novas obras.
>
> Seja como for, apenas três obras litúrgicas, que além do mais são intituladas hinos, serão executadas. Solicito-lhe urgentemente, Senhor, que se interesse pela questão, considerando-se o fato de que, tal como se apresentam as coisas, já são muitas as dificuldades a enfrentar em qualquer empreendimento dessa natureza. Se não for dada autorização para essa execução, garanto-lhe que não será possível realizar um concerto, e todo o custo de cópia das obras terá sido em vão.
>
> Confio em que ainda se lembra de mim.
>
> Com os mais respeitosos cumprimentos do seu mui devotado
>
> Beethoven[30]

Este apelo não deu resultado: os burocratas austríacos não podiam ter imaginado, em 1824, que milhões de pessoas do século XXI, nunca tendo ouvido falar de seu imperador, Francisco I, teriam o nome e as obras de Beethoven em alta estima. A autorização só foi dada depois que o conde Lichnowski, um dos protetores de Beethoven, ajudou os amigos do compositor a recorrer ao conde Sedlnitzky, o notório chefe da polícia imperial, que deu o necessário assentimento.

Os planos para o concerto deram tanta dor de cabeça a Beethoven que ele mais de uma vez quis cancelá-lo, mas acabou por persistir. No fim das contas, apesar do razoável sucesso artístico e dos sinais de estima e afeição que o compositor pôde recolher, o concerto foi praticamente um desastre do ponto de vista financeiro. Depois de cobrir todas as despesas, Beethoven embolsou apenas cerca de quatrocentos florins, mal dando para pagar o aluguel de alguns meses. Num jantar que ofereceu dias depois num restaurante do Prater, o principal parque de Viena, em agradecimento a Umlauf, Schuppanzigh e Schindler por sua ajuda no concerto, sua indignação com o resultado econômico explodiu, e ele assumiu um comportamento tão abusivo que os convidados se retiraram. Beethoven viria a restabelecer relação com todos eles, mas uma carta a Schindler evidencia que ele se mostrava rude como sempre ao expressar sua opinião dos outros. "Eu não o acuso de ter feito algo mal-intencionado em relação ao concerto", escreveu. "Mas a estupidez e o comportamento arbitrário já arruinaram muitas iniciativas."[31] Como se isto não fosse suficientemente claro ou ofensivo, Beethoven comparava Schindler a um cano de esgoto: "Os fluxos de água contidos costumam vazar inesperadamente." E acrescentava que preferiria compensar a ajuda de Schindler oferecendo-lhe pequenos presentes "a tê-lo à *minha mesa*. Pois confesso que sua presença me irrita de muitas maneiras. [...] Pois, se sua aparência é tão vulgar, como poderia apreciar algo que não seja vulgar?! Em suma, eu dou muito valor à minha liberdade." Não poderia ser considerado talvez o mais gentil dos pedidos de desculpas, mas de modo algum chegava a ser uma das cartas mais rudes de Beethoven.

Uma repetição do concerto com algumas alterações no programa teve lugar às 12h30 do domingo, 23 de maio de 1824 — três semanas depois da estreia —, não no Kärntnertortheater, mas na Grosser Redoutensaal do Hofburg (o palácio real), em outra parte da cidade. O salão nem sequer foi ocupado pela metade, em parte talvez porque o tempo estava bom e muitas pessoas quiseram aproveitá-lo.* Em consequência, o lucro ficou oitocentos florins abaixo dos gastos, e Beethoven teria tido prejuízo se Duport, o empresário do evento, depois de haver atuado também na estreia, não tivesse generosamente insistido em pagar-lhe os quinhentos florins que haviam sido garantidos. Decepcionado, o compositor deixou Viena para passar o verão no campo, como costumava fazer. Deixou para trás sua última sinfonia e passou a trabalhar no primeiro de uma série de cinco dos mais extraordinários quartetos de cordas (muitos músicos diriam *os* mais extraordinários, sem reservas) jamais compostos — suas derradeiras obras.

Mas a Nona Sinfonia não ficaria acumulando poeira numa prateleira. Lentamente de início, mas em seguida com velocidade e vigor crescentes, ela começou a ganhar vida própria, separada da de seu criador.

---

* A Grosser Redoutensaal, usada na época de Beethoven sobretudo como salão de baile, mas eventualmente também como sala de concerto, ainda existe, embora tenha sofrido várias importantes reformas nos dois últimos séculos; a mais recente e profunda foi provocada por um incêndio de grandes proporções ocorrido em 1992. Mas as queixas sobre a acústica excessivamente reverberante da sala externadas no início do século XIX por mais de um observador podem ser facilmente compreendidas hoje: por mais bela que seja sua contemplação, a Redoutensaal é basicamente uma enorme caixa de sapato de superfícies rijas muito refletoras. O efeito de eco devia transformar em verdadeira algaravia as passagens tocadas por muitos músicos em volume alto.

"Um estado de dor sem fim"

A história da vida de Beethoven tem sido abordada através de documentos, depoimentos na primeira pessoa, elementos de contexto histórico, anedotas, conjecturas mais ou menos sofisticadas — com direito a psicanálise póstuma — e, mais interessante que tudo, mas talvez mais perigoso, através de suas obras. A interpretação de sua vida (como, aliás, de qualquer vida) é extremamente difícil e fica exposta a intermináveis polêmicas, e não podemos contemplar seriamente a análise de uma vida sem ter alguma ideia de como transcorreu.

A história começa às margens do Reno, na cidade de Bonn. Entre 1949 e 1991, quando Bonn era a capital da República Federal da Alemanha, os políticos e funcionários ali residentes costumavam dizer que a cidade tinha apenas metade do tamanho do cemitério de Chicago, mas com o dobro de mortos. Em uma palavra: provinciana, especialmente em comparação com Berlim Ocidental, Munique, Hamburgo, Frankfurt, Colônia e várias outras cidades da Alemanha Ocidental. Curiosamente, no entanto, em 1770, quando Beethoven nasceu e a população da cidade mal chegava a dez mil almas — um trigésimo da população da área metropolitana dois séculos depois —, Bonn não era considerada um fim de mundo assim tão insignificante.

No século XVIII, "Alemanha" significava dezenas de Estados independentes ou interdependentes, de tamanho grande, médio ou pequeno. Bonn era a capital do arcebispado-eleitorado de Colônia, embora a cidade de Colônia, 24 quilômetros ao norte, fosse e ainda seja maior que Bonn. Numa época em que a ideia da separação entre Igreja e Estado ainda engatinhava, o arcebispo de Colônia, que residia com sua corte em Bonn, era um dos sete ou oito governantes que, à morte de um sacro imperador romano, participava da eleição do sucessor; donde o termo "eleitor". Não

surpreende, assim, que a nomeação para o cargo de arcebispo-
-eleitor tivesse muito menos a ver com a doutrina da fé católica do
que com as realidades da vida política. Maximilian Friedrich, que
ocupava o cargo na infância de Beethoven, era um sujeito jovial,
de princípios religiosos suficientemente flexíveis para ter uma
amante. Sua concepção da política lhe permitia compartilhá-la
com seu primeiro-ministro, que, ao que parece, gerou todos os
filhos. A amante comum e mãe das crianças, a condessa Caroline
von Satzenhofen, era madre superiora de um importante con-
vento local, certamente em recompensa pela profundidade de
suas convicções religiosas. Mas se os devotos cidadãos ficavam
incomodados com essa ligeira infração do mais comentado dos
Dez Mandamentos, guardavam sua opinião em foro íntimo. Afinal, Bonn prosperava graças à presença da corte arcebispal, e boa
parte da população da cidade consistia de pequenos funcionários
— cujas famílias formavam uma espécie de protoburguesia — e
auxiliares, artesãos, operários e criados que atendiam ao palácio
no fornecimento de bens e na prestação de serviços.

Em Bonn, como em boa parte da Europa, os músicos da corte
eram criados-artesãos, e a família Beethoven gerou vários representantes da categoria. O avô do compositor, também chamado
Ludwig van Beethoven, era de Mechelen, alguns quilômetros ao
norte de Bruxelas, em Flandres, mas se mudou para Bonn em 1733,
aos 21 anos, para trabalhar como cantor na capela do eleitor. Como
sua honestidade pessoal era tão apreciada quanto sua musicali-
dade, ele acabou sendo nomeado diretor de música da corte. Seu
filho, Johann, nascido por volta de 1740, também se tornou cantor
da corte, além de professor de rudimentos de técnica pianística
e violinística. Em 1767, Johann casou-se com Maria Magdalena
Keverich, 21 anos, filha do chefe de cozinha do palácio de verão do
eleitor; ela se casara pela primeira vez aos 16 e ficara viúva menos
de três anos depois. O primeiro filho de Johann e Maria Magdalena,

Ludwig Maria, nasceu em abril de 1769, mas viveu apenas seis dias; o segundo, nascido em dezembro de 1770, também foi batizado Ludwig (sem "Maria"), em homenagem ao avô. A data exata de nascimento do compositor não é conhecida, mas ele foi batizado a 17 de dezembro, e como na época os batismos eram realizados mais ou menos um dia depois do nascimento, o aniversário de Beethoven costuma ser comemorado a 16 de dezembro.

O certo é que esse Ludwig cresceu em condições econômicas difíceis e era muito amado pela mãe, mas pouca afeição recebeu do pai — e pouca sentia por ele. Johann tinha um temperamento mais fraco que o do pai e era alcoólatra, embora haja divergência entre os estudiosos sobre se essa condição já se manifestara na infância do filho. O compositor sustentaria mais tarde que ele se parecia com seu avô,[32] mas não fica claro se fisicamente ou de alguma outra maneira. O Kapellmeister Beethoven morreu alguns dias depois do terceiro aniversário do neto, de modo que o pequeno Ludwig não tinha muitas lembranças diretas do avô, se é que as tinha. Mas o neto teria ouvido dos músicos e cortesãos muitas histórias sobre a honestidade e a confiabilidade do velho Ludwig.

Não muito depois da morte do avô Beethoven, Johann começou a dar aulas de piano e violino ao pequeno Ludwig. Várias pessoas que conheceram bem o menino e vieram a vê-lo famoso na idade adulta deram testemunho da crueldade dos métodos de ensino de Johann: ele obrigava o filho a se exercitar no piano durante longas horas, recorria a castigos corporais quando o menino não fazia o que se esperava dele, tirava Ludwig da cama a qualquer hora para tocar para seus companheiros de bebida e o humilhava quando mostrava alguma deficiência. Mesmo descontando eventuais exageros *a posteriori* dos que alegavam ter testemunhado essas coisas, e o fato de uma severa disciplina e os castigos corporais serem na época considerados necessários para a formação das crianças, podemos tranquilamente presumir que os primeiros estudos musicais de Beethoven não foram uma fonte de puro prazer. O que nos leva à forte tentação, provavelmente não de todo equivocada, de imaginar que fazer música para ele deve ter comportado sempre pelo menos um leve componente negativo, mesmo na maturidade.

Aos 7 anos, o menino já tocava em público obras relativamente complexas. Pouco depois, o pai confiou sua educação musical a outros professores locais. Quando estava com quase 9 anos, Ludwig tornou-se aluno de Christian Gottlob Neefe, exímio compositor e instrumentista de teclado, que chegara a Bonn para assumir as funções de diretor musical do teatro da corte, vindo depois a ser também organista da corte. Sob a orientação de Neefe, Beethoven desabrochou, e no inverno de 1782-83 o professor já fazia especial referência — em artigo que publicou no *Magazin der Musik*, de Carl Friedrich Cramer — a

> Louis van Betthoven [sic], filho do mencionado tenor, um menino de 11 anos [sic; ele tinha 12] dotado do mais promissor talento. Ele toca o piano com muita habilidade e energia, tem excelente leitura à primeira vista e preciso apenas dizer que toca sobretudo *O cravo bem temperado* de Sebastian Bach, que Herr Neefe pôs em suas mãos. Quem quer que conheça essa coleção de prelúdios e fugas em todas as tonalidades — que praticamente poderia ser considerada o *non plus ultra* de nossa arte — saberá o que isto significa. Até onde lhe permitiam seus outros compromissos, Herr Neefe também o instruiu em matéria de baixo contínuo [a arte dos séculos XVIII e XIX de acompanhar com uma espécie de taquigrafia musical — uma linha no grave encimada por números, para indicar as notas a serem tocadas por cima]. Ele agora lhe ensina composição, e para estimulá-lo mandou imprimir em Mannheim nove variações para o pianoforte, por ele escritas a partir de uma marcha. Este jovem gênio merece ajuda que lhe permita viajar. Certamente poderia tornar-se um segundo Wolfgang Amadeus Mozart, se continuar como começou.[33]

As variações sobre uma marcha mencionadas por Neefe baseavam-se num tema de Ernst Christoph Dressler, tendo sido a primeira obra publicada por Beethoven. (Sua última peça mais substancial para piano — concluída cerca de dez meses antes da Nona Sinfonia — também seria uma série de variações, desta vez sobre um tema valsante. A composição, conhecida como Variações "Diabelli", compara-se às Variações "Goldberg" de Bach como uma das máximas obras-primas do gênero.)

Aos 13 anos de idade, Ludwig tornara-se organista assistente de Neefe na corte, mas sua educação formal fora do meio musical chegara ao fim quando estava com 10 anos, como acontecia com a maioria dos meninos na época. Beethoven nunca teria uma escrita refinada, e sua capacitação em matemática começava e acabava com a adição e a subtração; mas ele aprendeu a falar, ler e escrever em francês — mal, porém fluente (durante a infância e a adolescência, aparentemente era chamado de Louis, a forma francesa do seu nome), e era um leitor voraz, sempre curioso a respeito do mundo que o cercava — e cada vez mais com o passar dos anos. Na meninice, contudo, o que importava mais era seu explosivo talento musical. Neefe tratou de cultivá-lo bem; tudo mais era secundário.

O jovem Beethoven começou a atrair a atenção de várias famílias aristocráticas locais, que o estimularam e em certos casos lhe ofereceram amizade fora do acanhado ambiente doméstico que era o seu. Aos 16 anos, viajou a Viena (não se sabe se a viagem foi financiada pelo eleitor Max Franz — sucessor de Maximilian Friedrich — ou por um grupo de moradores que acreditavam no futuro do rapaz) para estudar com Mozart, quase quinze anos mais velho que ele. A conhecida história dessa audição, na qual o compositor mais velho, inicialmente desatento, ficou subitamente impressionado com a notável capacidade de improvisação do jovem visitante ao teclado, nunca seria confirmada por um depoimento digno de crédito, mas é quase certo que Beethoven tenha ouvido Mozart tocar e é possível que recebesse dele algumas aulas. Todavia, Beethoven recebeu uma carta de casa que o deixou alarmado: sua amada mãe, havia muito sofrendo de tuberculose, caíra gravemente doente. Ele teria de retornar a Bonn o mais rápido possível se quisesse voltar a vê-la antes de morrer.

Maria Magdalena Beethoven morreu semanas depois do retorno de Ludwig, e seu marido, já negligente, começou a mergulhar cada vez mais fundo na irresponsabilidade alcoólica. Ludwig foi ele próprio projetado à posição de principal ganha-pão da família, para si mesmo, o pai e os dois irmãos menores, Caspar Carl e Nikolaus Johann, então com 13 e 11 anos. Escrevendo a um homem que lhe dera abrigo em Augsburg, emprestando-lhe dinheiro para o resto de sua apressada viagem de volta a Bonn, Ludwig informava que sua mãe tinha morrido

> depois de muita dor e sofrimento. Ela foi uma mãe tão boa e amorosa para mim, minha melhor amiga. Oh, quem poderia ser mais feliz que eu quando ainda podia pronunciar o doce nome, mamãe, e ele era ouvido — e a quem poderei dizê-lo agora? Às silenciosas imagens dela em minha imaginação? Enquanto estive aqui, tive muito poucas horas felizes. O tempo todo tenho sofrido de asma, e receio que ela evolua para uma tuberculose. A isto se soma a melancolia, que para mim é quase um mal tão grande quanto a própria doença [...] O destino não me é favorável aqui em Bonn.[34]

Em suma, uma conflitante mistura de características e estados de espírito — orgulho, uma certa sensação de inadequação, depressão e leve hipocondria complicada pela legítima preocupação de contrair a doença que havia matado sua mãe — já se estabelecera profundamente nele, e as novas condições que passava a inventar, somando-se à dor pela perda da mãe e à decepção de ter sido obrigado a voltar da brilhante Viena para a provinciana Bonn, pareciam aumentar exponencialmente essa infelicidade.

Mas o fato é que os anos que lhe restavam em Bonn seriam produtivos. Beethoven era a essa altura um dos organistas oficiais da corte do eleitor, e a partir dos 18 anos também tocou viola na orquestra da corte — experiência que lhe conferiu inestimável conhecimento prático, permitindo-lhe participar da execução de algumas das mais recentes produções da cultura musical europeia, entre elas as óperas de Mozart *O rapto do serralho*, *As bodas de Fígaro* e *Don Giovanni*. Ele também deu aulas de piano, participou de outras atividades musicais em Bonn e compôs prolificamente, embora as obras desse período que chegaram até nós sejam importantes apenas por sabermos quem Beethoven haveria de se tornar nos anos subsequentes. Aos 22 anos, ele decidiu retornar a Viena. Mozart morrera no ano anterior, aos 35, mas o conde Waldstein, que se tornara o mais importante protetor de Beethoven em Bonn, queria que o jovem compositor estudasse com Haydn, então com 60 anos. "Com a ajuda do trabalho assíduo, você receberá o espírito de Mozart das mãos de Haydn", escreveu Waldstein ao protegido.[35] No início de novembro de 1792, Beethoven deixou Bonn, certamente sem saber que nunca mais voltaria a ver sua cidade natal.

Viena era uma cidade católica, além de capital do império dominado pela dinastia Habsburgo, que tinha uma forte ligação com a Bonn também católica. Mas os alemães da Renânia, como Beethoven, consideravam Viena uma cidade meridional, alegre e algo carente de seriedade, graças à forte influência da Itália e da região balcânica e ao grande número de residentes permanentes e transitórios originários do sul e do leste europeus. Beethoven deve ter ficado impressionado não só com os belos palácios e o clima cosmopolita de Viena, mas também com o puro e simples tamanho da cidade: sua população em 1790 era de aproximadamente 250 mil habitantes — 25 vezes mais que a de Bonn.

Haydn não se revelou propriamente um mestre ideal para o voluntarioso jovem músico, e o espírito de Mozart — como, aliás, o espírito de qualquer outro indivíduo excepcional — não podia mesmo ser transmitido. Em uma década, contudo, as expectativas incrivelmente altas de Waldstein se tinham cumprido e mesmo haviam sido superadas de uma forma que o generoso conde jamais poderia ter imaginado. Beethoven estudou composição não só com Haydn, mas também, de forma mais substancial e frutífera, com Johann Georg Albrechtsberger e Antonio Salieri, o velho rival de Mozart, e rapidamente atrairia atenção como pianista, graças especialmente à sua habilidade na improvisação de complexas e imaginosas variações e fantasias sobre qualquer tema ou motivo que lhe fosse apresentado. Ele talvez não fosse capaz de produzir obras-primas ainda na adolescência, como Mozart antes dele e Mendelssohn depois, mas com 20 e poucos anos a originalidade de seu gênio começou a aflorar torrencialmente. A partir de 1795, quando os três inovadores trios para piano, violino e violoncelo de Beethoven foram publicados como opus 1, sua reputação de compositor sério cresceu e se espraiou. Entre esse ano e 1802, no décimo aniversário da profecia de Waldstein, Beethoven compôs suas primeiras vinte sonatas para piano, as duas primeiras para violoncelo e piano, as oito primeiras para violino e piano, os três primeiros concertos para piano e orquestra, e os seis primeiros quartetos de cordas e as duas primeiras sinfonias; e muitos músicos e amantes da música em Viena e outros quadrantes começaram a se dar conta de que, com a possível exceção do já idoso Haydn, Beethoven era o mais brilhante compositor vivo — e certamente o mais promissor representante da nova geração. Suas composições revelavam não só excepcionais dotes técnicos como ainda excepcional audácia inventiva, força emocional e profundidade espiritual.

Logo no início desse mesmo período, contudo, Beethoven começou a sofrer de problemas auditivos, e ao seu término esses problemas se tinham tornado agudos. Em outubro de 1802, num quarto alugado na tranquila aldeia de Heiligenstadt — atualmente integrada à cidade de Viena —, Beethoven escreveu um longo testamento de forte carga emocional, no qual descrevia essa condição. Nominalmente, o documento dirigia-se a seus irmãos, mas na verdade se destinava a todos os seus conhecidos e provavelmente à posteridade. Ele nunca o entregou a ninguém, mas o guardou consigo pelo resto da vida, em meio a dezenas e dezenas de mudanças de um apartamento a outro em Viena e imediações; o testamento seria encontrado entre seus papéis após sua morte, um quarto de século mais tarde.

> Ó homens que me considerais ou declarais hostil, obstinado ou misantropo, como me feris, não conheceis a causa secreta do que assim vos parece. Meu coração e minh'alma, desde a infância, estavam cheios de ternos sentimentos de boa vontade, eu sempre me senti compelido a realizar grandes coisas, também. Mas ponderai que há seis anos tenho sido afligido por uma condição incurável, agravada por médicos incompetentes, desencantado ano após ano em minha expectativa de melhora e já agora obrigado a contemplar a perspectiva de uma *incapacitação duradoura* (cuja cura pode levar anos ou mesmo revelar-se impossível) [;] tendo nascido com um temperamento ardente e cheio de vida, também suscetível às diversões da sociedade, vi-me em tenra idade forçado a me isolar, a viver minha vida na solidão; se acaso, vez por outra, tentava deixar tudo isto de lado, oh, com que dureza não era trazido de volta pela experiência duplamente triste de minha audição deficiente, e no entanto não me era possível dizer às pessoas: fale mais alto, grite, pois sou surdo; ah, como

me seria possível revelar uma fraqueza no *único sentido* que deveria ser perfeito em grau mais alto em mim do que nos outros, o único sentido de que era outrora possuidor no mais alto grau de perfeição, uma perfeição que poucos em minha profissão jamais tiveram. — Oh, não posso fazê-lo, portanto perdoai-me se me vedes retraído do vosso convívio, quando de bom grado me juntaria a vós [;] meu infortúnio duplamente me fere, pois certamente serei incompreendido por sua causa; para mim, não pode haver recreação na companhia dos outros, nem conversação, nem troca de ideias [;] posso aventurar-me no convívio social apenas na medida das mais urgentes necessidades, tenho de viver como um marginal; se me aproximo dos outros, vejo-me tomado de uma ardente angústia, pois temo incorrer no risco de permitir que minha condição seja notada. — Assim tem sido no último meio ano, que passei no campo; aconselhado por meu sensato médico a poupar o mais possível minha audição, ele quase convergiu com minha atual disposição natural: muito embora às vezes, levado pelo desejo de companhia, eu me deixe tentar. Mas que humilhação quando alguém de pé ao meu lado ouvia uma flauta ao longe e *eu nada ouvia* ou quando alguém *ouvia o pastor* cantar, e novamente eu nada ouvia; tais experiências quase me levavam ao desespero, pouco faltando para que eu pusesse fim à vida. — Só *a arte* me detinha, ah, parecia-me impossível deixar o mundo antes de criar tudo que me sentia destinado a criar, e assim fui levando essa vida miserável — realmente miserável, pois com um corpo tão sensível que até uma ligeira variação pode levar-me do melhor estado ao pior. — *Paciência* — é o que dizem — devo agora tomar como minha guia; é o que tenho feito. — Minha determinação deve manter-se firme, espero, até que as implacáveis Parcas se decidam a romper a corda; talvez as coisas melhorem, talvez não; estou decidido. — Ter sido forçado a me tornar um filósofo aos 28 anos de idade não é fácil. Deus Todo-Poderoso!, vós olhais no mais profundo do meu ser, vós o conheceis, sabeis que lá se encontram o amor da humanidade e uma inclinação para o bem. Ó homens, se vierdes a ler isto algum dia, pensai que fostes injustos comigo e deixai que o infeliz se console em encontrar alguém como ele, que não obstante os obstáculos da natureza foi capaz de fazer tudo que estava ao seu alcance para juntar-se às fileiras dos artistas e homens de valor. [...] E assim sucedeu — apresso-me alegremente para a morte —; se ela sobrevier antes que eu tenha a oportunidade de realizar todas as minhas possibilidades artísticas, ainda assim terá chegado cedo demais, apesar de meu duro destino, e eu desejarei que tivesse vindo mais tarde. — Mas ainda assim estarei contente, pois não virá ela libertar-me de um estado de interminável dor?[36]

Beethoven era um escritor — um escritor de música, em geral, e não de palavras, mas, de qualquer maneira, uma pessoa acostumada a se valer da autoexpressão para a catarse. Talvez o simples ato de admitir, no papel, que estava ficando surdo, consolidando e dando voz a seus pensamentos sobre essa terrível condição e seu impacto em sua vida, tivesse sobre ele um efeito libertador. Não temos como sabê-lo. Mas o que sabemos é que as obras por ele concluídas nos meses e anos posteriores à redação desse extraordinário documento — que também continha instruções específicas sobre a distribuição de seus bens após a morte, e que ficou conhecido como o "Testamento de Heiligenstadt" — dão testemunho de uma importante mudança em sua evolução. Dizer que ele abriu novos caminhos seria um flagrante eufemismo: Beethoven mudou o rumo da música ocidental. Nas composições de espantosa individualidade que criou entre os 32 e os 42 anos de idade, ele estendeu as fronteiras da tonalidade, ampliou e transmutou velhas formas e liberou a intensidade da expressão pessoal em grau até então desconhecido na música.

Nada disso aconteceu da noite para o dia. Nas primeiras obras de Beethoven, como em muitas das composições, iniciais ou não, de seus antecessores — Mozart, Haydn e outros —, encontramos diversas indicações e antecipações do que viria, das formas específicas de expressão que Beethoven expandiria de maneira a torná-las quase irreconhecíveis. E, no entanto, ao fazer o que fez, não só se apropriando de métodos anteriores, mas os adaptando radicalmente, Beethoven afirmava o direito do artista de quebrar regras e criar outras. Sua tenacidade e a recusa de equiparar o artesanato àquilo que chamava de Grande Arte ajudaram — quando menos pelo exemplo e como efeito colateral — a instituir o culto do gênio que haveria de se tornar praticamente um *sine qua non* da cultura no século XIX. "As regras não o permitem? Muito bem: *Eu* permito!", teria Beethoven respondido a críticas de músicos conservadores a uma passagem menos ortodoxa por ele composta. Proclamações dessa natureza — não necessariamente por parte do próprio Beethoven — tornaram-se bandeiras, gritos de guerra dos românticos. Veja-se, por exemplo, a consonância beethoveniana destas palavras de um Ralph Waldo Emerson de 19 anos em comentário registrado em seu diário em dezembro de 1823:

> Quem poderá controlar-me? Por que não poderia eu agir & falar & escrever & pensar com total liberdade? [...] Quem terá forjado as correntes do Certo & Errado, da Opinião & Costume? E terei eu de usá-las? Será a Sociedade o meu Rei ungido? [...] Sinto-me solitário na vasta sociedade dos seres; não me associo a nenhuma espécie; não tenho simpatias. Vejo o mundo, a natureza humana, bruta & inanimada; estou no meio deles, mas não sou um deles; ouço a canção da tempestade, os Ventos & Elementos em guerra passam por mim, mas não se misturam ao meu ser.[37]

Até mesmo uma relação drasticamente abreviada das obras produzidas por Beethoven durante a década a que os historiadores da música há muito se referem como o "período intermediário" nos causa um assombro à beira da incredulidade: a Terceira ("Eroica"), a Quarta, a Quinta, a Sexta ("Pastoral"), a Sétima e a Oitava sinfonias; *Leonore* (o nome por ele dado à primeira e à segunda versões de sua única ópera); o Quarto e o Quinto ("Imperador") concertos para piano; o Concerto para violino e o Concerto Triplo; as sonatas para piano "Waldstein", "Appassionata" e "Les adieux"; a Nona ("Kreutzer") e a Décima (sol maior) sonatas para violino; a Terceira sonata para violoncelo, op. 69; os Quartetos de cordas op. 58, n°s 1 a 3 ("Razumovski"), e op. 74 ("Harpa"); os trios para piano, violino e violoncelo "Fantasma" e "Arquiduque"; as aberturas *Coriolano, Egmont* e as três *Leonore*; a Fantasia coral para piano, orquestra e coro; e a Missa em dó maior. Provavelmente só Mozart e Schubert, nos dez últimos anos de suas breves existências, produziram numa única década tanta música ainda hoje tocada com frequência em todo o mundo quanto Beethoven entre os anos de 1803 e 1813. Nesse mesmo período, Hegel escreveu suas conferências da Universidade de Jena, mais tarde reunidas para publicação sob o título *Phänomenologie des Geistes* (Fenomenologia do espírito), obra crucial para o estabelecimento de sua reputação como filósofo; Goethe deu ao mundo *Fausto*, Primeira Parte; Schiller produziu *Guilherme Tell*; e foram publicados *Milton*, de Blake, e os dois primeiros cantos da *Childe Harold's Pilgrimage*, de Byron. Mas nenhuma dessas obras — nem mesmo *Fausto* — viria a ocupar tanto espaço em sua área específica quanto as obras de Beethoven compostas nessa década.

Foram estas as peças que deram origem à conhecida imagem de Beethoven como gênio turbulento invectivando o destino com o punho cerrado, e, como Júpiter, lançando raios musicais que fundiam os ideais racionalistas do Iluminismo no recém--encerrado século XVIII, no qual passara a primeira metade da vida, ao tempestuoso individualismo romântico do século que nascia. Ao chegar à meia-idade, sua impressionante originalidade o transformara num verdadeiro ícone musical da Europa, e suas muito comentadas intransigência e excentricidade viraram símbolo de liberdade artística sem peias.

Seria impossível explicar sem recorrer a termos técnicos o que fez Beethoven que pode ser considerado assim tão revolucionário. Em seu estudo *O estilo clássico: Haydn, Mozart, Beethoven* — que desde a publicação em 1971 tornou-se também um clássico —, Charles Rosen leva cerca de 450 páginas para descrever para os iniciados em música, valendo-se de terminologia técnica e exemplos musicais, o que aconteceu à música ocidental nos três quartos de século entre a morte de Bach e a de Beethoven. O tema é vastíssimo, e qualquer tentativa de transmitir suas linhas gerais em poucos parágrafos deve começar com uma breve retrospectiva da história musical da Europa.

A música cristã primitiva — o canto ambrosiano e gregoriano — consistia essencialmente em linhas melódicas simples, sem acompanhamento. No fim do século XII, os compositores da catedral de Notre Dame, em Paris, começaram a empregar simultaneamente duas linhas vocais, e ao longo dos quatro séculos subsequentes o ouvido dos apreciadores gradualmente se foi acostumando a texturas harmônicas cada vez mais complicadas. Pelo fim do século XVI, grupos de intelectuais, poetas e músicos florentinos — genericamente identificados como a Camerata Fiorentina — passaram a se interessar por antigos textos gregos de teoria musical e tentaram recriar as maneiras como os dramas clássicos gregos seriam cantados ou entoados, com acompanhamento instrumental relativamente leve. Nascia assim a ópera, e este novo gênero musical veio a ser considerado — mais retrospectivamente, talvez, do que por seus criadores e primeiros cultores — como uma reação, em certa medida, à escrita densamente harmônica que então dominava a música culta europeia, sacra ou secular. No Palácio Bardi de Florença, onde membros da Camerata, entre eles o pai de Galileu, contribuíram para a criação da nova forma, uma placa refere-se explícita e chauvinisticamente à ópera como uma reação à "barbárie flamenga"; "flamengo", neste caso, remetia aos compositores nascidos ao norte dos Alpes, embora muitos se houvessem parcialmente formado na Itália e lá tivessem trabalhado, e a maioria dos compositores italianos importantes da época, entre eles Giovanni Pierluigi da Palestrina e Carlo Gesualdo, compusesse música tão complexa, harmonicamente, quanto a de seus colegas do norte.

No século XVII, a ópera, de modo gradual, viria a dominar a música secular italiana; linhas vocais flutuantes e não raro floreadas eram acompanhadas por fórmulas harmônicas relativamente simples nas partes instrumentais. Na Alemanha, contudo, e em especial no norte e no centro, predominantemente protestantes, a complexidade da harmonia e do contraponto continuou a prevalecer. Esse estilo do alto barroco alemão culminou nas obras de Johann Sebastian Bach, que, no entanto, já saíra de moda mais de uma década antes de ele morrer, em 1750. Uma nova abordagem da expressão musical começou a ganhar terreno, inicialmente combinando as mais banais e previsíveis progressões harmônicas do barroco com linhas melódicas e padrões rítmicos de uma simplicidade beirando a indiferença. Em outras palavras, as primeiras obras desse estilo que pouco a pouco se desenvolvia combinavam os elementos básicos de tendências musicais antigas da Alemanha e relativamente novas da Itália, mas — o que não chegava a surpreender — ficavam aquém das melhores realizações de ambas as escolas.

Não é aqui o lugar para investigar expressões como "estilo galante" e "Sturm und Drang", com as quais costumam lidar os historiadores da música que tratam desse período, nem para discutir as obras dos filhos de Bach que mais se destacaram na música ou da família Stamitz, ou ainda de outras personalidades ativas na evolução da música europeia nos meados do século XVIII. O que precisamos ter em mente, todavia, é que, no início do último quarto desse século, as novas tendências se haviam solidificado, cristalizando-se naquilo que, por conveniência, chamamos estilo clássico. Rosen estabelece aproximadamente em 1775 o momento após o qual "o novo senso rítmico que vem substituir o do Alto Barroco torna-se completamente consistente".[38] Retrospectivamente, constatamos que os mais brilhantes expoentes desse estilo na época eram Haydn, que tinha 43 anos em 1775, e Mozart, contando apenas 19, mas já criando obras de incrível maturidade. Beethoven, que eventualmente levaria o estilo a seus extremos limites, ainda não tinha 5 anos.

Nem Haydn nem Mozart rejeitaram a obra de Bach — como tampouco o faria Beethoven. Pelo contrário, sua admiração pela quantidade relativamente pequena da música de seu grande antecessor em circulação na época aumentava à medida que eles próprios amadureciam, assim como sua influência na música de ambos. E, de uma forma diferente, mas comparável, aumentava também a influência de George Frideric Handel, contemporâneo de Bach, que Beethoven, mesmo no fim da vida, segundo relatos, consideraria o maior de todos os compositores. Mas as características que mais claramente distinguem as obras-primas de Haydn e Mozart, e quase todas as obras de Beethoven, das criações dos grandes mestres do barroco são a concisão formal e as fulminantes oscilações expressivas. Em outras palavras, enquanto os compositores barrocos geralmente (mas nem sempre!) compunham música que funcionava em blocos — uma área toda ela em caráter fundamentalmente trágico, por exemplo, ou um jubiloso movimento instrumental, ou ainda todo o coro de cantata dedicado a expressar a ideia de esperança na Ressurreição —, os grandes mestres do estilo clássico justapunham estreitamente temas contrastantes, não raro passando suave mas de forma rápida do triunfante ao tranquilo, da paixão à jovialidade, da tragédia ao consolo, da luz à escuridão, e novamente de volta.

Mozart terá sido provavelmente o maior mestre que jamais houve do *chiaroscuro*, das instantâneas mudanças de clima, do sombrio ao luminoso, tanto na música instrumental — música que fala de maneira exclusivamente não verbal — quanto na vocal, cujo caráter é em certa medida determinado pelos textos musicados. Beethoven, contudo, não era nenhum diletante nesse sentido, e se adiantava até em relação a Mozart em matéria de intencionalidade. Existe em suas obras uma dimensão de determinação, de autoafirmação que não encontramos na música do antecessor. Em Beethoven, o ego não se limita a conduzir os trabalhos; muitas vezes é também o tema, e, invariavelmente, uma presença fortemente sentida. O primeiro movimento da última sinfonia de Mozart, cognominada "Júpiter", é tão energicamente afirmativo — e não menos alegre, lírico e divertido — quanto o primeiro movimento da Terceira Sinfonia (a "Eroica") de Beethoven, mas a música deste último tem aqui um caráter autorreferencial que não está presente na de Mozart. (Não se trata de um julgamento de valor: se alguém dissesse que eu teria de eliminar qualquer das duas da minha memória aural, seria incapaz de escolher.) E a mesma qualidade está presente, de uma maneira ou de outra, em maior ou menor grau, em praticamente toda a música de Beethoven. Até em sua música religiosa já não ouvimos a pura e profunda emoção devocional da música sacra de Bach, nem tampouco a "doçura do pecado" que Stravinski dizia ouvir na música sacra de Mozart; pelo contrário, ouvimos Beethoven perguntando a Deus o que está acontecendo, o que Ele está fazendo com a humanidade em geral e com Ludwig van Beethoven em particular — e por quê. Esta inserção e afirmação da primeira pessoa é um dos principais elementos que distinguem Beethoven dos antecessores e contemporâneos, tendo contribuído para a fama internacional por ele alcançada na quarta década de vida.

Ele apreciava esse reconhecimento, que, no entanto, também era para ele, inevitavelmente, um fardo. Em 1812, próximo do fim desse "período intermediário" incrivelmente prolífico, ele enviou uma carta agradecida, mas com elementos de autorreprovação, a uma menina que estudava música e lhe havia mandado um bilhete elogioso.

> Não prive Händel, Haydn e Mozart de suas coroas de louros. Eles as merecem, mas eu ainda não mereço nenhuma. [...] Persevere, não se limite a praticar sua arte, buscando também entender o seu significado íntimo; ela merece esse esforço. Pois só a arte e a ciência podem elevar os homens ao nível dos deuses. [...] O verdadeiro artista não tem orgulho. Ele percebe, infelizmente, que a arte não tem limites. Tem uma vaga consciência da distância que ainda o separa de sua meta; e, embora possa ser admirado pelos outros, lamenta ainda não ter chegado ao ponto em direção ao qual seu melhor gênio serve apenas para iluminar o caminho, como um sol distante.[39]

É possível que Beethoven simplesmente não fosse capaz de manter a constante explosão de energia criativa sustentada entre 1803 e 1813, servindo este fato para explicar por que esse período foi seguido de alguns anos de relativo repouso. Entre o fim de 1813 e 1820, as únicas grandes obras que ele concluiu foram o Quarteto de cordas op. 95 ("Serioso"); as sonatas para piano op. 90, op. 101 e op. 106 ("Hammerklavier"); as duas sonatas para violoncelo op. 102; e o ciclo de canções *An die ferne Geliebte* (À amada distante). Mesmo que em toda a sua vida Beethoven tivesse criado apenas estas sete composições, ainda assim estaria necessariamente entre os titãs da música ocidental, mas em termos de pura e simples produtividade esse período de sete anos não se compara com o anterior nem com o que se seguiria.

Mas também havia consideráveis motivos de ordem pessoal para esse hiato. Genialidade, orgulho e uma sensibilidade mórbida — especialmente no que dizia respeito à surdez — conviviam desconfortavelmente em Beethoven, infelicitando sua vida. Sua vida solitária, sua rudeza e a falta das mais elementares aptidões práticas faziam dele o mais conhecido excêntrico de Viena na época, enfrentando dificuldade até mesmo nos contatos humanos mais simples do cotidiano. Por um lado, seria equivocado supor que os músicos e melômanos de Viena sentissem apenas respeito ou um temor respeitoso em relação a Beethoven, ou que, em âmbito pessoal, o vissem meramente como um sujeito meio perturbado e digno de pena. O temor em parte respeitoso efetivamente existia, e as excentricidades de Beethoven de fato provocavam comentários e divertiam, ao passo que o considerável grau de distanciamento da sociedade causado pela surdez provocava sentimentos de pena em muitos observadores; mas muitas pessoas sentiam verdadeira cordialidade em relação a ele — e ele realmente tinha em seu temperamento um lado fortemente expansivo e amistoso, além de um extravagante senso de humor. Por outro lado, Beethoven tinha dificuldade de lidar até com amigos bem-intencionados, quanto mais com os senhorios e criados que considerava naturais inimigos, e os relacionamentos amorosos aos quais aspirava eram impossibilitados por uma mistura de idealismo inatingível e conceitos de intolerante moralismo: ele buscava alguém como Leonore, a heroína de sua ópera — uma mulher submissa, mas corajosa; feminina, mas masculina; virginal, mas sensual; inteligente, mas sem dúvidas sobre o bem e o mal —, o que fazia com que suas expectativas de casamento não passassem de delírio. (As supostas doenças venéreas de que sofreria Beethoven constituem há muito objeto de debate, de modo que fica na esfera da mera especulação, sem utilidade num esforço biográfico, saber se a tendência fortemente moralista de suas convicções sobre o comportamento certo ou errado seria consequência da doença.) Além disso, a partir de 1815, quando seu irmão Caspar Carl morreu, deixando um filho de 9 anos, Beethoven — obedecendo a um deslocado senso do dever e à ideia completamente equivocada de que daria um excelente pai — envolveu-se numa ruinosa série de batalhas legais com a cunhada pela custódia do menino, chamado Karl. Foi esta a causa mais evidente da diminuição de sua atividade artística nesse período.

Mas também terá havido motivos mais profundos. Ele deve ter percebido que os veios musicais e espirituais que vinha explorando nos doze primeiros anos do século XIX estavam esgotados e que precisava buscar novas fontes de inspiração em si mesmo. Muito mais tarde nesse século, Friedrich Nietzsche escreveria sobre a importância de saber esperar, tratando-se de um criador, de permitir que as ideias tenham uma gestação natural, e Beethoven com certeza tinha instintivamente essa noção, e mesmo em grau excepcional. O período entre 1813 e 1820 pode ter representado o mais importante de todo o seu desenvolvimento musical — o período em que se foi apoderando de suas forças interiores, preparando-se de forma inconsciente, mas talvez também consciente, para algo completamente destoante.

Mas "a imaginação não deve esmorecer",[40] afirma Charlie Citrine, o protagonista de *O legado de Humboldt*, de Saul Bellow — e Beethoven facilmente poderia assinar embaixo do resto de sua afirmação: a mente criadora "deve reafirmar que a arte manifesta a força interior da natureza". O subconsciente pode renovar-se através do sono, mas de qualquer maneira teria de chegar o momento em que "despertar era despertar mesmo". Beethoven parece ter começado a percorrer o caminho do pleno despertar em 1819, quando ficou sabendo que seu aluno e protetor, o arquiduque Rudolph, seria entronizado arcebispo de Olmütz (atualmente Olomouc, na República Tcheca). O compositor escreveu a Rudolph para dizer que pretendia compor uma missa para a ocasião — donde resultaria a *Missa Solemnis* —, mas sua carta de congratulações vem a ser, como assinala Lewis Lockwood em seu fundamental estudo *Beethoven: The Music and the Life* (Beethoven, música e vida), uma típica mistura de "expressões de homenagem, conselhos amistosos, sabedoria estoica, firmes lembretes da superioridade artística de Beethoven e resistência à menor sugestão de uma posição subordinada".[41] De um ponto de vista puramente psicológico, a mistura representa uma atualização — 32 anos mais tarde — daquela carta enviada por um Beethoven de 16 anos a seu benfeitor em Augsburg, ao retornar a Bonn de sua malograda primeira viagem a Viena, mas o tom apologético do adolescente fora substituído pelo ar alternadamente assertivo, condescendente e às vezes apenas ofensivo de um artista maduro que acredita firmemente que será lembrado muito tempo depois de seu ilustre correspondente ter sido esquecido.

> Por numerosas sejam as congratulações que lhe vêm sendo prodigalizadas, meu mui generoso senhor, sei perfeitamente que esta nova honra não será aceita sem *alguns sacrifícios por parte de V.A.I.* [Vossa Alteza Imperial] [...] Dificilmente se alcança algo bom — sem sacrifício [,] e é precisamente o homem mais nobre e melhor que parece fadado a isto mais que qualquer outro, de tal maneira que sua virtude seja testada. [...] Quanto às magistrais variações de Vossa Alteza Imperial [sobre o tema "O Hoffnung", do *Fidélio* de Beethoven] [...] encontrei numerosos pequenos deslizes, mas devo lembrar a meu ilustre aluno que "La Musica merita d'esser studiata" [a música merece ser estudada] — tendo em vista os excelentes talentos de Vossa Alteza Imperial e os

dotes realmente extraordinários de imaginação que seria uma pena deixar de estimular. [...] V.A.I. pode assim criar de duas maneiras, seja para a felicidade e o bem-estar de muitíssimas pessoas, seja igualmente para si mesmo. Criadores musicais e benfeitores da humanidade não têm sido encontrados até agora no presente mundo dos monarcas. [...] Eu não soube como interpretar a ordem de Vossa Alteza Imperial de que eu deveria ir, como tampouco a notificação de que V.A.I. *me faria saber quando*, pois nunca fui um cortesão, e continuo não sendo, e jamais serei capaz de sê-lo. [...] Deus conhece o meu mais íntimo ser, e ainda que as aparências às vezes militem contra mim, tudo um dia será esclarecido *para mim*.[42]

Poderia alguém menos famoso e menos excêntrico que Beethoven passar impune, na Viena da Restauração, por afirmações como esta sobre a ausência de benfeitores da humanidade entre os monarcas — endereçada, ainda por cima, ao irmão de um dos mais poderosos monarcas da época? Mas Rudolph estava acostumado a receber toda sorte de comunicados de seu professor de música, inclusive um no qual o compositor lhe relatava os lamentáveis efeitos do laxante que o médico fazia ingerir na ocasião.[43] No caso da carta citada acima, podemos facilmente imaginar o arquiduque e arcebispo eleito, então com 31 anos, sacudindo a cabeça, suspirando "*Ja, der Beethoven...*" e instruindo um secretário a arquivar a carta — motivo pelo qual hoje dispomos dela.

Quanto ao comportamento político do compositor, por sinal, o historiador David B. Dennis observou que "Beethoven tem sido considerado precursor de todas as grandes tendências políticas da moderna história alemã",[44] do despotismo esclarecido ao idealismo revolucionário. Foi sucessivamente admirador e detrator de Napoleão, autor de música revolucionária e de música patriótica, um homem que lisonjeava governantes e os tratava com desprezo.

"Beethoven", conclui acertadamente Dennis, "era todas essas coisas, mas nenhuma delas." Ele quase certamente se teria incluído entre aqueles que — no dizer de seu contemporâneo William Blake — "imputavam Pecado & Retidão / a Indivíduos & não a Estados".[45] Em sua última década de vida, contudo, Beethoven parece ter considerado que seria ideal um governo nas mãos de um indivíduo semelhante ao imperador austríaco José II, do fim do século XVIII, ou de uma elite de indivíduos sábios, ou ainda de um monarca constitucional à inglesa — em suma, nas mãos de uma pessoa ou grupo de pessoas que desse livre curso a toda forma de expressão não criminosa. Ao escrever para agradecer ao rei Frederico Guilherme III da Prússia permitir que lhe dedicasse a Nona Sinfonia, Beethoven frisava que "Vossa Majestade é não só o pai dos súditos de Vossa Majestade, mas também o protetor das artes e ciências".[46] (O rei respondeu: "Tendo em vista a reconhecida excelência de suas composições, tive grande prazer em receber a nova obra que me ofereceu. Agradeço-lhe o envio, mandando-lhe este anel de diamante como penhor de minha sincera estima.")

O desprezo de Beethoven pela maioria dos seres humanos entrava em conflito com seu abrangente amor à humanidade. Ele esperava, e pode até ter acreditado, que a arte de alguma maneira transcendesse as limitações impostas por nossa "espiral mortal", gradualmente nos ensinando a atingir estatura divina. Ele próprio, Ludwig van Beethoven, em sua espiral mortal excepcionalmente sobrecarregada, jamais conseguiria alcançar essa nova condição, mas aquilo que sentia ter sido plantado nele, a força ou capacidade que não entendia, mas com a qual aprendeu a conviver, permitia-lhe criar momentos de transcendência em si mesmo e para si e os outros. Houve em sua vida muitos períodos em que as preocupações de ordem econômica podem tê-lo feito concordar com a afirmação de Samuel Johnson de que "Ninguém além de um tolo escreveria, exceto para ganhar dinheiro", mas se tivesse vivido para ler a segunda parte do *Fausto*, publicada cinco anos após sua morte, ele de bom grado teria concordado com a afirmação de Goethe de que as belas palavras (ou, por que não, notas) "deve[m] vir do coração. / E quando o peito arfa de desejo, / Olhamos ao redor e perguntamos com quem compartilhar".* Nas obras de seus últimos anos, Beethoven mergulhou cada vez mais fundo em seu subconsciente, ao mesmo tempo em que afirmava sempre mais incansavelmente a obrigação do artista de se valer da autorrevelação para alcançar a harmonia universal. Chamo esse processo de universalização do íntimo. A *Missa Solemnis* (que no fim das contas só seria concluída três anos depois da entronização do arquiduque Rudoplh como arcebispo), a Nona Sinfonia, as três últimas sonatas para piano, as Variações "Diabelli" e os cinco últimos quartetos de cordas representam acima de tudo uma busca de transcendência. Nessas obras, ele levou o processo de universalização do íntimo provavelmente mais longe que qualquer outro músico até então ou desde então; na pior das hipóteses — como escreveu Maynard Solomon, estudioso da vida e obra do compositor —, nessas composições Beethoven "ampliou a esfera da experiência humana ao alcance da imaginação criadora".[47]

A questão de saber se devemos valer-nos da vida de um artista para conhecer melhor suas obras deixa de importar nos últimos

---

* A citação é do Ato III:

Helena: So sage denn, wie sprech'ich auch so schön?
Fausto: Es ist gar leicht, es muss von Herzen gehn. Und wenn die Brust von Sehnsucht überfliesst, Man sieht sich um und fragt...
Helena: ... wer mitgeniesst.

Helena: Diz-me, então, como posso falar também tão belamente?
Fausto: É muito fácil, deve vir do coração. E quando o peito arfa de desejo, olhamos ao redor e perguntamos...
Helena: ... com quem compartilhar.

anos de Beethoven. Suas obras tardias *eram* sua vida. A surdez representou para Beethoven o que o exílio foi para outros, e "a condição que chamamos de exílio", segundo o poeta russo exilado Joseph Brodski, "acelera incrivelmente nossos voos — ou desvios — profissionais em direção ao isolamento, a uma perspectiva absoluta: em direção à condição em que só nos restam nós mesmos e nossa linguagem própria, sem nada nem ninguém no meio".[48] Pelo meado da década de 1820, os acontecimentos da vida de Beethoven — fatos cotidianos e banais, como suas constantes mudanças de endereço, ou dramáticos e perturbadores, como a tentativa de suicídio de seu sobrinho Karl — não passavam de um exosqueleto; a substância vital tinha sido destilada em música — sua "linguagem própria", no dizer de Brodski, "sem nada nem ninguém" entre os dois. Por mais cansado e atormentado que estivesse, Beethoven não queria morrer, mas queria viver num Algures ideal — um Algures que tratou de criar para si mesmo e para todo aquele que se mostrasse, se mostre ou venha a mostrar-se capaz de aderir. Ao chegar o dia 26 de março de 1827, quando seu corpo devastado e seu espírito exaurido deixaram de ser, Beethoven dera tudo que tinha para dar. Talvez ele tivesse chegado um dia a uma transcendência ainda mais alta que a alcançada no *finale* da Sonata op. 111, na 24ª e na 31ª variações "Diabelli", no "Benedictus" da *Missa Solemnis,* no terceiro movimento da Nona Sinfonia, na *Grosse Fugue* ou em todo o Quarteto de cordas op. 131; mas nós — comuns mortais — não temos como imaginá-lo, e muito menos a alguém mais, indo ainda mais longe nessa direção. Maravilhosas criações musicais de outros gênios continuaram e continuam sendo produzidas, mas desde Beethoven ninguém foi mais longe que ele no caminho da transcendência. Um quarto de século depois de sua morte, quando Schumann se referiu a um Brahms de 21 anos como o músico do futuro, uma espécie de sucessor de Beethoven, seu artigo era intitulado "Novos caminhos", inconscientemente invocando a perceptiva frase da oração fúnebre do poeta Franz Grillparzer sobre o músico de Bonn: os sucessores de Beethoven, escrevia Grillparzer, teriam de "começar de novo, pois aquele que veio antes só se deteve onde a arte se detém".[49]

Sob muitos aspectos, Beethoven era — é — muito mais moderno que nós. "Nós vivemos 'como se'", diz o protagonista do romance *The Last Life* [A última vida], de Claire Messud, "como se soubéssemos por que, como se fizesse sentido, como se vivendo assim pudéssemos eliminar a pergunta e o próprio 'como se', a maneira como falamos e agimos como se nossas palavras pudessem ser compreendidas."[50] Em seu aterrorizante isolamento, seu terrível orgulho e sua insuperável capacidade de transformar a experiência em complexidades sonoras organizadas, Beethoven foi além desse estágio. Nos derradeiros quartetos e certamente na Nona Sinfonia, ele destruiu os "como se" da compreensão e veio então a exterminar a destruição — dançando sobre suas cinzas.

Luta, tensão e esforço: palavras usadas com frequência para falar da vida e da arte de Ludwig van Beethoven. Seus antecessores, entre eles Bach e Mozart, também passaram por muita luta, tensão e esforço na vida cotidiana, mas não provavelmente na vida criativa, ou pelo menos não em grau tão alto. Em suas épocas, a linha divisória entre arte e artesanato era confusa. Com consumada habilidade, eles concebiam e compunham rapidamente as obras que lhes eram encomendadas, pois para eles a distância entre aspiração e realização em arte era quase inexistente, uma vez dominadas suas formas de expressão. Além disso, Bach e Mozart tinham visões de mundo nas quais tudo acontecia segundo a vontade de Deus. Eles entendiam a dor tanto quanto Beethoven — o Agnus Dei da Missa em si menor de Bach e os quatro movimentos do Quinteto de cordas em sol menor de Mozart logo nos vêm à lembrança como exemplos dessa dor —, mas, ao contrário de Beethoven, eles não estavam constantemente querendo saber *por que* a dor era endêmica e estava sempre presente na condição humana. O que não significa que se esteja menosprezando Bach ou Mozart: sua música é tão grande quanto a de Beethoven! Mas Beethoven era um homem moderno. Acreditava em alguma forma de divindade como Fonte ou Força Motriz, mas não se satisfazia com as aparências; tudo devia ser investigado e questionado. Não obstante seus dons e habilidades colossais, não era capaz de passar diretamente da aspiração à realização; nem mesmo determinar a substância de suas aspirações era fácil para ele. A primeira parte de seu processo criativo era a luta, não para decidir se queria ir, mas para entender aonde *precisava* ir, para em seguida definir aquele que lhe parecesse o melhor caminho para chegar ao destino.

À medida que envelhecia e sua surdez se agravava, acabando por apartá-lo quase completamente das relações sociais normais, Beethoven passou a se preocupar cada vez mais com problemas abstratos, e quanto mais esses problemas o ocupavam, mais difícil se tornava conciliar sua vida mental, espiritual e criativa — a vida *real*, para ele — com aquilo que os outros chamavam de vida real. Ele pagou um preço inestimavelmente alto pelo privilégio, se é que era um privilégio, de enveredar por explorações tão inéditas. (Terá sido um privilégio *para ele* assim enriquecer *nossa* vida? É uma ideia incrivelmente egoísta de nossa parte.) Ele contribuíra para inaugurar e logo desenvolvera e concluíra todo um ciclo na história da expressão musical, mas é significativo que Grillparzer, em sua oração fúnebre, se tenha sentido compelido a fazer menção do que muitos viam como misantropia da parte de Beethoven. "Ele fugiu do mundo porque, em toda a sua natureza amorosa, não encontrou armas para resistir a ele", disse o poeta, que conhecera Beethoven pessoalmente. "Ele se afastou da humanidade depois de lhe dar tudo que tinha e nada receber de volta."[51] Entretanto, como escreveu Elsa Morante, "aqueles que fogem do amor não encontram paz na solidão".[52]

Penso nesse amor, nesse isolamento e nessa comoção ao deixar o pátio e a entrada da casa na Ungargasse, 5, em Viena, atravessar a rua, voltar-me para ver o prédio e imaginar Beethoven passando por seu portão a 7 de maio de 1824, a caminho do Kärntnertortheater para a estreia daquela que seria sua última dádiva sinfônica à humanidade.

PARTE DOIS

1824, ou como os artistas internalizaram a revolução

O establishment *restabelecido*

Ainda que estivessem em Viena e houvessem comparecido à estreia da Nona Sinfonia no Kärntnertortheater, o imperador austríaco e sua família não se teriam inclinado a prestar muita atenção à mensagem de fraternidade, alegria e, implicitamente, liberdade do *finale*. Eles eram absolutistas que, como os monarcas de boa parte do resto da Europa, tinham acabado de viver um quarto de século de violentos desafios à ordem estabelecida; agora que essa ordem fora restabelecida, eles estavam dispostos a se valer de quaisquer meios à sua disposição para impedir novas revoltas.

Como conceito político, a expressão "restauração" significa que um sistema ou regime deposto foi restabelecido. Cada restauração apresenta sua própria e complexa trama de condições subjacentes, mas uma delas — o ressentimento — provavelmente é comum a todas: ressentimento por parte dos vencedores, por terem sido depostos anteriormente, e ressentimento por parte dos derrotados, por se verem numa nova-velha situação — uma situação que julgavam eliminada de uma vez por todas, mas que voltou a dominar suas vidas. A restauração é garantia de amargura a longo prazo em todas as frentes. Mas na Europa do período em que Beethoven compunha a Nona, a amargura era temperada pela exaustão.

Entre 1789 e 1815, as guerras revolucionárias francesas e as napoleônicas tinham dilacerado a Europa. Do litoral atlântico até Moscou, ideologias conflitantes se haviam transformado em exércitos em conflito; a bandeira da liberdade-igualdade-fraternidade logo seria ensanguentada pelos excessos dos revolucionários, e seu lema viria a ser subvertido por Napoleão, que usou o ideal de exportação da Revolução como instrumento para dominar o continente. Por mais chocantes que fossem os efeitos da guilhotina na nascente República francesa, as 18 a 40 mil cabeças por ela decepadas durante o Terror de 1792-96 não passavam de detalhe estatístico em comparação com as consequências das guerras externas que se seguiram. Entre 1796 e 1815, estima-se que 2,5 milhões de soldados e 1 milhão de civis tenham morrido nas Guerras Napoleônicas. Em praticamente qualquer das grandes batalhas travadas por Napoleão, o número de pessoas mortas foi duas ou três vezes maior que o de executados por ordem do Comitê de Salvação Pública ou outros organismos revolucionários franceses. Só na batalha de Borodino, a 7 de setembro de 1812, os Exércitos em confronto da Rússia e da França perderam muito mais soldados que os Estados Unidos viriam a perder nos doze anos de guerra no Vietnã, e as guerras revolucionárias e napoleônicas duraram duas vezes mais que a guerra do Vietnã, quatro vezes mais que a Segunda Guerra Mundial e seis vezes mais que a Primeira Guerra Mundial.

Não surpreende, assim, que em abril de 1814, quando Napoleão (que, por sinal, era apenas dezesseis meses mais velho que Beethoven), derrotado, foi mandado para o exílio na ilha toscana de Elba, milhões e milhões de europeus sentiram enorme alívio, inclusive muitos dos que tinham aprovado os objetivos do imperador ou se tinham de qualquer maneira oposto à restauração das forças mais reacionárias de seus países no poder. Povos inteiros estavam cansados; nações inteiras, exauridas por guerras que já começavam a parecer eternas, e os antigos dirigentes do Velho Mundo não deixaram de se dar conta de que seu poder, havia tanto tempo ameaçado ou usurpado, logo voltaria a estar seguro. Prepararam-se então para se reunir em Viena no mês de setembro, para decidir como o continente "liberado" seria partilhado entre eles.

O Congresso de Viena durou a maior parte do ano. Aproximando-se do fim, mergulhou em confusão ante a notícia de um retorno clandestino de Napoleão ao continente, para tentar retomar o poder, mas sua derrota em Waterloo em junho de 1815 e o subsequente exílio na remota ilha africana de Santa Helena efetivamente puseram fim a uma era de reviravoltas. O congresso foi dominado do início ao fim pelos quatro principais arquitetos da derrubada de Napoleão: o ministro britânico do Exterior, visconde de Castlereagh (Robert Stewart, 2º marquês de Londonderry), representando o príncipe regente, o futuro rei George IV; o tsar Alexandre I da Rússia, representando a si mesmo — embora vários conselheiros, entre eles o influente conde Karl Robert von Nesselrode (de origem alemã), estivessem presentes; o ministro francês do Exterior, Talleyrand (Charles-Maurice de Talleyrand-Périgord), negociando em nome do rei Luís XVIII — irmão menor do decapitado Luís XVI (o filho deste, Luís XVII, morrera numa prisão revolucionária aos 10 anos); e, sobretudo, o ministro austríaco do Exterior, o príncipe Klemens von Metternich, representando o rei Habsburgo, Francisco I.

Outro participante importante, o rei Frederico Guilherme III da Prússia, chegou acompanhado de seus principais assessores: o príncipe Karl August von Hardenberg e o barão Wilhelm von Humboldt, relativamente liberais. Foi muito cortejado por outros delegados, em sua maioria convencidos da necessidade de impedir que a Prússia formasse uma aliança muito estreita com a Rússia. Todos esses homens estavam empenhados em obter as melhores vantagens possíveis para seus respectivos países, e, compreensivelmente, nenhum confiava plenamente em qualquer dos outros: segundo um conhecido adágio da diplomacia, as nações têm interesses, e não amigos, e o mesmo se aplica a seus principais representantes.

Não se encontrou qualquer bom motivo para restabelecer o Sacro Império Romano-Germânico, a milenar estrutura política supranacional que já beirava a extinção antes de ser oficialmente abolida por Napoleão em 1806. Em seu lugar, a partir das ruínas da Confederação do Reno inventada pelo imperador francês, Metternich criou uma Confederação Alemã — 39 Estados de diferentes tamanhos, dos quais a Áustria (presidindo o conjunto) e a Prússia eram os mais poderosos. Em termos de extensão territorial, contudo, a maior parte do vasto Império Austríaco reconstituído — onde Beethoven passou a maior parte da vida — ficava fora dos limites da Confederação Alemã, incluindo não só o atual território da Áustria como também, em sua maior parte ou na totalidade, os da Hungria, da República Tcheca, da Eslováquia, da Eslovênia, da Croácia e da Sérvia, além de vastas extensões dos atuais territórios da Alemanha, da Romênia, da Itália e da Polônia. A Prússia e a Rússia repartiram o resto da Polônia, a Suécia anexou a Noruega, e a Rússia ficou com a Finlândia — que havia tomado em 1809 —, juntamente com os diferentes territórios e entidades políticas que viriam mais tarde a formar boa parte do território europeu da União Soviética. Talleyrand, uma das grandes figuras da história da diplomacia — e também, portanto, uma das mais ambíguas — conseguiu que a França mantivesse a maior parte de suas fronteiras anteriores à guerra, no pressuposto de que apoiaria a Áustria e a Grã-Bretanha no empenho de impedir que a Rússia se expandisse para o Ocidente e não veria com bons olhos qualquer entente russo-prussiana.

A Grã-Bretanha sob a Regência e a França de Luís XVIII eram monarquias constitucionais — liberais, não pelos padrões de hoje, mas pelos da época —, ao passo que a Rússia, a Prússia e a Áustria eram monarquias absolutistas. Esta significativa diferença e, em menor grau, as divergências religiosas entre as nações (entre as religiões de Estado na Europa estavam o catolicismo romano, a ortodoxia russa, o anglicanismo, várias denominações protestantes e, em certas partes dos Bálcãs, o islamismo) inevitavelmente geravam desconfiança e incompreensões, mas o custo das Guerras Napoleônicas fora tão alto que durante um século inteiro não mais haveria conflitos em escala continental. As sementes desse longo período de relativa paz e da repressão que fazia parte do pacote foram plantadas no Congresso de Viena.

Em certa medida por gostar de brilhar nos grandes eventos sociais de gala e ser um inveterado libertino, mas também para fazer com que o congresso se arrastasse o máximo possível, aumentando suas chances de arrancar concessões dos colegas, loucos para voltar para casa, Metternich certificou-se de que Viena proporcionasse as mais magníficas formas de entretenimento aos ilustres visitantes. Entre as atividades culturais organizadas para os convidados do congresso estava um concerto na Grosser Redoutensaal a 29 de novembro de 1814, consistindo inteiramente de música de Beethoven. Segundo Lewis Lockwood, a reputação internacional de Beethoven era tão grande que ele facilmente foi transformado no "herói musical"[1] do congresso, muito embora "a maioria dos nobres ali reunidos preferisse música de baile a Beethoven". (O próprio Metternich adorava ópera italiana e detestava a música de Beethoven.) Beethoven "desavergonhadamente cultivou esse papel" no congresso, afirma Lockwood, "tratando rapidamente de compor a bombástica cantata *Der glorreiche Augenblick* ("O glorioso momento") para os chefes de Estado reunidos na cidade, além de uma espalhafatosa *polonaise* para piano" dedicada à tsarina.

Sua recente *Wellingtons Sieg* ("A vitória de Wellington", outro espetacular caça-níqueis para grande orquestra, com efeitos sonoros percussivos) e a Sétima Sinfonia, estreada um ano antes, foram ouvidas ao lado de *Der glorreiche Augenblick* no concerto de 29 de novembro. À exceção da sinfonia, essas obras eram flagrantes tentativas de cortejar os favores dos aristocratas presentes na cidade e aproveitar a onda de euforia patriótica que se seguiu à derrota de Napoleão. Como compositor independente, todavia, Beethoven não poderia dar-se ao luxo de desperdiçar uma oportunidade de ganhar um dinheiro tão necessário — especialmente nas desastrosas condições econômicas do pós-guerra — com a publicação e disseminação de obras potencialmente populares. O concerto foi um sucesso tão grande que veio a ser repetido, em benefício financeiro do compositor, em 2 de dezembro, e novamente no dia de Natal. Beethoven então "deixou-se convencer",[2] segundo Lockwood, a participar de um concerto na Rittersaal (Sala dos Cavaleiros) no dia 25 de janeiro de 1815. Permitiu também que seu aluno, o arquiduque Rudolph, irmão do imperador austríaco, e o conde Razumovski, embaixador russo na Áustria, o apresentassem aos monarcas e outros dignitários reunidos para o congresso.

Embora entre os lazeres proporcionados por Metternich aos convidados estrangeiros houvesse não só música, mas também complicadas cirandas eróticas, muitos delegados queixavam-se da duração do congresso. Segundo o tsar, Metternich era "o melhor mestre de cerimônias do mundo", mas ele acrescentava que "seria difícil encontrar pior ministro".[3] Talleyrand — evidentemente frustrado com o andamento lento dos trabalhos — alegava que seu colega austríaco "tinha a inércia indiferente na conta de uma espécie de gênio superior"[4] e considerava a maioria dos demais delegados "excessivamente amedrontados para brigar [isto é, argumentar] uns com os outros, excessivamente estúpidos para concordar".⁵ Mas o congresso acabou terminando, e os documentos finais foram dados a assinar a 9 de junho de 1815, dias antes da batalha de Waterloo.

Alívio + arrependimento + repressão = romantismo?

Uma das mais notáveis e panorâmicas descrições da batalha de Waterloo pode ser encontrada em *A cartuxa de Parma*, romance escrito em 1839 por Marie-Henri Beyle — mais conhecido pelo pseudônimo de Stendhal —, que se ligara e desligara do Exército francês várias vezes ao longo do regime de Napoleão como primeiro cônsul e posteriormente imperador. Mais de cem anos depois, o romancista e literato inglês Ford Madox Ford declarava que "as páginas mais deprimentes de *Guerra e paz*, de Tolstoi, ficam parecendo inadequados ditos espirituosos"⁶ em comparação com a descrição do campo de batalha em Waterloo feita por Stendhal. No início da *Cartuxa*, Fabrice del Dongo, o jovem e impetuoso protagonista do romance, foge da casa de seu pai aristocrático e ultraconservador para servir a Napoleão; ele observa a batalha que põe fim definitivamente à carreira de seu herói e fica se perguntando o que poderá ele fazer da própria vida, agora que a aventura revolucionário-imperial ficou para trás. E o mesmo dilema domina a vida dos jovens protagonistas masculinos, completamente diferentes, das duas outras obras-primas ficcionais do início da trajetória literária de Stendhal, *O vermelho e o negro* e a inconclusa *Lucien Leuwen*. Os três personagens parecem consciente ou inconscientemente obcecados com uma questão: que fazer, agora que Napoleão se foi e todo aquele entusiasmo e animação acabaram?

Stendhal, que nascera em 1783, tinha curiosidade de saber de que maneira a era napoleônica, vista como um épico do passado, afetaria os jovens depois de Waterloo, pois sabia perfeitamente o que o reinado do imperador — ao qual se referia como "o despotismo da glória" — significara para os jovens de sua própria geração. Ele testemunhara e abraçara o idealismo inicial, a ideia de que a missão da França não seria apenas repelir os exércitos das monarquias estrangeiras aliadas contra as forças da Revolução, mas também liberar toda a Europa da tirania do absolutismo. À medida que as guerras se arrastavam, contudo, ele assistira à subversão desses ideais, reduzidos a slogans vazios e sem significado e usados como desculpa para a conquista, com toda a devastação que a acompanhava. Mais tarde, após a derrota de Napoleão, Stendhal tornou-se uma das primeiras personalidades literárias a se dar conta da relação entre a morte da Revolução e o desabrochar do romantismo — entendido como sublimação dos princípios libertadores de uma revolução que inicialmente explodira por toda a Europa, para em seguida implodir. (A bem da clareza: a expressão "romantismo" remete geralmente a tendências artísticas e intelectuais do fim do século XVIII e do início ao meio do século XIX, que associavam ideais antidogmáticos do Iluminismo a uma forte ênfase na emoção e no instinto. O escritor e músico alemão Ernst Theodor Amadeus Hoffmann (1776-1822), um dos protagonistas do movimento, considerava Haydn e Mozart, além de Beethoven, compositores românticos; o fato de hoje em dia Haydn e Mozart serem em geral considerados exemplos do estilo clássico e de Beethoven ser visto como figura de transição do classicismo para o romantismo demonstra a fluidez da terminologia. Escrevendo em 1810, Hoffmann referiu-se a Beethoven em particular como "um puro romântico", cuja música "põe em movimento a alavanca do medo, do assombro, do horror, do sofrimento, despertando esse infinito anseio que vem a ser a essência do romantismo".)[7]

Faz todo sentido a ideia do romantismo como filho da Revolução Francesa e neto do Iluminismo. Embora a Revolução tivesse fracassado a curto prazo, parcialmente teve êxito a longo: as diferentes formas de democracia parlamentar — liberal-conservadora, social-democrata, federalista e assim por diante — que parecem tão solidamente assentadas hoje em dia em quase toda a Europa, na América do Norte e em muitas partes do resto do mundo são em grande medida descendentes do Iluminismo e da Revolução. No período de 1815 a 1848, contudo, os europeus não sabiam que em questão de poucas gerações a liberdade de expressão, de imprensa e de religião estaria ao alcance de uma parte significativa da humanidade. Homens e mulheres da geração de Beethoven viveram os últimos anos do Iluminismo e em seguida o nascimento, a transformação, a subversão e o fim da Revolução, e na geração seguinte a experiência de testemunhar apenas as fases da subversão e morte foi ainda mais deprimente. A natureza introspectiva das tendências artísticas posteriores ao Congresso de Viena representava em parte uma tática subconsciente e autodefensiva para evitar um sentimento de desespero com a situação da Europa da Restauração.

Qualquer um que tenha vivido em regimes repressivos em épocas mais recentes poderá entender o fenômeno: para sobreviver, somos forçados a fingir que acreditamos em algo em que não cremos e podemos na verdade detestar; ao mesmo tempo, não podemos deixar de nos perguntar qual poderia ser a utilidade ou as consequências de sobreviver em tais circunstâncias. Mas os românticos, que viveram antes não só de Hitler e Stalin, mas também de Darwin, Marx, Freud e Einstein, não tinham ao seu alcance toda a vasta gama de incertezas — para não falar de crenças e atitudes niilistas — com as quais conviveriam posteriores gerações. Embora o elemento do desespero estivesse tão presente na psique humana no início do século XIX quanto hoje e ao longo de toda a história da humanidade, a busca de um significado absoluto ainda era uma alternativa razoável há duzentos anos. Muitos observadores têm descrito o romantismo como a inspiração por trás da busca de liberdade na Europa, mas essa ideia parece-me sustentar-se menos que a inversa: a aspiração libertária dos europeus foi a inspiração por trás do romantismo. E o que Stendhal parece ter percebido antes de todo mundo foi o fato de que os românticos não eram filhos da Revolução, e sim seus órfãos.

O historiador britânico Eric Hobsbawm pisava em areia movediça ao afirmar, em seu estudo *A era da revolução: 1789-1848*, publicado em 1962, que "nesse período os artistas eram diretamente inspirados pelas questões públicas e nelas se envolviam".[8] Nunca antes se haviam engajado tanto politicamente, prosseguia ele, acrescentando que "até mesmo a arte aparentemente menos política, a música, apresentava as mais fortes associações políticas". Ele considerava *A flauta mágica* (1791), de Mozart, uma ópera de propaganda da ordem maçônica, altamente politizada; observava que Beethoven dedicara a "Eroica" (1803-4) a Bonaparte, "na qualidade de herdeiro da Revolução Francesa"; lembrava aos leitores que Goethe fora "um ativo homem de Estado e funcionário público" e Pushkin, um exilado político; e se referia aos romances da *Comédia humana* de Balzac como "um monumento à consciência social".

É verdade que os artistas, como qualquer pessoa, vivem em períodos e ambientes determinados; quaisquer que sejam seu temperamento, o alcance de sua inteligência e de suas emoções, por mais generosas ou acanhadas que sejam suas crenças e ideias, eles são filhos de seu tempo e de sua terra. Todo artista atua numa dada realidade social ou série de realidades, a elas reagindo, e nesse sentido os artistas ativos entre 1789 e 1848 não eram diferentes dos que atuaram em qualquer outra época do passado ou se encontram em atividade hoje. A Revolução Francesa de fato teve um efeito libertador sobre artistas e intelectuais, alguns dos quais começaram a tomar partido em questões de caráter humanístico e eventualmente até político, e a repressão que se seguiu ao Congresso de Viena conseguiu impedir as manifestações de dissensão apenas parcial e temporariamente. Até aqui, as ideias de Hobsbawm são razoáveis. Mas ele não parece dispor-se a encarar o fato de que a calma gerada pela repressão foi recebida com um grande suspiro de alívio por muitos artistas e pensadores.

Veja-se, por exemplo, Georg Wilhelm Friedrich Hegel, nascido em 1770 — assim como Beethoven —, e que viveu ao longo de todo o período revolucionário e napoleônico da França. Pouco mais de um ano depois de Waterloo, Hegel, que foi uma grande influência sobre posteriores gerações de filósofos éticos e políticos, pronunciou sua conferência inaugural como professor de filosofia na Universidade de Heidelberg. Nela, afirmava que finalmente chegara o momento em que "a filosofia pode novamente esperar atenção e amor; em que essa ciência, praticamente emudecida, pode de novo levantar a voz e esperar que um mundo que se fizera surdo a ela volte a lhe dar ouvidos".[9] (Substituam-se as palavras "filosofia" e "ciência" por "música" e "arte", e Beethoven poderia ter pronunciado exatamente a mesma frase.) Referindo-se às décadas de guerra que acabavam de ter fim, Hegel dizia que a "angústia de nossa época" havia enfatizado "os interesses mesquinhos associados ao lado mais insignificante de nossa vida cotidiana" e que as pressões e lutas do "mundo real" representavam não só uma ocupação constante e concreta, como também permanente motivo de preocupação mental, absorvendo "toda a energia e a força da mente". Durante os anos de agitação, a vida fora tão completamente dominada pelo "mundo objetivo" que uma "vida interior mais elevada, uma espiritualidade mais pura, não podia manter-se em liberdade, e as melhores naturezas eram atraídas por esses interesses e em certa medida sacrificadas a eles". Para desenvolver uma vida interior, o espírito precisava ser capaz de "voltar-se para dentro e concentrar-se em seu interior". Segundo Hegel, as novas condições dos tempos de paz representavam uma oportunidade de desenvolver a devoção religiosa e o patriotismo pan-germânico, mas ele também esperava que, "paralelamente aos interesses políticos e de outras naturezas associados à nossa vida cotidiana", as artes e as ciências — a vida da mente — pudessem "florescer mais uma vez".

Nessa mesma conferência, Hegel, voltando-se mais uma vez para o período revolucionário e napoleônico que acabava de terminar, referia-se à "nação alemã", afirmando que ela havia "aberto caminho para sair das mais rudes condições" — impostas, naturalmente, pelos malvados franceses — e "salvado sua nacionalidade, base de toda existência vital". Ele estava convencido de que a filosofia, por exemplo, tinha "desaparecido sem deixar traços" de outros países europeus (referindo-se aqui, mais uma vez, sobretudo à França), ao passo que "a nação alemã a tem cultivado como um bem peculiarmente seu" e "atendeu ao sublime chamado de se constituir guardiã desse fogo sagrado".

Temos aqui apenas um dentre muitos exemplos da maneira como a derrota da França napoleônica levou a reações étnicas e nacionalistas contra o secular domínio da cultura francesa na Europa Ocidental — e o nacionalismo tornou-se uma das correntes principais do romantismo. O poeta e ensaísta italiano Giacomo Leopardi invocava essa tendência no início de sua "Discussão sobre o atual estado dos costumes na Itália" — ensaio esboçado em março de 1824, semanas depois de Beethoven concluir a Nona Sinfonia. Leopardi, que nem de longe poderia ser considerado antifrancês, observava que "uma espécie de igualdade das reputações literárias, civis e militares"[10] se havia manifestado entre as principais nações europeias ao longo dos nove anos transcorridos desde Waterloo e a conclusão do Congresso de Viena, e reconhecia que esse novo equilíbrio era em parte "resultado do crescimento das trocas comerciais e do hábito de viajar", acompanhado do desejo de "cada nação" (referindo-se aqui às classes educadas dessas nações) "de conhecer o mais profundamente possível as linguagens, literaturas e costumes de outros povos". As guerras empreendidas por Napoleão para ampliar a influência francesa haviam na realidade causado o efeito oposto: desde a época de Luís XIV, dizia Leopardi, todas as outras nações europeias tinham reconhecido a primazia cultural da França, mas, como a França se via agora "humilhada por suas derrotas", as outras nações tinham a possibilidade de florescer.

Não que a França tivesse perdido a mão no terreno intelectual: no ano de 1824, o matemático e físico francês Nicolas Léonard Sadi Carnot publicou seu livro *Réflexions sur la puissance motrice du feu* (Reflexões sobre a força motora do fogo), enunciando aquela que viria a ficar conhecida como a segunda lei da termodinâmica; o engenheiro francês Claude Burdin inventou e construiu a primeira autêntica turbina hidráulica; o talentoso pintor Théodore Géricault — criador da impressionante *Balsa de Medusa* — morreu aos 32 tentando concluir uma notável série de retratos de pessoas perturbadas e insanas; Charles Augustin Sainte-Beuve e outras figuras literárias exponenciais fundaram o jornal pró-romântico *Le Globe*; e Victor Hugo, então com 22 anos, publicou seu primeiro livro, *Nouvelles odes et poésies diverses* [Novas odes e poemas diversos], imediatamente aclamado. A França continuava em excelente forma mental. Mas a tese de Leopardi era simplesmente que outros países europeus começavam a alcançar paridade intelectual e cultural com a França.

Leopardi passou a maior parte de sua breve existência (1798--1837) num recanto isolado de um dos Estados papais culturalmente reprimidos do centro da Itália. A convicção, por ele enunciada no ensaio de 1824 acima mencionado, de que "as nações civilizadas da Europa, ou seja, principalmente a Alemanha, a

Inglaterra e a própria França, deixaram de lado seus imemoriais preconceitos nacionais"[11] revelou-se ilusória, para infortúnio de todos os envolvidos, mas os comentários sobre a recente retomada do fluxo de circulação de ideias evidencia sua aguda consciência da abertura para as viagens, o comércio e as comunicações internacionais na Europa pós-napoleônica. Praticamente ninguém viaja a lazer ou negócios que não sejam essenciais numa zona de guerra, e boa parte da Europa se constituíra em zona de guerra durante duas décadas. Desde Waterloo, contudo, aqueles que havia muito tratavam de manter-se sempre que possível perto de casa podiam agora ir praticamente aonde bem entendessem, se para isto tivessem recursos — de tal maneira que, em 1824, até Samuel Taylor Coleridge, pouco dado à versificação satírica, cedeu à tentação de satirizar os turistas britânicos.

> Alguns sentem saudade de casa — uns dois ou três
> Seu terceiro ano no mar Ártico
>
> [...]
>
> Mas Ó, dezenas sentem saudade de Casa
> Ansiosos por Paris ou Roma!
> Mas não! embora feliz em aquiescer,
> Deves preferir tua própria lareira;
> E no entanto, como a horrenda Guerra pôs fim à sua loucura,
> E a Paz deixou John Bull* sem rumo,
> Seria dar mostra de muito mau gosto,
> Por pura vergonha deves evitar!
>
> [...]

---

* Equivalente britânico do Tio Sam americano.

Em frente! Vapor, ou Gás, ou Palco,
Porão, cabana, convés, galinheiro...
Turnê, Jornada, Viagem, Passeio, Cavalgada, Caminhada,
Espuma, Esboço, Excursão, Conversa...
Pois mover-se é preciso! É a sensação do momento,
A lei e a moda da Época.

[...]

De todos os filhos de John Bull
De mãos vazias e barriga cheia,
Que vagueiam por Leste, Oeste, Norte e Sul,
De bolsa furada e boca aberta,
Em busca de variados exotismos
Os mais úteis e mais patrióticos,
E mais felizes também, acreditem-me, Senhores!
São seus Viajantes Delinquentes![12]

Mas o turismo dificilmente poderia ser considerado o principal fator da Europa pós-1815, nem sequer chegando a ser um elemento significativo na nova ordem das coisas. As dificuldades físicas e o alto custo das viagens nesses últimos anos antes da disseminação das ferrovias pelo continente faziam com que as viagens de lazer representassem empreendimentos razoáveis apenas para os de constituição robusta e carteira gorda. A palavra que mais adequadamente caracteriza a Europa na década transcorrida entre o início do Congresso de Viena e a conclusão da Nona Sinfonia é "repressão", e não "viagem" ou mesmo "comunicação". Os regimes representados no congresso dedicaram-se nos anos subsequentes a aplicar os princípios do ultraconservadorismo nele estabelecidos. Inevitavelmente surgiram divergências, revelando-se necessários alguns reagrupamentos e correções de rumo, mas globalmente a situação era clara. Em 1818, a França da Restauração deixara evidente que não ia virar o barco outra vez; em consequência, voltou a ser admitida não só na família das nações reorganizada em nível continental, conhecida na época como Concerto da Europa, como numa parceria em pé de igualdade com seus principais membros. No Congresso de Aix-la-Chapelle realizado em outubro desse ano, a Quádrupla Aliança (Áustria, Grã-Bretanha, Prússia e Rússia) transformou-se em Quíntupla ao incluir a França. Em 1822, ao estourar uma rebelião na Espanha, a aliança incumbiu a França da responsabilidade de enviar tropas para preservar o *status quo* — exatamente como, dois anos antes, a Áustria de Metternich interviera para esmagar revoltas nos reinos italianos do Piemonte-Sardenha e das Duas Sicílias. Entre as grandes potências, só a Grã-Bretanha se opunha a essas intervenções, sob a alegação de que em sua maioria os rebeldes buscavam reformas constitucionais a serem promovidas por seus respectivos monarcas, e não uma revolução total. Mas as objeções provenientes do outro lado do Canal da Mancha eram rejeitadas no continente, e a Grã-Bretanha praticamente se retirou do Concerto da Europa.

As brutais medidas impostas pelos intervencionistas estavam alinhadas com a política de total repressão de qualquer palavra ou ato de Metternich que ainda de longe cheirasse a liberalismo. Uma geração antes, nos reinados de José II (1780-90) e Leopoldo II (1790-92), a Áustria fora uma das nações mais esclarecidas da Europa. Segundo o historiador Adam Bunnell — um padre católico romano —, o imperador Joseph "queria eliminar a enorme defasagem entre os ricos e os pobres em suas terras. Ele queria que todos tivessem oportunidade de ter estudo, de tornar-se cristãos esclarecidos, como ele próprio e seu círculo. Acima de tudo, queria eliminar o que muitos consideravam [...] uma atitude de rapina da Igreja sobre a superstição dos que não tinham como saber. Ele introduziu a tolerância para os não católicos e acreditava no aperfeiçoamento *deste* mundo através da educação e da reforma".¹³ Leopoldo, que sucedeu a José em 1790, certificou-se de que seus filhos, e especialmente o príncipe herdeiro, Francisco, fossem criados com ideais modernos. "Os príncipes devem, acima de tudo, ser convencidos da igualdade dos homens", escrevera ele. "Devem ser levados a se dar conta [...] de que toda a sua vida deve ser subordinada aos seus deveres. Devem encarar como seu supremo dever ouvir e reconfortar. [...] Devem entender que não se deve nunca receber pessoas de uma maneira entediada, desdenhosa, distraída, mal-humorada ou colérica; e que se deve dar toda atenção a essas pessoas, qualquer que seja sua posição."¹⁴

Até o fim de seu reinado, Francisco cumpriu os preceitos do pai — tornando-se conhecido por sua atitude de bondosa atenção com os súditos —, mas a Revolução Francesa o levara a modificar sua maneira de aplicá-los. Já em 1793, um ano depois de subir ao trono, no mesmo ano em que sua tia Maria Antonieta, rainha consorte de Luís XVI da França, foi guilhotinada, seu chefe de polícia, o conde Johann Anton Pergen, escrevera aos governadores das províncias austríacas: "Nas atuais condições, quando o culto da liberdade conquistou tanto terreno e todos os governos monárquicos enfrentam grande agitação, as habituais providências para a manutenção da paz e da segurança revelam-se inadequadas. Todo governo deve secretamente mobilizar todas as forças pelo bem do Estado, com o objetivo de converter os que estão em erro e eliminar mediante contramedidas eficazes quaisquer impressões perigosas que tenham sido incutidas em qualquer classe de súditos por agitadores sorrateiros."¹⁵

O jovem Beethoven, tendo, em 1972, chegado a Viena, procedente de sua Bonn natal, achava graça da ideia de uma revolução ao estilo francês em sua cidade adotiva. Embora escrevesse a um amigo em Bonn, a 2 de agosto de 1794, que "várias *pessoas importantes* foram encarceradas" e que "dizem que uma revolução está para estourar", logo tratava de acrescentar: "Creio que enquanto um austríaco tiver sua *cerveja escura* e suas *salsichas*, não se revoltará."[16] Nessa mesma carta, contudo, ele dizia que os portões dos subúrbios seriam fechados toda noite às 22 horas, que os soldados haviam carregado seus mosquetes com munição de guerra e que as pessoas não tinham coragem de falar, com medo de serem levadas pela polícia.

Duas décadas de revoltas depois, a atitude das autoridades de tal maneira se cristalizara que até concessões anteriormente conquistadas a muito custo — como a abolição, ainda na época de José II, da autoridade secular do papado — foram revogadas para fortalecer o poder da monarquia. "Muitas épocas assistiram a governos tirânicos", comentaria o historiador E. H. Gombrich, "mas o que conferia uma característica especial à vida sob Metternich era a sensação de profunda e crescente decepção."[17] O conde Joseph Sedlnitzky, sucessor de Pergen na chefia de polícia, revelou-se o mais fiel dos cães de guarda, e também demonstrou fidelidade canina na devoção a seus senhores, Metternich e o imperador. Inicialmente, as associações de estudantes, conhecidas como *Burschenschaften*, e outras organizações nacionalistas de toda a Confederação Alemã promoveram indignadas manifestações contra as medidas de repressão, mas em 1819, quando um integrante de um desses grupos assassinou o dramaturgo e diplomata reacionário August von Kotzebue, Metternich exigiu que as *Burschenschaften* fossem proibidas, assim como quaisquer publicações veiculando manifestações de dissidência política, e que os estudantes e professores universitários que se desviassem ou parecessem desviar-se da política oficial fossem expulsos. Essas novas leis de repressão, conhecidas como Decretos de Carlsbad, foram tornadas permanentes em 1824, e efetivamente transformaram as nações integrantes da confederação — especialmente a Áustria — em verdadeiros protótipos do Estado policial moderno. Espiões profissionais e informantes amadores pululavam pelas terras dos Habsburgo, sobretudo em Viena, onde cada mercado e cada taberna eram vigiados por pelo menos um par de ouvidos ansiosos por interceptar qualquer opinião inconveniente, para dar mostra da própria fidelidade ao imperador. Até nos livros de conversação de Beethoven fica patente o mal-estar do cidadão médio: não muitos meses depois de serem baixados os Decretos de Carlsbad, alguém interrompeu abruptamente uma conversa com o compositor num café escrevendo num desses cadernos: "Em outra ocasião — agora o espião Haensl está aqui."[18]

Beethoven, bem conhecido por suas simpatias relativamente liberais, o amor à liberdade e o desprezo pela autoridade, era considerado por demais excêntrico e desligado para oferecer algum perigo; mas outros não tinham a mesma sorte. Até o poeta e dramaturgo Franz Grillparzer, nacionalista, mas basicamente apolítico, era constantemente forçado pelos censores oficiais a reescrever trechos de suas obras, algumas das quais foram proibidas simplesmente porque esses funcionários temiam ter deixado de perceber significados subversivos ocultos que na verdade não se encontravam nos textos. E em 1820, Franz Schubert, então com 23 anos, foi detido, supostamente por insulto à polícia, mas na realidade por causa de sua amizade com o poeta Johann Senn, detido na mesma ocasião, encarcerado e mandado para o exílio. Até onde se sabe, Schubert não foi punido pela polícia, mas deve ter ficado muito assustado com esse encontro com a repressão imperial. O certo é que ele e Senn nunca mais voltaram a se ver.

Esse magma efervescente de protestos no mundo de fala alemã acabaria explodindo na revolução de 1848, mas ao longo das décadas de 1820 e 1830 manteve-se basicamente subterrâneo. Em três breves versos, o poeta Hoffmann von Fallersleben (pseudônimo de August Heinrich Hoffmann) satirizou os tímidos rebeldes frequentadores de cafés dessa época: "Eles conversam, folheiam [as gazetas], buscam, / E finalmente chegam à conclusão: / 'Mais um pedacinho de torta de maçã!'"[19] Por mais que os artistas e intelectuais detestassem a situação política em que se encontravam, só podiam manifestar sua aversão das formas mais oblíquas. A aversão levava à introversão, à concentração em pensamentos, sentimentos e estados de ânimo de caráter intensamente pessoal, transformados em seguida em expressão artística — em suma, ao romantismo.

O governo britânico podia parecer liberal em comparação com os regimes politicamente antediluvianos concebidos e regidos por Metternich e políticos afins na Europa germânica, mas as táticas por ele adotadas para reprimir a agitação interna não eram mais suaves que as empregadas em países mais reacionários. Em particular, os protestos dos trabalhadores contra suas miseráveis condições de vida eram imediata e às vezes violentamente reprimidos. Onze manifestantes foram mortos e quatrocentos ficaram feridos no massacre de Peterloo, em Manchester, em agosto de 1819, e três meses depois o Parlamento promulgou as famigeradas Seis Leis, limitando severamente a liberdade de expressão e reunião. Apesar disso, em 1824, o ano da Nona Sinfonia, o parlamento também aprovou pela primeira vez uma lei que autorizava os trabalhadores a se sindicalizar, e em seguida — numa primeira iniciativa experimental em direção a maior progresso democrático — criou a National Gallery* "em benefício de todos".

---

* O museu nacional de belas-artes britânico. [N. do T.]

Ao mesmo tempo, contudo, a Grã-Bretanha continuava a expandir seu império, conquistando mais e mais territórios na África e no sul da Ásia, depois de ter perdido boa parte de seu reduto norte-americano para a jovem nação dos Estados Unidos. Em 1824, os britânicos ocuparam Mombasa, no Quênia; Rangum, na Birmânia; e a ilha de Melville, ao largo do litoral norte da Austrália, assinando tratados com a Holanda para a aquisição de suas possessões na Índia e na península da Malásia, entre elas a ilha de Singapura. Os britânicos insuflaram as lutas de independência das colônias sul-americanas da Espanha, não por benevolência com os colonos, e muito menos com as populações indígenas, mas para se certificar de que a Espanha nunca estivesse em condições de recuperar a riqueza, o poderio e a influência perdidos. Em dezembro de 1823, estimulado pelo governo do rei George IV, o presidente americano, James Monroe, deu a público uma declaração — hoje conhecida como a Doutrina Monroe — advertindo os países europeus a pôr fim a suas interferências no hemisfério ocidental, especialmente as tentativas de expansão colonial. O apoio da Grã-Bretanha, a maior potência naval do mundo, era imperativo, pois os Estados Unidos ainda não eram suficientemente fortes para impor sozinhos uma tal política. Essa entente ajudou os libertadores sul-americanos Simón Bolívar e Antonio José de Sucre a acabar com os últimos remanescentes do domínio espanhol em seu continente — missão que levaram a cabo no ano da Nona Sinfonia.

Na mesma mensagem ao Congresso em que o presidente Monroe enunciava sua hoje famosa doutrina — em meio a informações sobre o serviço postal, a manutenção de rodovias, a supervisão de portos e providências semelhantes (em 1824, o canal de Erie estava sendo concluído e o canal de Welland, no Alto Canadá, que também beneficiaria os Estados Unidos, começava a ser construído) —, encontrava-se um parágrafo anômalo, mas digno de nota, que costuma ser negligenciado nos livros de história, tecendo comentários, vejam só, sobre a Grécia.

> Uma forte esperança há muito tem sido alimentada, com base na luta heroica dos gregos, de que eles tenham êxito em seu empenho, recuperando sua posição de igualdade entre as nações do planeta. Acredita-se que todo o mundo civilizado nutre profundo interesse por seu bem-estar. Embora nenhuma potência se tenha declarado a favor deles, nenhuma tampouco, segundo as informações de que dispomos, posicionou-se contra eles. Sua causa e seu nome os têm protegido dos perigos que poderiam outrora ter assoberbado qualquer outro povo. Os habituais cálculos de interesse e conquista, com vistas à expansão, que tão frequentemente se imiscuem nas transações das nações, não parecem ter tido qualquer efeito no que diz respeito a eles. Com base nos fatos que chegam ao nosso conhecimento, temos bons motivos para acreditar que seu inimigo para sempre perdeu qualquer ascendência sobre eles; que a Grécia voltará a ser uma nação independente. Que ela possa alcançar essa posição é objeto de nosso mais ardente desejo.[20]

Aos olhos dos europeus ocidentais instruídos, como aos do presidente americano, a Grécia era importante não só como berço da civilização ocidental, mas também da democracia; para muitos deles, as guerras gregas de independência em relação à Turquia otomana simbolizavam ou pelo menos sugeriam os ideais democráticos que eram reprimidos em toda a Europa. Se alguém se pronunciasse em favor da liberdade em seu próprio país, provavelmente teria enfrentado consequências desagradáveis, mas os governos cristãos não podiam facilmente impedir que indivíduos e organizações privadas apoiassem os oprimidos (e convenientemente distantes) cristãos gregos em sua oposição ao domínio dos turcos muçulmanos. (Note-se, por sinal, o estranho fato de que Monroe não mencionasse a potência em relação à qual os gregos buscavam a independência.) Ao contrário da jovem república americana, todavia, sem condições políticas, econômicas e geográficas de intervir nas questões europeias, os governos a leste do Atlântico podiam ter ajudado os gregos, mas não o fizeram. Por exemplo: o ministro britânico do Exterior na época, George Canning, defendia a causa grega, mas se opunha a qualquer intervenção direta. E, no entanto, na Inglaterra como em outras partes da Europa, a insurreição grega transformou-se numa forma de rebelião romantizada e sublimada, e o homem que mais vigorosamente simbolizava a rebelião romântica fatalmente acabou se envolvendo na luta dos gregos.

Lorde Byron se envolve na "batalha da liberdade"

Estamos na noite de 7 de maio de 1824. Em Viena, ouve-se pela primeira vez em público o apelo da Nona Sinfonia pela fraternidade universal. Mil e cem quilômetros a sudoeste, entretanto, na lamacenta cidade grega de Missolonghi, um caixão lacrado com o cadáver grosseiramente embalsamado de George Gordon Byron, sexto barão Byron, flutua na escuridão de um barril calafetado que contém quase setecentos litros de bebida. O mais idolatrado poeta da época morreu há duas semanas e meia, mas seus restos ainda não começaram a viagem marítima de cinco semanas e meia que os levará de volta a sua Inglaterra natal.

Como Beethoven, dezessete anos mais velho que ele, Lorde Byron afigurava-se aos contemporâneos uma verdadeira encarnação do romantismo — um gênio selvagem, completamente alheio aos padrões habituais de comportamento, dominado apenas pelo próprio ego. Igualmente como Beethoven, contudo,

Byron é visto hoje como uma personalidade muito mais complexa. Orgulho aristocrático e convicções políticas radicais, uma libido sobre-excitada e uma grande capacidade de ternura, um tremendo apetite pelas mulheres contrabalançado por fortes tendências homoeróticas, uma bela estampa comprometida por uma deformação do pé (a cujo respeito se mostrava ainda mais suscetível que Beethoven com sua surdez), extremos de depressão e sarcasmo, de detestável egoísmo e ilimitada generosidade: estas e muitas outras características contraditórias faziam do poeta uma das figuras mais sedutoramente enigmáticas da história de nossa cultura.

Byron nasceu em Londres em 1788, de uma mãe bondosa, mas irascível — descendente do rei James I da Escócia — e de um pai perdulário que morreu quando o filho tinha 3 anos. A primeira infância do pequeno Byron foi tão pobre quanto a de Beethoven, mas a penúria do futuro bardo chegou abruptamente ao fim quando um tio-avô sem filhos deixou o título e as propriedades da família Byron para o sobrinho-neto de 10 anos. Byron frequentou Harrow e Cambridge, começou a publicar poesia notável aos 18, e aos 21 empreendeu uma viagem que duraria dois anos, passando por Portugal e Espanha, mas se demorando sobretudo na região oriental do Mediterrâneo.

Na Grécia, ele concebeu e começou a escrever *Childe Harold's Pilgrimage* [A peregrinação de Childe Harold], poema narrativo tempestuosamente autobiográfico que pode ser encarado, a darmos largas à imaginação, como uma resposta a trechos das primeiras obras de Beethoven em tonalidades menores no estilo *Sturm und Drang* [Tempestade e ímpeto], entre elas o Trio com piano op. 1, nº 3; as sonatas para piano op. 2, nº 1, op. 10, nº 1 e op. 13 ("Patética"); a Sonata para violoncelo op. 5, nº 2; e o Quarteto de cordas op. 18, nº 4. Encontramos muito mais pose e exibicionismo em *Childe Harold* que nas primeiras obras publicadas de

Beethoven (embora, pensando bem, talvez seja simplesmente mais difícil identificar a pose musical que a pose verbal), mas em ambos os casos manifestam-se elementos de sombria agitação. O poema de Byron também contém reflexões claras sobre vários temas, especialmente a desastrosa condição moderna do outrora glorioso mundo helênico. No segundo dos quatro cantos de *Childe Harold*, Byron criticava nos gregos contemporâneos "os guerreiros sem esperança de uma maldição aceita",[21] invocando um "espírito galante" — alguém que chamasse a nação de volta "do túmulo". Estaria tentando seduzir a si mesmo? As sementes da aventura meio helenística, meio suicida que o levaria a uma morte prematura quinze anos depois parecem ter sido lançadas em 1809.

Depois da volta à Inglaterra, o primeiro discurso de Byron na Câmara dos Lordes foi uma declaração ultrarradical em favor dos tecelões de Nottinghamshire. Muitos desses operários fabris ficavam desempregados com a introdução na indústria têxtil de um tipo mais eficiente de tear mecânico; houve revoltas e muitos deles foram quebrados — levando à apresentação no Parlamento de um projeto de lei estabelecendo a quebra de teares como crime passível de pena de morte. Em carta escrita dois dias antes de pronunciar seu discurso, Byron explicava sua posição a respeito de um problema que, dois séculos depois, continua afetando nossa sociedade pós-industrial tão profundamente quanto afetava os trabalhadores na época da Revolução Industrial. Ele se referia aos operários como "um conjunto de homens profundamente feridos, sacrificados aos pontos de vista de certos indivíduos que enriqueceram mediante práticas que privaram os tecelões de emprego. [...] Meus motivos para me opor ao projeto de lei baseiam-se em sua palpável injustiça, & sua segura ineficácia. — Pude ver o estado desses miseráveis, & se trata de uma desgraça para um país civilizado. — Seus excessos podem ser condenáveis, mas não podem causar espanto."[22]

O discurso firmou as credenciais liberais de Byron e lhe conferiu notoriedade nos círculos políticos, mas a publicação dos dois primeiros cantos de *Childe Harold's Pilgrimage*, dias depois, rendeu-lhe fama imediata nos círculos instruídos da Grã-Bretanha e, pouco depois, em todo o mundo ocidental. Outras obras viriam em rápida sucessão, todas elas *best-sellers* praticamente automáticos. A celebridade e a boa aparência de Byron o conduziram a uma série de casos com mulheres casadas bem relacionadas, entre elas — escândalo dos escândalos — sua meia-irmã Augusta Leigh. No início de 1815, ele se casou com Annabella Milbanke, também de ascendência aristocrática, mas ao nascer sua filha no fim do ano o casamento chegara ao fim, graças em parte a intensos boatos sobre a ligação de Byron com Augusta.

O escândalo teria uma consequência ainda mais dramática que a decisão de Annabella de abandonar o marido: a definitiva saída de Byron da Inglaterra na primavera de 1816. Ele passou vários meses na Suíça — boa parte do tempo em companhia de Percy Bysshe Shelley e seu círculo (do qual fazia parte Claire Clairmont, mãe da segunda filha de Byron, nascida no início de 1817, e enteada do filósofo social William Godwin) — e seguiu depois para a Itália, onde viveu quase seis anos. Lá, começou a escoimar sua poesia da melancolia romântica e do bombástico dramatismo que já haviam dado à língua inglesa o adjetivo "byrônico", passando a escrever no estilo mais afiado e brilhante que sempre caracterizara sua robusta, pungente e extraordinariamente divertida correspondência pessoal. O *Childe Harold* tempestuoso e autocentrado do Byron de 20 e poucos anos dava lugar ao *Don Juan* alternadamente irascível e meditativo dos 30.

Em Veneza, onde se deteve por dois anos, ele produziu notável quantidade de literatura enquanto se entregava a seus apetites sexuais com uma série de amantes efêmeras e numerosas prostitutas. Em seguida, em 1819, uma ligação mais séria com a condessa

Teresa Guiccioli, de 19 anos, levou-o a deixar Veneza, seguindo inicialmente para Ravenna, onde Teresa vivia com seu idoso marido, e depois Pisa, para onde o pai e o irmão da condessa tiveram de fugir por causa de sua ligação com o movimento subversivo dos *carbonari* pela reunificação da Itália — movimento com o qual Byron também se envolveu —, e finalmente para Gênova.

No início de 1823, a vida doméstica com Teresa começou a entediar Byron, que prontamente aceitou convite do Comitê Grego de Londres para representá-lo *in loco* na ajuda aos gregos em sua luta contra os turcos. Uma considerável parte de sua fortuna foi canalizada para o projeto: Byron não só arrendou e equipou um navio para transportá-lo para a Grécia, como ajudou a financiar o esforço militar grego — tarefa nada fácil, pois os gregos estavam divididos em facções opostas, cada uma delas ansiosa por obter o apoio do famoso e sobretudo rico aliado inglês. Depois de chegar em agosto de 1823 à ilha de Cefalônia, um protetorado inglês, Byron dedicou-se durante meses a organizar uma aparência de união entre as diferentes facções, e só em dezembro (o mesmo mês em que o presidente Monroe declarou seu apoio à independência grega) sentiu-se em condições de viajar para o continente. Depois de uma escaramuça com os turcos no mar, ele chegou à cidade de Missolonghi no dia 5 de janeiro de 1824, e lá, juntamente com o líder nacionalista grego, o príncipe Alexandros Mavrocordatos, começou a planejar a captura dos restantes redutos turcos no golfo de Corinto.

Seria fácil ironizar as motivações de Byron em todo esse episódio grego — fácil apontar seu interesse por belos uniformes e sua fixação em atos de heroísmo. Mas ele quase sempre se alinhava com causas radical-libertárias em seu próprio país e no exterior, e se apaixonara pela Grécia desde sua primeira visita em 1809-10. Seu apoio à independência grega era sincero e, ao chegar a Missolonghi, ele entrou de coração na briga. "Sua casa vivia cheia de soldados", informaria Julius Millingen, um jovem médico inglês simpatizante dos gregos que se integrara ao círculo de Byron. "Sua sala de estar parecia um arsenal de guerra, e não a morada de um poeta. As paredes eram decoradas com espadas, pistolas, sabres turcos, adagas, bacamartes, baionetas, capacetes e trompetes [...]; e ataques, surpresas, investidas, emboscadas, batalhas, cercos eram praticamente os únicos temas de suas conversas com diferentes capitães."[23]

Talvez Millingen esperasse que Byron tratasse de pentâmetros e hexâmetros com os "diferentes capitães" e decorasse sua improvisada residência em Missolonghi com objetos de arte. Mas a vida interior do poeta era tão desconhecida do jovem médico quanto dos militares. Byron se apaixonara por um jovem soldado de infantaria, Loukas Chalandritsanos, um belo rapaz de 15 anos; mas seu amor não era correspondido. Duas semanas e meia depois de chegarem a Missolonghi, Byron escreveu aquele que seria considerado por posteriores gerações seu poema de despedida:

"Hoje completo meu Trigésimo Sexto Ano"
Missolonghi, 22 Jan. 1824.

Está na hora de este coração tornar-se impassível,
    Já que não mais comove outros:
E no entanto, embora eu não possa ser amado,
    Ainda assim quero amar!

Meus dias são folhas amareladas;
    Flores e frutos do amor se foram:
Verme, úlcera e dor
    São o que me resta!

O fogo que meu peito consome
    É solitária ilha vulcânica;
Tocha não se acende em sua chama —
    Uma pira fúnebre.

A esperança, o medo, o palmo de ciúme,
    A parte de exaltação da dor
E o poder do amor, não tenho ao alcance,
    Mas levo como corrente.

Mas não é *assim* — nem *aqui* —
    Que pensamentos tais me abalar devem, nem *agora*,
Quando a glória recobre o ataúde do herói,
    Ou seu cenho cobre.

Espada, estandarte e campo,
    Glória e Grécia, olhai ao meu redor!
O espartano, defendido pelo escudo,
    Não era mais livre.

Desperta! (não a Grécia — que desperta *está!*)
    Desperta, espírito meu! Procura ver em *quem*
Teu sangue vital busca o lago original,
    E então entende!

Percorre as paixões que revivem,
    Indigna humanidade! — a ti
Indiferente deve ser
    O sorriso ou esgar da beleza.

Se lastimas tua juventude, *por que viver?*
    A terra da morte honrosa
Está aqui: — até o campo, e
    Dá o último suspiro!

Procura — mais frequente é achar que procurar —
    Túmulo de soldado, para ti o melhor;
E olha ao redor, e escolhe teu terreno,
    E repousa.[24]

Não é um dos melhores poemas de Byron, mas chama a atenção do leitor pelo constante ir e vir entre o privado e o público. O poeta contrasta o fato de se encontrar no outono da vida — as "folhas amareladas" (e aqui não está fazendo pose: a expectativa de vida média de um homem europeu nessa época era de aproximadamente 40 anos) com o jovem "fogo que meu peito consome" e com a "esperança", o "medo", o "ciúme" e a "dor" do amor que ainda vivencia. Mas em seguida contrasta esse sofrimento privado com o drama público da Grécia — embora também este seja tornado pessoal por sua sede de levar a efeito atos que considera heroicos. E, no entanto, ao mesmo tempo em que se entrega a uma derradeira exortação pessoal em nome do heroísmo, no sentido de acabar com suas "paixões que revivem", mostrar indiferença ao "sorriso ou esgar da beleza" e buscar uma "morte honrosa", ele está dizendo que, por motivos estritamente pessoais, prefere a morte à perda da juventude; que o túmulo de um soldado é mais digno dele que qualquer outro túmulo; e que está pronto para olhar ao redor, escolher o terreno e repousar.

A estrutura emocional desse poema difere radicalmente da que Beethoven encontrou no caso da Nona Sinfonia. O poema de Byron vai num crescendo da angústia pessoal para o heroísmo público, mas em seguida cai em diminuendo de volta à angústia pessoal e à preocupação com a morte — morte da alma e morte física; do ponto de vista do conteúdo, adota a forma A-B-A. A sinfonia de Beethoven, tal como a vejo, redemoinha constantemente para o alto, do desespero à alegria, passando pela luta e a aceitação; do ponto de vista do conteúdo, adota uma dinâmica forma A-B-C-D, na qual o sofrimento de seu criador é transformado em algo que a tudo abarca, algo que existe aqui e agora, mas também em qualquer lugar e ao longo do tempo na experiência humana. Byron é sempre de uma tocante intimidade. Beethoven nos obriga a escalar um ponto de observação mais elevado: ele universaliza o íntimo.

Em fevereiro de 1824, no momento em que Beethoven concluía a Nona e poucas semanas depois de Byron ter escrito "Hoje completo meu Trigésimo Sexto ano", o poeta caiu doente. Ainda não se havia recuperado plenamente no início de abril, quando contraiu uma febre persistente, o que levou seus médicos a recomendar uma sangria. A consciência, em Byron, dos riscos de se confiar aos médicos de sua época fica patente numa carta que escrevera ao amigo Francis Hodgson em 1810, em sua primeira visita à Grécia. Nela, ele chama de "assassinos" os médicos que o haviam tratado em anterior doença, dizendo que estava tão convencido de que um deles, Romanelli, o levaria à morte que chegou a escrever um bem-humorado epitáfio para si mesmo: "Juventude, Natureza e o misericordioso Júpiter / Por manter *acesas minhas luzes* pelejaram / Mas *Romanelli* tão decidido estava / Que os derrotou e elas *se apagaram*."[25]

"Juventude, Natureza e o misericordioso Júpiter" levaram a melhor sobre os médicos de Byron em 1810, mas em 1824 a incompetência médica uniu forças com a pertinaz doença, a decepção amorosa e a desilusão com os soldados gananciosos e indignos de sua confiança no grandioso empreendimento a que se entregara, acabando por matá-lo. Byron morreu em Missolonghi a 19 de abril, 18 dias antes da estreia da Nona Sinfonia.

Quatro décadas depois, o poeta e crítico inglês Matthew Arnold comparou Byron e Shelley desfavoravelmente, como escritores, aos companheiros de alto romantismo Wordsworth, Coleridge, Keats e Walter Scott, mas profetizou que a posteridade se lembraria por muito mais tempo de Byron e Shelley que dos outros. Wordsworth e companhia não "aplicavam ideias modernas à vida",[26] de acordo com Arnold, ao passo que Byron e Shelley tinham tentado introduzir um espírito libertador nas letras inglesas. As previsões de Arnold pouco importam hoje em dia — os seis escritores por ele avaliados, com a possível exceção de

Scott, são considerados figuras proeminentes da literatura inglesa
—, mas o fato de Byron, quatro décadas depois de morrer, ainda
ser visto como um batalhador pelo espírito moderno diz muito
de sua importância para os pensadores liberais do século XIX.

Byron e Beethoven eram enormemente diferentes em matéria
de formação e personalidade. O ensimesmamento de Byron, que
cedeu consideravelmente na passagem dos 20 para os 30 anos, do
romantismo "puro" de *Childe Harold* para o romantismo irônico
de *Don Juan*, poderia ter-se abrandado ainda mais se ele tivesse
chegado aos 50, como Beethoven. Os dois se assemelhavam no
desprezo pela maioria dos seres humanos, mas Beethoven parece
ter-se preocupado mais que Byron em se aproximar em termos
abstratos da humanidade. Mas o interessante nessa convergência da morte de Byron com a criação da última sinfonia de
Beethoven é o fato de o belo, rico, amoral e refinado poeta e
o desleixado, economicamente instável, moralista e grosseiro
compositor terem chegado simultaneamente a conclusões semelhantes sobre a civilização europeia contemporânea. Embora
a Europa revolucionária e napoleônica se tivesse transformado
num grande cemitério, os dois acreditavam que a Europa pós--revolucionária e pós-napoleônica se tornara uma prisão para
o espírito humano. Byron, cujo ego se exibia num histrionismo
tolerável porque zombeteiro de si mesmo, provavelmente teria
saudado os ideais e sentimentos expressos no *finale* da Nona
Sinfonia com uma mistura de esperança, ceticismo e farpada
ironia. Beethoven, por sua vez, queria contribuir para iluminar
o caminho da humanidade; queria que os seres humanos se
dessem conta de seu elevado potencial ético, e provavelmente
sentia, bem lá no fundo, que uma tal proeza ao mesmo tempo
serviria para torná-los dignos dele próprio. Mas por maior que
fosse a distância entre a visão de mundo dos dois Bs, o martírio de Byron — pois assim foi sentida a morte do poeta nos

círculos liberais — e a estreia da Nona Sinfonia de Beethoven constituem os eventos mais emblemáticos de 1824 na história da evolução do romantismo.

Governantes absolutos e um escritor anárquico

"O senhor está triste por causa de Byron, mas eu me alegro muito com sua morte, um tema sublime para a poesia."[27] Alexander Sergueyevich Pushkin tinha apenas 25 anos em junho de 1824, quando fez essa afirmação de amarga ironia em carta ao príncipe Pyotr Andreyevich Vyazemski, um amigo da época de escola, mas o poeta já havia acumulado experiência após experiência em sua vida. Tinha passado pela glória e a desgraça, a liberdade e o despotismo, a exaltação e a depressão, os excessos sexuais e a rejeição no amor.

A notícia da morte de Byron dois meses antes se espalhava pela Europa; os restos do poeta inglês estavam em alto-mar quando Pushkin escreveu a carta a Vyazemski, que também contém sua opinião a respeito da causa pela qual Byron dera a vida: "Quanto ao destino dos gregos, caberia pensar exatamente como no caso dos meus irmãos negros — desejamos a ambos os grupos liberdade da insuportável escravidão. Mas é de uma imperdoável puerilidade que todos os povos esclarecidos da Europa fiquem tão empolgados com a Grécia." Ele encontrara muitos "bandidos e lojistas" gregos em Odessa nas semanas e meses anteriores, e eles não pareciam ter muito a ver com "Temístocles e Péricles" — em outras palavras, com a Atenas do século V a. C., onde nasceu a democracia e floresciam as artes.

A referência de Pushkin a "meus irmãos negros" deve-se ao fato de ser descendente, pelo lado da mãe, de Abram Petrovich Gannibal, um abissínio que aos 7 anos fora vendido como escravo e mais tarde adotado e enobrecido por Pedro, o Grande; o bisneto de Gannibal se orgulhava de sua ascendência africana. Pelo lado do pai, Pushkin descendia da velha nobreza boiarda russa. Essa dupla vinculação aristocrática transformara seus pais em esnobes, embora fosse muito pouco o dinheiro disponível para escorar sua arrogância. Eles não se preocupavam muito com o filho, mas graças a bons relacionamentos e a um exame parcialmente bem-sucedido ele conseguiu entrar, em 1811, para a primeira classe de alunos do novo Liceu Imperial, a prestigiosa escola secundária fundada pelo tsar Alexandre I em Tsarskoye Selo, perto de São Petersburgo. O talento de Pushkin para os versos, como o de Byron, era precoce e prodigioso — aos 15 anos, ele já publicava poesia de alta qualidade —, e também era considerável a semelhança entre os talentos dos dois para a dissipação. E o fato de pertencer à aristocracia tampouco impediu que Pushkin desenvolvesse ideais políticos radicais, exatamente como não fora obstáculo para a manifestação de tendências semelhantes em Byron. Certos poemas escritos por Pushkin no fim da adolescência expressavam ideias liberais, podendo circular apenas em manuscritos, numa espécie de *samizdat* da época dos tsares. Mas os censores imperiais faziam direitinho o seu trabalho: em maio de 1820, na época de seu 21º aniversário, Pushkin foi proibido de entrar nas províncias meridionais da Rússia por ordem direta do tsar.

O exílio humilhou o orgulhoso jovem poeta e frustrou nele a libertina borboleta social de São Petersburgo; o prazo para o fim desse exílio — ou mesmo o simples fato de saber se ele teria fim ou não — dependia inteiramente do imprevisível humor do tsar e seus assessores. Mas o exílio representou uma considerável contribuição para o desenvolvimento pessoal e artístico de Pushkin a longo prazo, e portanto, também, para a literatura mundial. No fim de 1820, Pushkin fora autorizado a viajar para o Cáucaso e a Crimeia, começara a estudar inglês — sobretudo para ler Byron no original — e a trabalhar em seu poema narrativo "O prisioneiro do Cáucaso", que, ao ser publicado dois anos depois, sensibilizou de tal maneira o tsar que ele contemplou a possibilidade de perdoar Pushkin — embora acabasse permitindo que as razões de Estado levassem a melhor sobre seus sentimentos. No primeiro semestre de 1824, Pushkin estava em Odessa, o porto do mar Negro, onde, segundo disse, "tudo respira, exala Europa".[28] Foi de lá, mais ou menos na época da estreia da Nona Sinfonia em Viena, que ele mandou uma carta que haveria de lhe criar problemas mais graves que em qualquer outra ocasião com o governante absoluto da Rússia. Ele dizia a um amigo que, quando lia a Bíblia,

> o Espírito Santo às vezes me agrada, mas eu prefiro Goethe [que ainda vivia] e Shakespeare. Você quer saber o que estou fazendo. Estou escrevendo as variegadas estrofes de um poema romântico — e tomando lições de puro ateísmo. Encontra-se aqui um inglês, um filósofo surdo, o único ateu inteligente que eu conheci. Ele encheu alguns milhares de páginas para provar *qu'il ne peut exister d'être intelligent Créateur et régulateur* [que não pode existir um ser inteligente Criador e regulador], acabando, de passagem, com as frágeis provas da imortalidade da alma. Seu sistema filosófico não é tão consolador quanto se supõe, mas infelizmente é o mais plausível.[29]

O "poema romântico" mencionado por Pushkin era a novela versificada *Eugênio Oneguin* — geralmente considerada sua obra-prima, e certamente a obra pela qual é mais conhecido —, que ele havia iniciado no ano anterior e viria a concluir em 1831. O filósofo inglês surdo era um médico chamado Hutchinson,[30] que mais tarde se tornaria ministro anglicano — o que parece indicar que Pushkin levou as especulações do doutor mais a sério que seu próprio autor. Os censores imperiais interceptaram e leram a carta, e as inclinações de seu conteúdo foram relatadas ao tsar, cujas convicções religiosas tornavam-se cada vez mais ortodoxas, para não dizer fanáticas. Felizmente, o senhor de todas as Rússias não botou os olhos na homenagem a seu velho arqui-inimigo Napoleão incluída por Pushkin em seu poema "Ao mar" ("K moriu"), também datado de 1824:

> Ele se foi, pranteado pela liberdade,
> Legando ao mundo sua coroa.
> Ribomba, levanta-te tempestuoso:
> Ele foi, Ó mar, o teu cantor.
>
> ....
>
> Como tu, ele era poderoso, profundo e sombrio.
> Como tu, era indômito.
>
> ....
>
> O destino da terra é sempre o mesmo:
> Onde há uma gota de virtude, já espreita
> O esclarecimento ou a tirania.[31]

Escrito três anos depois da morte de Napoleão, este poema corrobora as hipóteses de Stendhal a respeito da impressão profunda e indelével deixada pelo imperador nos jovens de toda a Europa no início do século XIX, independentemente de serem seus respectivos países aliados ou inimigos da França, assim como o desespero que esses jovens sentiram após a derrota de Napoleão pelas forças da reação. Com ou sem razão (ou ambas as coisas), para Pushkin e seus contemporâneos Napoleão representava os princípios da Revolução Francesa, sendo inclusive visto por jovens românticos como Pushkin como um espírito afim, "poderoso", "profundo", "sombrio", "indômito", além de um "cantor" do mar, ou, em outras palavras, dos misteriosos abismos do mundo.

Entretanto, mesmo sem a ode a Napoleão, a carta de Pushkin sobre o ateísmo era suficiente para levar o tsar a tornar mais severa a punição do jovem, mandando transferi-lo da agradável Odessa, com seu clima temperado, o teatro de ópera italiana e as namoradeiras senhoras aristocráticas, para uma remota propriedade da família da mãe do poeta em Mikhailovskoye, na província de Pskov, 1.300 quilômetros ao norte. Foi lá que Pushkin passou os dois últimos dos seus seis anos de exílio, cada vez mais frustrado com o confinamento, mas se consolando, ou pelo menos se ocupando, com o trabalho. Nesse período, ele avançou consideravelmente em *Oneguin* e concluiu sua peça *Boris Godunov*, além do poema "Os ciganos", todos eles textos iniciados em 1823 ou 1824 e tratando do tema do sofrimento individual. Em *Boris Godunov*, contudo, como na Nona Sinfonia, um intenso sofrimento individual é expresso no contexto do sofrimento da humanidade e da busca da liberdade — uma busca sem esperança na obra de Pushkin, idealizada na de Beethoven; e, tal como no "Hoje completo meu Trigésimo Sexto ano" de Byron, também em *Boris* as questões de ambição pessoal são contrapostas a questões que dizem respeito a amplos segmentos de nossa espécie. Pushkin considerava *Boris* uma de suas obras mais importantes, mas os censores do tsar não podiam tolerá-la.[32]

Na vida real, o tsar Boris (c. 1551-1605) foi responsável por muitas políticas construtivas, além de um inusitado grau de abertura em relação à Europa Ocidental, mas seu temperamento extremamente desconfiado o levava a atos injustos e não raro brutais contra os inimigos, fossem verdadeiros ou apenas potenciais. Mas a principal preocupação de Pushkin não era a exatidão biográfica. Desde a primeira cena da peça, ele estabelecia paralelos entre a história da Rússia no século XVI e a história europeia recente

— paralelos que nenhum leitor razoavelmente atento da época deixaria de notar. Um dos personagens, o príncipe Vortynski, menciona em conversa com outro príncipe os velhos guardas varangianos — sendo os varangianos uma classe de nobres de que ambos descendiam —, mas acrescenta:

> [...] Não é fácil para nós competir
> Com Godunov; o povo não está acostumado
> A identificar em nós um ramo antigo
> De seus velhos senhores guerreiros; há muito
> Perdemos nossos apanágios,
> E servimos apenas como lugares-tenentes dos tsares,
> E ele tem sabido, pelo medo, o amor e a glória,
> Como enfeitiçar o povo.[33]

Aqui, os varangianos pareciam estranhamente semelhantes à aristocracia pré-revolucionária da Europa — ambos representando um *establishment* decadente e ineficaz —, e Boris aparece como o mesmo tipo de usurpador audacioso que Napoleão.

Os contemporâneos de Pushkin também teriam automaticamente feito uma ligação entre o que um dos personagens da peça caracteriza como os "pecados" e "atos escusos e malignos" da dinastia dos tsares no século XVI e a cumplicidade do tsar da época, Alexandre I, no assassinato do pai, Paulo I. E trechos como o que se segue tampouco podem ter sido bem vistos pelas autoridades:

> [...] Existe alguma segurança
> Em nossa pobre vida? Todo dia nos reserva uma desgraça;
> O calabouço ou a Sibéria, o capuz ou as algemas,
> E então a morte de fome em algum refúgio sombrio,
> Ou a forca. Onde estão as mais renomadas

De nossas estirpes, onde os príncipes Sitski,
Onde estão os Shestunov, onde os Romanov,
A esperança de nossa pátria? Presos, torturados,
No exílio. Esperem só, e um destino semelhante
Será também o vosso.³⁴

Apesar da exaltação da boca para fora aos Romanov — a família de Alexandre I, que reinou na Rússia de 1613 até a revolução bolchevista de 1917 —, essa relação de punições cruéis e arbitrárias aplicadas por um tsar imprevisível e despótico não pode ter sido apreciada nas altas esferas, especialmente considerando-se que Pushkin chegava ao extremo de botar essa fala de rebeldia na boca de um nobre chamado Pushkin, fazendo com que o tsar Boris dissesse, um pouco mais adiante: "Não gosto da raça sediciosa dos Pushkin."³⁵

Perto do fim da peça, Boris, moribundo, explica ao jovem filho como governar com o cruel cinismo condizente com um governante absoluto:

Por muitos anos experimentado
No governo, eu podia conter revoltas e traições;
Eles tremiam de medo diante de mim; a perfídia
Não ousava levantar a voz. [...]
Recentemente fui obrigado a restabelecer
Banimentos, execuções — estes não podereis cancelar;
E eles vos abençoarão. [...]
Ao mesmo tempo, aos poucos, encurtar
As rédeas do governo; e não afrouxar;
E que elas não escapem a minhas mãos.³⁶

Na cena final, quando o impostor Dimitri é proclamado tsar e o povo é incitado a "Gritar: Longa vida ao tsar Dimitri Ivanovich!", a peça conclui com essa extraordinária indicação: "O POVO guarda silêncio."³⁷

Pushkin escreveu *Boris Godunov* no pior período de seu exílio interno; sob muitos aspectos, seu isolamento era comparável ao do Beethoven surdo da década de 1820. O que a historiadora literária Stephanie Sandler, estudiosa de Pushkin, escreveu a respeito da maneira de entender *Boris Godunov* também nos poderia servir de chave para melhor ouvir a Nona Sinfonia, e mesmo para abordar qualquer obra de arte. "Nossa capacidade de sentir prazer na leitura ou numa apresentação de *Boris Godunov* depende da possibilidade de nos assemelharmos a Pushkin",[38] diz ela, acrescentando que "não podemos ser apenas um público passivo" e que "nós, como ouvintes, temos de nos esforçar por imaginar como era para Pushkin escrever a peça tal como o fez. [...] Devemos dispor-nos a nos ver nessa peça, a representar os papéis que nos são atribuídos."

Em outras palavras, se tentarmos imaginar a obra tal como concebida por seu criador, teremos dela uma visão mais vívida e multidimensional. Mas Pushkin, que era quase três décadas mais jovem que Beethoven, diferia do compositor na medida em que ainda ansiava por aceitação, reconhecimento e mais: "Eu quero a glória, para que seus ouvidos sejam tocados / Pelo som do meu nome a cada hora, para que vocês / Sejam cercados por mim, para que tudo, tudo / Ao seu redor reverbere sonoramente com referências a mim",[39] escreveu ele em 1825. Neste ano, Beethoven já conhecera o vazio do reconhecimento e da glória e já superara o anseio por aceitação.

Quando *Boris Godunov* estava a ponto de ser publicado, Alexander I morrera, uma revolta de liberais antiautoritários fora facilmente sufocada e os rebeldes — que viriam a ficar conhecidos como dezembristas, pois a rebelião teve lugar em dezembro de 1825 — haviam sido presos, exilados na Sibéria ou executados. Pushkin mantivera um relacionamento amistoso com vários líderes do movimento dezembrista, que pelo menos em parte se haviam inspirado, em seus atos, na poesia dele. Mas o novo tsar, Nicolau I — o irmão mais novo de Alexandre —, reconhecendo a popularidade de Pushkin como escritor, decidiu acabar com o exílio do poeta e lhe concedeu no outono de 1826 uma longa audiência privada em Moscou. Nicolau parece ter apreciado a franqueza de Pushkin — o jovem escritor disse-lhe que se estivesse presente no momento da revolta dezembrista teria participado dela —, e, quando Pushkin se queixou dos absurdos rigores da censura oficial, o tsar declarou que dali em diante ele próprio leria os manuscritos de Pushkin para atuar pessoalmente como seu censor.

Por um breve período, Pushkin ficou eufórico com a promessa de Nicolau, mas logo se deu conta de que o tsar, que não era nenhum especialista em literatura, limitava-se a entregar os manuscritos do incômodo poeta aos principais censores, que acreditavam agir no interesse de seu senhor. No caso de *Boris Godunov*, isto resultou em que a publicação só foi autorizada depois de seis anos, com a imposição de muitas mudanças no texto. A peça só seria montada muito depois da morte de Pushkin, e apenas recentemente foi publicada uma edição da versão integral, concluída em 1825.

O fato de Pushkin ter começado a trabalhar em *Boris Godunov* no ano da Nona Sinfonia de Beethoven é aparentemente mera coincidência; o poeta russo talvez nunca tenha ouvido falar do compositor alemão, e foram sobretudo suas constantes leituras de Shakespeare em 1824 que lhe deram vontade de escrever para o teatro. Mas é possível que haja alguma ligação com Byron, pois os dramas versificados do poeta inglês exerceram forte influência em seu colega russo — como por sinal a morte de Byron. Mas o fato de Pushkin ter decidido escrever sobre o desespero e a opressão exatamente no momento em que Beethoven e Byron tratavam do tema, e quando homens como Alexandre I, Metternich e Carlos X faziam o possível para tornar o desespero e a opressão endêmicos na Europa, não constitui, em minha opinião, mera coincidência: a questão estava no ar no continente, podendo ser considerada ao mesmo tempo causa e manifestação do romantismo, que inspirava e também era inspirado pelo desejo europeu de liberdade.

Interlúdio

Se existe um vínculo oculto entre a Nona Sinfonia de Beethoven e as obras criadas por outros artistas importantes por volta de 1824, é precisamente esse anseio de liberdade: liberdade política, das condições repressivas então dominantes na Europa, e liberdade de expressão, com certeza, mas acima de tudo liberdade de mente e espírito. Para um hipotético observador que tivesse ouvido falar em 1824 de Beethoven, Byron, Pushkin e as outras figuras de destaque que já apareceram ou aparecerão neste livro, os pontos de contato entre eles pareceriam tênues e talvez inexistentes. Do ponto de vista do século XXI, contudo, a ligação pode parecer até óbvia demais.

Napoleão já unificara a Europa apesar da diversidade geográfica, climática, étnica, linguística, gastronômica e religiosa do continente. Não obstante sua derrota final, ele aproximara culturas nacionais cheias de desconfianças recíprocas, às vezes deliberadamente, mas com maior frequência por acidente. A polinização cruzada certamente ocorria mais lentamente e afetava menor número de classes em 1824 que hoje em dia, mas já mostrava forte presença na aristocracia e na burguesia europeias.

Acompanhamos até agora um compositor renano vivendo em Viena, um poeta inglês morrendo na Grécia e um poeta russo percorrendo diferentes regiões de seu vasto país. Daremos agora uma olhada num par de personalidades artísticas em Paris, que sob muitos aspectos continuava sendo a capital cultural da Europa depois de Waterloo — o lugar onde os artistas tinham de se destacar para serem levados a sério em outras partes —, e daí retornaremos à Renânia, para observar um dos artistas mais notavelmente transnacionais, libertários e modernos da época.

A França depois de Napoleão:
O pincel e a pena no lugar do canhão e da cavalaria

Enquanto a derradeira sinfonia de Beethoven era ouvida pela primeira vez, enquanto o corpo de Byron aguardava transporte da Grécia para a Inglaterra e enquanto Pushkin manifestava seu ceticismo quanto à causa grega, o jovem Eugène Delacroix, então com 26 anos — herdeiro de uma família aristocrática outrora abastada, já agora decadente, que havia servido no corpo diplomático ou militar francês em todos os regimes recentes — trabalhava numa pintura que pretendia atrair atenção para a rebelião grega e, por extensão, a questão da liberdade oposta à opressão. Mas quando contemplo *O massacre de Quios* (uma ilha grega), o painel em que Delacroix então trabalhava, tenho a sensação de que ele era um dos muitos artistas do período pós--napoleônico que se sentiam aliviados por poder levar uma vida normal — o que quer que achassem dos regimes reacionários que tinham voltado a se apoderar do continente —, de que a presença de questões histórico-políticas e mesmo humanísticas em suas obras era menos importante que a presença dos elementos de caráter pessoal. A preocupação com os acontecimentos da época tinha dado lugar a uma atenção mais concentrada na exploração do eu.

No dia 25 de janeiro de 1824, por exemplo, Delacroix precisara usar poucas palavras (*"j'ai commencé la femme trainée par le cheval"*)⁴⁰ para deixar registrado em seu diário que começara a pintar a figura de uma mulher grega sendo arrastada por um cavaleiro turco — um grupo importante em *O massacre de Quios*. Mas o tema de sua entrada nesse dia era inteiramente pessoal, e não político. Refletindo sobre o temperamento das pessoas agradáveis, ele escrevia que elas "nos fazem pensar por um momento que temos um pouco delas; mas logo voltamos à nossa triste individualidade". Sua atenção estava voltada para a psicologia e as situações pessoais, e não para o mundo dos acontecimentos — o que nos ajuda a entender por que, apesar do evidente amor à liberdade, *O massacre de Quios* constitui antes um estudo de movimento e cores que um panegírico à rebelião grega ou uma forma de suscitar repulsa aos horrores da guerra. Amigo de Delacroix, Stendhal, que pudera observar diretamente esses horrores, chegou a afirmar que as figuras representadas no quadro mais pareciam vítimas da peste que da guerra.⁴¹

Mas a pintura também exemplifica o sofrimento sem o adorno da glória, o que provavelmente explica por que ofendeu tantos contemporâneos. De uma perspectiva mais tardia — a nossa —, trata-se de um "painel vasto, terrível e massacrante",⁴² como é descrito pelo narrador do romance *The Sea Lady* [A dama do mar], de Margaret Drabble. A obra é vista como uma "obra-prima de eros e morte" e "um emblema, um paradigma de duas das grandes causas intelectuais e estéticas das quatro últimas décadas do século XX", o feminismo e o orientalismo, na visão do narrador de Drabble. Os dois protagonistas do romance — um jovem casal inglês

> contemplavam a cena assustadoramente silenciosa e grave da carnificina. Era a beleza que pasmava. Na parte direita da tela, o torso recurvado de uma jovem grega se exibia voluptuosamente,

retorcendo-se de costas contra o cavalo empinado de seu raptor turco. Sua figura era de uma beleza convencional, bela à maneira das fantasias sadomasoquistas convencionais: os braços estendidos e as algemas da servidão, a cabeça desfalecida, os seios nus, o rapto, o iminente estupro e a escravização ao raptor de turbante na cabeça destinavam-se a excitar o espectador, e não propriamente com um sentimento de piedade. Mas a modelo parisiense nua era apenas um motivo, espremida num canto da ampla tela cheia de figuras. Quem teria posado para representar a mulher morta de cabelos escuros e cílios espessos em primeiro plano, com a criança loura enroscada na parte inferior do corpo? Quem teria posado como o moribundo estranhamente indolente, reclinado com o inteligente olhar fixo? Quem seria o modelo da bela velha de contornos bem definidos logo à direita do centro da pirâmide da morte, com o peito nu e enrugado e o olhar profético? Era errado admirar, e no entanto a obra era maravilhosa. Sua beleza era motivo de vergonha.

Delacroix não podia ter previsto o movimento feminista nem a gravidade do confronto entre o mundo islâmico e o mundo ocidental em nossa época, mas certamente muitos daqueles que viram *O massacre de Quios* quando era uma obra recente sentiram o mesmo tipo de admiração desconcertada que ela provoca em muitos observadores hoje em dia. O próprio pintor pode ter entendido e mesmo trabalhado para suscitar essas emoções ambivalentes, embora sua principal preocupação fosse quase certamente o maior efeito comunicativo possível, independentemente do tema. No exato dia — sexta-feira, 7 de maio de 1824 — em que Beethoven participava da primeira execução da Nona Sinfonia, Delacroix, em Paris, fazia em seu diário uma anotação sobre a pintura que estava criando. "O espírito humano é realmente estranho",[43] dizia ele.

Creio que eu teria aceitado trabalhar [nessa pintura] mesmo se estivesse encarapitado no alto da torre de uma igreja; hoje, a ideia de concluí-la é um autêntico estorvo; e tudo isto porque dela me afastei por muito tempo; o mesmo se aplica à minha pintura e a qualquer tarefa com que me defronte. Uma espessa camada precisa ser atravessada para nos entregarmos a alguma coisa de todo o coração; é um terreno intratável que rejeita a enxada e a lâmina do arado. Com alguma teimosia, contudo, sua rigidez de repente desaparece. E ele se mostra abundante em flores e frutos. [...] Mas, quando algo o entediar, não o faça. Não busque uma perfeição vazia. Certas coisas que a multidão considera fraquezas são muitas vezes geradoras de vida. [...] Não me interessa a pintura razoável. Percebo que meu conturbado espírito precisa de umas sacudidelas, de desarrumar as coisas, tomar uma centena de direções diferentes para chegar à meta, necessidade que me persegue em tudo. [...] Se não me houver retorcido como uma cobra nas mãos de um oráculo, fico indiferente. Preciso reconhecê-lo e me submeter a isto, e é o que faço com todo prazer. Tudo que fiz bem foi feito assim.

Tais declarações ("Não busque uma perfeição vazia", "Se não me houver retorcido como uma cobra nas mãos de um oráculo, fico indiferente") quase poderiam ser consideradas um minimanifesto do romantismo, ou pelo menos do antineoclassicismo. Embora se considerasse um "puro classicista", Delacroix era visto em sua época — como ainda hoje — como o pintor, por excelência, do alto romantismo. "A pintura não passa de uma ponte entre a mente do artista e a do observador",[44] escreveu, com isto lançando sua própria ponte entre o romantismo e o expressionismo e mais além ainda, até a arte abstrata. Mas a linha divisória entre o conservadorismo e o radicalismo muitas vezes é indistinta. O Salão de Paris de 1824, no qual foi exibida *O massacre de Quios*, apresentava não só uma outra importante pintura romântica, *A carroça de* *feno*, do inglês John Constable — que influenciou Delacroix com seu manejo das cores —, mas também *O juramento de Luís XIII*, de Jean-Auguste-Dominique Ingres, na época considerada uma obra antirromântica.* Mas o radical "romântico" Delacroix achava difícil apreciar a música radicalmente individual de Beethoven, ao passo que o "neoclássico" Ingres — dezoito anos mais velho que Delacroix — a adorava, considerando o compositor digno do Olimpo. "As sinfonias de Beethoven são grandiosas, terríveis e também de uma delicada graça e sensibilidade",[46] dizia, sendo ajudado nessa sintonia por suas qualidades de excelente violinista amador — suficientemente competente para tocar música de câmara com homens como Paganini e Liszt.

Delacroix nasceu antes que Bonaparte se tornasse primeiro cônsul e foi contemporâneo do Primeiro Império francês, da Restauração, da revolução de 1830, do reinado do "rei burguês", Luís Felipe, da revolução de 1848 e da maior parte do Segundo Império de Napoleão III. Não surpreende, assim, que, tendo sobrevivido fisicamente a tantas mudanças de regime, se apegasse à sua obra para sobreviver mental e espiritualmente. Por mais que seus princípios humanitários se parecessem com os de Beethoven, Byron e Pushkin — aos quais sobreviveu por muitos anos —, o mesmo não se pode dizer de suas preocupações do dia a dia. Em 1863, pouco depois da morte de Delacroix, Charles Baudelaire, que o conhecia havia duas décadas, homenageou-o com um substancial tributo em *L'Opinion nationale*; suas palavras parecem refletir com

---

* William Blake, compatriota de Constable na época com 67 anos e adoentado, deu início à sua representação de *Beatriz dirigindo-se a Dante da carruagem*, em bico de pena e aquarela, em 1824, trabalhando também em ilustrações para o *Livro de Jó*. Blake se considerava um artista independente de tendências e movimentos, mas sua própria independência sob muitos aspectos convergia com o individualismo romântico. "Preciso Criar um Sistema ou ser escravizado pelo de outro Homem", escrevera, em seu poema *Jerusalém*. "Eu não Raciocino nem Comparo: meu negócio é Criar."[45]

precisão as ideias do pintor, e certamente resumem uma certa maneira de pensar sobre a arte que era comum na Europa pós-napoleônica, além de representar um protótipo do romantismo. Segundo Baudelaire, Delacroix tinha sempre na boca a frase "A natureza não passa de um dicionário".[47] Em outras palavras, a natureza devia ser consultada, mas não copiada; a realidade e a arte são duas coisas diferentes. Mas Baudelaire também enfatizava o conceito do artista — em qualquer das artes — como "tradutor", alguém que transforma impulsos internos em expressão. Qual seria, perguntava ele, essa

> coisa misteriosa que, para glória de nosso século, Delacroix transformou melhor que ninguém? É o invisível, o impalpável, são os sonhos, os nervos, a *alma*; ele o fez valendo-se apenas dos contornos e da cor; e melhor que ninguém; com a perfeição de um consumado pintor, o rigor de um escritor sutil, a eloquência de um músico apaixonado. [...]
> Delacroix era um apaixonado pela paixão, friamente decidido a encontrar os meios para expressá-la da forma mais visível. Nessa personalidade dual encontramos, por sinal, os dois indícios que assinalam os gênios mais sólidos — gênios extremos que certamente não podem agradar a essas almas temerosas que se satisfazem facilmente e encontram nutrição suficiente em obras frouxas, flácidas e imperfeitas. Uma imensa paixão associada a uma vontade formidável — era assim esse homem.

A visão que Baudelaire tinha de Delacroix nos diz algo fundamental a respeito da personalidade criativa, especialmente como se manifestava na época romântica. É preciso mesmo ser louco ou estar tomado pela necessidade da autoexpressão — ou as duas coisas — para se dedicar à arte num mundo em que ela é pouco valorizada e menos entendida ainda: donde a paixão de que fala Baudelaire. Mas só os artistas capazes de contemplar os resultados dessa paixão com a frieza absolutamente indiferente da autocrítica terão probabilidade de alcançar algo realmente inusitado. No que diz respeito à obra de arte — o produto final —, a época romântica não se diferenciava de qualquer outro período da história cultural, e seus artistas são lembrados pela excelência do que produziram ou ficaram esquecidos por falta dessa excelência.

Em 1823, 1824 e 1825, Stendhal, o amigo de Delacroix, escrevia ensaios que serviram de manifesto da expressão romântica na literatura, tendo chegado à posteridade sob o título coletivo de *Racine e Shakespeare*.

Stendhal era um romântico inesperado. Na juventude, estudara matemática, e a vida inteira descartou toda e qualquer forma de misticismo e religião. "A única desculpa de Deus é que não existe", dizia naquela que, décadas depois, Nietzsche consideraria a melhor piada ateísta jamais feita. Na música, Stendhal adorava o claro-escuro classicamente linear de Mozart e Rossini, em oposição à autoexpressão mais perturbadora de Beethoven, que considerava um compositor de "música de hábeis dissonâncias"[48] e "o Kant da música", não se tratando, em nenhum dos dois casos, propriamente de elogio. Mas ele efetivamente entendeu algo do que estava envolvido na música de Beethoven: referindo-se provavelmente a obras como a Quinta Sinfonia e a Sonata "Appassionata", ele reportou-se à "impetuosidade digna de Michelangelo"[49] que encontrava no compositor alemão. E ao criticar os conservadores por reclamarem de certos intervalos mais difíceis na escrita vocal de Rossini, escreveu: "Se querem que sejam feitas descobertas, permitam que seus navios naveguem um pouco ao léu em alto-mar. Se as pessoas nunca permitissem que seus ouvidos fossem surpreendidos, teria o destemido e singular Beethoven jamais sucedido ao sábio e nobre Haydn?"

Em *Racine e Shakespeare*, Stendhal valia-se do mais festejado dramaturgo francês do século XVIII como exemplo de um tipo de expressão que tivera sua época, ao passo que o bardo inglês, ainda mais antigo, era apresentado como um protorromântico — o maior defensor de uma comunicação emocional sempre renovada. "Sou de opinião que as tragédias precisam agora adaptar-se a nós, jovens racionais, sérios e algo invejosos do ano da graça de 1823",[50] escreveu ele, fazendo-se passar por muito mais jovem do que era efetivamente, com seus 40 anos. "Em nossa época, os versos alexandrinos [usados por Racine e seus contemporâneos] representam quase sempre um disfarce da tolice." A tese central de Stendhal era que o inabalável respeito dos classistas aos versos alexandrinos e à velha prática literária grega de observar a unidade de tempo e lugar prendera a dramaturgia francesa numa camisa de força desde a época de Luís XIV, bem mais de um século antes. Ele encarava a insistência em regras e procedimentos restritivos como pura e simples teimosia reacionária, e não como uma contribuição para a inteligibilidade.*

Os ensaios contidos em *Racine e Shakespeare* foram duramente criticados, não tanto pelo fato de o autor estar promovendo o romantismo, mas pelos elogios ao pobre e velho Shakespeare, morto havia mais de dois séculos. Essa rejeição pouco tinha a ver com o bardo em si, e muito com a impopularidade da Inglaterra entre os franceses — uma aversão antiga que aumentara exponencialmente em virtude do papel desempenhado pela Grã-Bretanha na derrota de Napoleão. Stendhal respondeu aos críticos acusando-os sarcasticamente de pensar que Shakespeare

---

* Duas gerações depois de Stendhal, o romancista Anatole France ainda pilheriava que de bom grado se disporia a transformar seus mais sombrios e profundos segredos em versos alexandrinos para que fossem recitados toda noite na Comédie-Française, convencido de que ninguém na plateia prestaria atenção ao que estivesse sendo recitado.

seria um ajudante de campo do duque de Wellington.[51] E numa carta a um antirromântico por ele incluída em *Racine e Shakespeare* (e datada de 5 de maio de 1824, dois dias antes da estreia da Nona Sinfonia), o autor profetizava que, dentro de quarenta anos, os dramaturgos franceses estariam escrevendo dramas em prosa de grande força com títulos como *O retorno da ilha de Elba* e baseados em episódios da história recente — dramas com enredos que poderiam ter lugar "num período de sete meses e a distâncias de 5 mil léguas",[52] sem qualquer preocupação com a unidade de tempo e lugar. Para Stendhal, o romantismo literário não passava da "arte de apresentar obras literárias capazes de dar tanto prazer quanto possível aos povos, de acordo com a situação presente de seus hábitos e crenças".[53] Assim, ele equiparava o romantismo, num sentido muito importante, à contemporaneidade e à vanguarda, opondo-o ao inflexível conservadorismo.

No clima repressivo da época, o romantismo artístico era muitas vezes um outro nome ou pelo menos um símbolo do proibido liberalismo político. Em 1824, enquanto Stendhal escrevia seus ensaios, os ultrarrealistas causavam na França uma divisão interna mais pronunciada que nunca no país desde a queda de Napoleão, uma década antes. Luís XVIII tinha suficiente perspicácia política para se dar conta de que seria impossível em seu país um retorno a um puro absolutismo pré-revolucionário, mas o assassinato de seu sobrinho Charles-Ferdinand Bourbon, duque de Berry, por um bonapartista em 1820, conferira mais poder à facção política que se mostrava mais realista que o rei. Quando Luís morreu em setembro de 1824, seu irmão menor e ultraconservador, que subiu ao trono como Carlos X, imediatamente adotou medidas antiliberais e impopulares como a indenização a aristocratas que haviam perdido bens durante a Revolução (iniciativa que por si só custou 1 bilhão de francos ao país), o restabelecimento de parte da autoridade secular da Igreja Católica Romana e a censura à imprensa.

Pouco antes da entronização de Carlos, Stendhal escrevera que durante dez anos "a França, que vira sua imprensa escravizada" sob Napoleão, "desfrutou de uma semiliberdade; mas até agora nenhum homem de gênio nem sequer de talento se prevaleceu da impotência da censura".⁵⁴ No reinado de Carlos, todavia, essa semiliberdade foi eliminada; a imprensa simplesmente tinha de obedecer aos decretos do governo.

Stendhal acreditava na democracia, mas era um intelectual elitista que sabia que a liberdade de imprensa não seria capaz de transformar maus poetas e escritores em grandes artistas. Pelo contrário, como escreveu pouco depois da coroação de Carlos,

> para fugir ao ridículo em que certamente cairiam, esses nobres versificadores trataram prudentemente de se juntar ao partido político no poder. No momento, esse partido conseguiu comprar, aberta ou secretamente, praticamente todos os jornais de Paris, à exceção de um ou dois, de tal maneira que os absurdos excêntricos que esses pseudobardos querem fazer passar por poesia romântica passam despercebidos ou são espalhafatosamente ostentados pelos jornais do partido sob cuja proteção os autores se alinham, comportados.⁵⁵

Ele tinha muito enraizada a mentalidade do Iluminismo para se deixar levar pela autoindulgência e a pomposa autoestima dos românticos fraudulentos. "Há em Paris uma dúzia de poetas, aproximadamente, que tentam em seus escritos mostrar-se tão melancólicos e excêntricos quanto Lorde Byron em seus momentos mais negros", escreveu ele em artigo publicado no *New Monthly Magazine* londrino em maio de 1824, pouco depois da morte de Byron. "Mas essas obras se parecem tanto com as suas quanto os raios de lâmina de estanho da Ópera se parecem com uma tempestade verdadeira nos Alpes."

Para Stendhal, como para Delacroix, Pushkin, Byron e Beethoven, a realização artística e intelectual dependia quase totalmente da profundidade do temperamento pessoal e da excelência profissional, e não das vicissitudes políticas dos respectivos países. Mas esses artistas não eram apolíticos; eles internalizavam e sublimavam a revolução, numa época de repressão política, transformando-a naquilo que chamamos de romantismo. Alguns, contudo, expressavam mais abertamente seu desprezo pelos regimes no poder.

O ironista romântico franco-alemão e judaico-cristão

Em 24 de maio de 1824 — o dia seguinte ao da segunda execução da Nona Sinfonia, no Grosser Redoutensaal, em Viena —, o poeta e ensaísta Heinrich Heine escrevia uma carta a um amigo quando alguém lhe trouxe uma notícia. Ele imediatamente registrou sua reação. "No momento em que escrevo, fico sabendo que meu primo, Lorde Byron, morreu em Missolonghi. E então esse grande coração também cessou de bater!", dizia ele.[56] "Sim, esse homem foi grande; descobriu novos mundos na angústia; como um Prometeu, desafiou os miseráveis homens e seus deuses ainda mais miseráveis, e a fama de seu nome penetrou os *icebergs* de Thule e os desertos escaldantes do leste."

Heine referia-se não só às realizações de Byron como poeta, mas também e sobretudo à sua estatura como adversário de ideias feitas, da moralidade burguesa e dos regimes mais obtusamente reacionários e repressores da época. As observações do poeta alemão de 27 anos a respeito do "primo" espiritual eram particularmente sentidas porque na época ele estava, de certo modo, cativo, como aluno nada voluntário nem muito menos entusiástico da faculdade de Direito da Universidade de Göttingen, que frequentava exclusivamente porque o tio rico que o sustentava vinha ameaçando cortar sua mesada se ele deixasse os estudos. Heine já publicara alguns dos mais belos poemas líricos da língua alemã e era uma verdadeira celebridade nos mais altos círculos culturais de Berlim; seus sentimentos em relação ao isolamento a que estava confinado na provinciana Göttingen ficam claros num trecho devastadoramente satírico de *Die Harzreise* (*A viagem ao Harz*), relato de uma caminhada pelo maciço do Harz no centro da Alemanha, poucas semanas depois da morte de Byron. Ele zomba de Göttingen como uma cidade "famosa por suas salsichas e sua universidade", acrescentando que seus habitantes "geralmente se dividem entre estudantes, professores, filisteus e cabeças de gado", sendo "a classe das cabeças de gado a mais importante".[57] Na estrada de saída da cidade, ele encontra dois funcionários da universidade, incumbidos, segundo afirma, "de vigiar atentamente para que [...] nenhum professor-assistente mais especulativo contrabandeasse novas ideias, que precisam passar pelas habituais décadas de quarentena antes de entrar em Göttingen".

Heine nascera em Düsseldorf, apenas 65 quilômetros, aproximadamente, a noroeste da Bonn natal de Beethoven. Os dois tinham origens geográficas e linguísticas semelhantes, e também era comparável seu forte e irresistível amor à liberdade, mas eles não podiam ser mais diferentes em temperamento e na maneira de encarar a vida. Beethoven vinha de uma desequilibrada família católica de classe baixa; Heine nascera (em 1797, a apenas um ano e meio de Delacroix e Pushkin) numa coesa família judia de classe média. Ainda menino, idolatrava os soldados franceses que haviam ocupado a Renânia e abolido os guetos nos quais os judeus eram obrigados a viver. Os Heine haviam perdido sua confortável situação burguesa quando o negócio do pai entrou em falência, e vários membros da família, entre eles o poeta, acabaram se convertendo ao cristianismo para poder ter acesso a posições que não estavam ao alcance dos judeus; a conversão representava "um bilhete de entrada na cultura europeia", escreveu ele. Mas, ao contrário dos Beethoven, os Heine mantiveram-se unidos pelos laços do afeto.

A visão de Heine sobre a história, a política, a mentalidade criativa, o romantismo e a vida em geral não só caracterizava sua poesia e sua prosa como, em grande medida, também as gerava. "Os olhos de Heine devem ter sido tão multifacetados quanto os de uma mosca", observaria Ford Madox Ford. "Ele é ao mesmo tempo romântico, realista, impressionista, um lírico alemão folclórico, uma alma francesa perdida, um cristão judeu e o único homem que não pode ter descendido de animais ferozes."[58] Pode ter sido "o mais requintado lírico do mundo desde os grandes gregos, talvez o maior de todos os românticos amargo-realistas"; não pertencia "a raça nem a lugar algum", e "não há outro poeta — na verdade, nenhum outro homem — que se assemelhe a ele". Escrevendo com menos transportamento poucos anos depois da morte de Heine, Matthew Arnold avaliava sucintamente as "densas páginas dos sete volumes in-oitavo"[59] que formavam a edição americana dos escritos do poeta alemão: "Nas obras reunidas de muito poucos autores encontraremos tão pouco a ignorar", dizia.

Neste ou naquele momento Heine terá tido contato pessoal com muitos dos principais luminares do pensamento e da literatura alemães de sua época — Goethe, Hegel, o poeta e tradutor August Wilhelm von Schlegel; para não falar de Karl Marx e Friedrich Engels, entre outros —, mas era o mais moderno de todos, inclusive Marx, que tinha 21 anos menos que ele. Cada um à sua maneira, os outros eram todos idealistas, ao passo que Heine, embora também se considerasse um idealista e certamente pensasse em vários importantes ideais da humanidade, revelava-se muito agudamente observador e por demais irônico para permitir que os ideais impedissem a visão do real. Seu poema "Fragen" ("Perguntas"), por exemplo, da coletânea *Nordseebilder* (*Imagens do mar do Norte*) — escrita não muitos meses depois da conclusão da Nona Sinfonia de Beethoven —, recorre a uma dicção do alto romantismo para expressar ideias protoexistencialistas:

> À beira-mar, no desolado mar da noite,
> Um jovem está,
> O peito dolorido, a cabeça em dúvida,
> E com pesarosos lábios pergunta às ondas:
>
> "Ó soluciona para mim o enigma da vida,
> O angustiante enigma milenar,
> Sobre o qual tantas cabeças ponderaram,
> Cabeças com bonés ornados de hieróglifos,
> Cabeças com turbantes e solidéus negros,
> Cabeças de peruca e mil outras
> Pobres e suadas cabeças humanas...
> Diz-me, qual o sentido do homem?
> De onde vem? Para onde vai?
> Quem vive lá em cima, nas estrelas douradas?"
>
> As ondas murmuram seu eterno murmúrio,
> O vento sopra, as nuvens passam,
> As estrelas cintilam, indiferentes e frias,
> E um tolo espera resposta.*[60]

Não surpreende que Nietzsche, o grande anti-idealista e desintegrador de mitos do fim do século XIX, admirasse os escritos de Heine — embora Heine, no fim da vida, se tenha aparentemente aproximado de Deus e de sua ascendência judaica. Seja como for, o público de fala alemã da época de Heine, que amava a poesia lírica,

---

* Partes desse poema poderiam ser consideradas um contrapeso realista a certos versos mais exaltados da "Ode à alegria" de Schiller que Beethoven musicou na Nona Sinfonia: "Irmãos, um Pai amoroso deve viver / Acima do céu de estrelas. / Temes acaso o Criador, mundo? / Vai buscá-lo acima do céu estrelado! / Ele deve morar acima das estrelas."

não era capaz de tolerar sua inteligência contundente e impiedosa nem, provavelmente, o fato de a poesia que tanto amava ser escrita por um judeu, ainda que convertido. Metternich apreciava as obras líricas de Heine, mas se sentiu obrigado a proibir seus escritos na Áustria e seus domínios. Mais ou menos na época da "Revolução de Julho" francesa, que aterrorizou em 1830 os absolutistas em toda a Europa, os mordazes ataques de Heine a todo tipo de ordem estabelecida e pensamento de direita levaram à proibição de seus livros em outros estados alemães, assim como a uma ordem de prisão. Um ministro do Exterior prussiano chegou a pedir que ele fosse condenado à morte, talvez em consequência da investida do poeta contra a "soldadesca filosófico-cristã [da Prússia], esse amontoado de cerveja aguada, mentiras e areia. [...] O rei da Prússia é um homem muito devoto; é um bom cristão [...] e acredita em símbolos sagrados", escreveu Heine. "Mas, ah, gostaria que ele acreditasse em Júpiter, o pai dos deuses, que pune o perjúrio — quem sabe então nos desse a prometida constituição."[61]

Quando o regime federal alemão incluiu o nome de Heine num decreto "contra a literatura perversa, blasfema e anticristã que arrasta toda moralidade, recato e decência por terra",[62] Heine respondeu que tinha

> uma opinião melhor da Divindade que essas almas piedosas que imaginam que Ele criou o homem apenas para sofrer. Sim, aqui na Terra eu instituiria, através das bênçãos de instituições políticas e industriais livres, esse estado beatífico que, segundo opinião dos piedosos, só se concretizará no Dia do Juízo Final e no céu. [...] Nós medimos a Terra, pesamos as forças da Natureza, avaliamos os recursos da indústria e vejam só! — constatamos que a Terra é suficientemente espaçosa e ampla para que todos possam construir nela sua cabana de felicidade — que a Terra nos pode alimentar a todos decentemente, desde que cada um de nós trabalhe e ninguém viva à custa dos outros — que não é mais necessário pregar a bem--aventurança do céu para as grandes massas de pobres.

Em 1831, Heine fugiu para Paris, onde imediatamente se sentiu perfeitamente em casa. "Se alguém perguntar como estou", escreveu a um amigo, "responda 'como um peixe n'água', ou, por outra, diga que quando um peixe do mar pergunta a outro como vai, recebe a resposta: 'Estou como Heine em Paris.'"[63] Isto porque ele considerava os franceses o "povo eleito" da "nova religião, a religião da nossa época": a liberdade. Seus "primeiros evangelhos e seu primeiro dogma" haviam sido escritos em francês, dizia; "Paris é a Nova Jerusalém, e o Reno é o Jordão que separa a terra santa da liberdade do país dos filisteus".[64] Tanto maior, assim, terá sido sua desilusão ao se dar conta do que as revoluções francesas efetivamente tinham gerado: "Não foi em benefício próprio que o povo sangrou e sofreu, mas [...] por essa burguesia que vale tão pouco quanto a nobreza cujo lugar tomou, com o mesmo egoísmo. [...] O povo nada ganhou com sua vitória, a não ser arrependimento e uma depravação ainda maior."[65] E ele tampouco alimentava maiores esperanças pela democracia nos Estados Unidos, onde, dizia,

> todos os homens são iguais — igualmente tolos, com a exceção, naturalmente, de alguns poucos milhões, que têm a pele negra ou marrom, e são tratados como cães. Em si mesma, a escravidão, que foi abolida na maioria dos estados americanos do norte, não me revolta tanto quanto a brutalidade com que os negros e mulatos livres são tratados. [...] Os americanos fazem muito estardalhaço a respeito de seu cristianismo, e frequentam a igreja com assiduidade. Aprenderam essa hipocrisia com os ingleses, que lhes transmitiram suas piores características. A ambição material é sua verdadeira religião; o dinheiro, seu Deus.[66]

Heine passou os últimos 25 de seus 59 anos no exílio em Paris — os derradeiros oito anos confinado em seu quarto, em consequência de uma debilitante doença que viria a matá-lo. Muito antes de migrar para a França, contudo, seus escritos, com sua extraordinária mistura de lirismo romântico e desencantada ironia, podiam sob muitos aspectos ser considerados mais gálicos que teutônicos. Embora fosse um poeta, e não um romancista, ele muitas vezes se nos apresenta como uma espécie de Stendhal alemão: os dois observavam a vida com lucidez, desfrutavam plenamente dos prazeres que ela lhes apresentava, sem jamais perder de vista o ridículo da lida humana, e faziam a crônica do presente ao mesmo tempo ficando de olho — um olho extraordinariamente preciso e profético — no futuro, para o qual se sentiam disponíveis de uma forma "beethoveniana", mediante incrível combinação de uma espécie de autoconfiança do aqui e agora e a consciência de sua total insignificância no cosmo.

Heine, por sinal, não evidenciava grande compreensão da música de Beethoven — particularmente as obras tardias, das quais dizia: "Para mim, é altamente significativo que Beethoven fosse surdo em seus últimos dias, e que nem mesmo o mundo invisível das notas tivesse mais qualquer realidade sonora para ele. Suas notas não passavam de lembranças das notas, fantasmas de sons perdidos, e suas últimas criações trazem na fronte assustadoras marcas da morte."[67] Mas Heine compartilhava com Beethoven a convicção de que a arte tinha de ser independente, ao mesmo tempo se mantendo fortemente ligada à vida real. "Sou a favor da autonomia da arte", escreveu ele em 1836. "Ela não deve ser considerada uma servidora da religião ou da política; justifica-se por si mesma, exatamente como o próprio mundo"[68] — ao passo que, apenas uma geração antes dele, muito pouca arte que não contasse com patrocínio da Igreja, do Estado ou da aristocracia podia chegar ao público. Heine advertia, no entanto, que, "assim como o gigante Antaios se manteve invencível enquanto teve os pés no chão, assim também o poeta mantém-se forte e poderoso enquanto se posicionar em solo real, perdendo imediatamente a força quando se alça em êxtase na direção do azul".

Talvez o único elemento semelhante na configuração criativa desses dois renanos tão diferentes, Beethoven e Heine, e o único elemento que nos permite aproximá-los no panteão de nossa imaginação cultural ocidental, seja a urgência com que precisavam mostrar à humanidade o que ela é — e aquilo em que poderia transformar-se. Assim como Beethoven ansiava, contra toda probabilidade, pelo dia em que "todos os homens se tornarão irmãos", assim também o lúcido Heine conseguiu profetizar uma "grande confederação dos povos — a Santa Aliança das Nações", na qual "não mais precisaremos manter exércitos de centenas de milhares de assassinos por causa da desconfiança recíproca. Usaremos nossas espadas e nossos cavalos para arar, e conquistaremos a paz, a prosperidade e a liberdade".[69]

Numa passagem que facilmente poderia ter sido escrita por Beethoven, Heine afirmava: "Não sei se mereço que uma coroa de flores seja um dia depositada no meu caixão. Mas depositem no meu caixão uma *espada*, pois fui um bravo soldado na Guerra de Libertação da humanidade."[70] Oitenta e cinco anos depois de ter o caixão de Heine descido à terra em Paris, seu túmulo foi demolido por ordem de Adolf Hitler. Seu poema "Die Lorelei", sempre popular, continuou a ser impresso na Alemanha nazista, mas era apresentado como "um poema folclórico de autoria desconhecida". Não poderia haver homenagem mais adequada à perenidade da pena/espada de Heine.

Em certo sentido, todo ser humano que jamais tenha usado o cérebro com objetivos não destrutivos pode ser considerado um destemido soldado na Guerra de Libertação da humanidade, mas a convergência da última obra-prima sinfônica de Beethoven com obras ou acontecimentos cruciais na vida de tantos outros artistas importantes fez de 1824 um ano particularmente fértil na história dessa luta. O fato de a Nona Sinfonia, a morte de Byron, o *Boris*

Godunov e "Ao mar" de Pushkin, *O massacre de Quios*, de Delacroix, *Racine e Shakespeare*, de Stendhal, a *Jornada ao Harz* e *Imagens do mar do Norte*, de Heine, terem contribuído de alguma maneira para a ação de retaguarda do romantismo contra a repressão frisa a importância desse momento. E quem sabe esses breves vislumbres desses artistas e de suas condições naquele momento terão lembrado aos leitores — como lembraram a este autor — que a libertação espiritual e intelectual exige uma infindável guerra interna contra tudo que em nós mesmos nos acanha, em vez de nos expandir, tudo aquilo que troca a busca pela certeza.

Quase dois séculos depois, o mundo ainda está cheio de pessoas que acreditam que a verdade não só existe como é simples e direta, e que as *suas* verdades — sejam políticas, religiosas, filosóficas, morais ou sociais — representam A Verdade. A caracterização da mentalidade fascista feita há uma geração por Federico Fellini, segundo quem ela é "uma recusa de aprofundar nossa relação individual com a vida, por preguiça, preconceito, resistência a se contrariar e presunção", remete aos seguidores obedientes da maioria das crenças pré-fabricadas, em qualquer lugar e época.[71] Os outros — os desobedientes, os que não são seguidores, os que consideram que o mundo não pode ser facilmente explicado e que a experiência humana não se encaixa em pequenos compartimentos — continuam combatendo essa Guerra de Libertação que jamais poderá ser vencida. Até que nossa lamentável espécie se extinga para sempre com suas bombas ou seus excessos, essa luta terá prosseguimento, e o que Beethoven e companhia continuam nos dizendo, desse passado cada vez mais distante, mas eternamente presente, é que ela *deve* continuar.

A força expressiva de vitalidade ímpar da Nona Sinfonia, um dos resultados mais impressionantes das tentativas dos seres humanos de dar prosseguimento à luta, e também de aprofundar sua relação individual com a vida, é o tema da próxima parte deste livro.

PARTE TRÊS

Imaginando a Nona

A imagem musical

Quando eu tinha 20 e poucos anos e começava uma carreira de regente das mais breves, frequentei um curso de verão na França com Louis Fourestier, ex-diretor da Ópera de Paris e da Opéra-Comique. Ele, então com quase 80 anos, havia fundado a Orchestre Symphonique de Paris ao lado de Ernest Ansermet e Alfred Cortot, e fora o principal maestro do repertório francês na Metropolitan Opera em Nova York. Certa vez, Fourestier, cuja personalidade musical fora modelada por professores como Vincent d'Indy e Paul Dukas, representantes do romantismo francês tardio, disse-me que, em sua opinião, a melhor maneira de lembrar de que jeito se queria que determinada peça "fluísse" era gerar uma imagem mental que se adequasse a ela. O exemplo por ele usado foi o terceiro movimento da Nona Sinfonia: de pé no pódio, pronto para dar início à execução, ele pensava num jovem casal sentado num banco de praça debaixo de um céu estrelado, de mãos dadas e olhando para o alto numa mistura de amor e admiração; essa imagem, segundo ele, o deixava no estado de espírito adequado para aquele momento.

Fourestier era um músico de grande experiência e altamente profissional, além de uma pessoa adorável, mas essa descrição e a filosofia por trás dela me pareceram um total absurdo. A música sem palavras não suscita em mim qualquer imagem; eu a vivencio de uma forma não visual, não verbal, mas ainda assim profundamente intelectual, e ao mesmo tempo intensamente emocional. Gosto de apreender a forma de uma peça à medida que se vai revelando e simultaneamente vivenciar e absorver o que quer que seja que ela me esteja comunicando. Mas não sou capaz de dizer o que seria esse "o que quer que seja".

A ausência de desdobramentos verbais e visuais na minha percepção da música não vocal pode ser consequência do fato de eu ter tido pouco contato com a ópera em meus anos de formação. Eu entrei no mundo da música "clássica" inicialmente pelo estudo do piano e em seguida ouvindo uma quantidade prodigiosa de música orquestral, de câmara e solo, ao vivo e gravada. Até meu amor ao *Lied* alemão, que começou nos anos de adolescência (primeiro, Brahms, depois Schubert e os outros), pouco tinha a ver com os textos, inicialmente, embora eu fizesse, para entendê-los, os esforços necessários a um jovem que não tinha o alemão como língua-mãe; ele decorria, isto sim, da direta comunicação emocional da música — e isto apesar de já então eu amar a literatura quase tanto quanto amava a música. Para mim, a música resistia e resiste a qualquer descrição verbal.

Certas peças — que geralmente são em métrica dupla e começam em andamento rápido com uma nota em tempo fraco, como os primeiros movimentos do Quarteto de cordas em sol maior, K. 387, e do Quinteto de cordas em sol menor, K. 516, de Mozart, do Quarteto de cordas em dó menor, op. 18, nº 4, de Beethoven, ou da Quarta Sinfonia de Brahms — efetivamente me parecem contar histórias, como numa balada. Esses tempos fracos, imediatamente conduzindo a acordes em tempos fortes, me arrastam a uma narrativa dramática. Mas a narrativa não tem palavras nem imagens; ela fala através de estruturas e progressões puramente musicais, gerando emoções que são para mim puramente musicais. Sou capaz de dizer que o início do quarteto de Mozart parece resplandecer, que o do quinteto parece angustiado, e assim por diante, mas em geral não poderia ir além desse diapasão, com breves epítetos descritivos ou adjetivações de estados de ânimo — e até mesmo essas caracterizações pouco desenvolvidas certamente contrastarão com as de muitos outros ouvintes atentos. Da mesma forma, reconheço que o clímax do primeiro movimento da *Symphonie fantastique* parece-me representar um orgasmo masculino com a mesma clareza com que o *Liebestod* de *Tristão e Isolda* parece representar um orgasmo feminino (embora neste caso o enredo e o texto de Wagner conduzam o leitor a perceber o significado), e que o Prelúdio nº 13 em fá sustenido maior de Chopin não parece menos manifesta e intensamente erótico que os clímax das peças de Berlioz e Wagner, embora com uma sensualidade muito mais sutil, radiosa, acariciante e delongada. Mas também nesses exemplos sou capaz de indicar apenas estados de ânimo, e não associações verbais específicas ou descrições visuais. Sempre sinto que a música que eu amo está me dizendo alguma coisa, e a música instrumental que mais amo — de Bach, Mozart, Beethoven, Schubert, Chopin, Schumann, Brahms, Bartók, Stravinski — é música em que muita coisa é contada de forma condensada em breves períodos de tempo. Mas muito pouco da minha percepção do que é contado em música pode ser expresso verbalmente, apesar de, como escritor, eu estar sempre profundamente envolvido com a expressão verbal.

Em anos recentes, o regente inglês Roger Norrington vem-se manifestando em favor de um tipo de abordagem da música do qual Fourestier era um expoente. "No início deste século [o século XX], a música enveredou por caminhos abstratos", disse ele numa entrevista, "e se ficou achando que toda música era abstrata e não deveria contar uma história, que é vulgar achar que uma música esteja contando uma história. Mas em 1804, quando a sinfonia

['Eroica'] foi composta, e ainda durante muitos anos ao longo do século XIX, não era imoral que a música contasse uma história; era essencial."[1]

Eu certamente não considero que recorrer a essas histórias seja "imoral", mas tampouco acredito que seja ou jamais tenha sido "essencial" — que o fato de pensar em noites estreladas, amantes de mãos entrelaçadas, ou qualquer outra imagem, seja vaga ou bem definida, tola ou sofisticada, contribua necessariamente para melhorar a percepção musical de alguém. Wagner, cuja atitude em relação à performance musical era bem característica de sua época, gostava de desenvolver histórias descritivas, ou "programas", em relação a peças de música instrumental, mas vamos encontrar uma passagem eloquente a esse respeito num dos diários mantidos por sua segunda esposa, Cosima. Certa noite de 1879, Richard tocava ao piano "a volta ao *tremolo* e o início"[2] (tecnicamente, a retransição para a recapitulação) do primeiro movimento da Nona Sinfonia de Beethoven, descrevendo-o como "o caldeirão demoníaco que vem fervilhando o tempo todo". Cosima — que também era filha de Liszt — interveio:

> Eu digo a R[ichard] que reconheço que nessa obra não sinto necessidade de um programa, e até deixo o seu [programa], baseado no Fausto, longe do meu espírito. R. diz que cada um vai buscar suas próprias imagens — mas em meu caso nem mesmo isso acontece, só posso comparar o que se passa em mim ao brotar de misteriosas sementes e brotos, sendo o espírito um mero guia para a terra encantada onde esse mágico ato de criação tem lugar, com a função apenas de um mirmidão, sem qualquer poder.

Em outras palavras, a própria música lhe transmitia algo muito direto, mas não verbal nem visual. A esse respeito, o pensamento de Cosima Wagner era mais moderno que o do marido.

Eu me interesso profundamente pelo contexto histórico e biográfico da música e dos compositores que amo, mas não quero associar histórias às composições nem apreendê-las como se tivessem sido construídas a partir de histórias. Por mais inadequadas e vagas que sejam, minhas percepções são suficientes para mim nos contatos com uma peça. Qualquer elemento exterior viria fragmentar, desviar ou diluir minha concentração, em vez de servir para unificar, focalizar ou fortalecer. Saul Bellow, um mestre das palavras, escreveu que, através da música, "aquilo que logicamente não tem resposta passava, sob outra forma, a tê-la. Os sons sem significado determinado tornavam-se cada vez mais pertinentes, quanto maior fosse a música".[3] Bellow provavelmente teria concordado — como eu concordo — com a observação do maestro alemão Wilhelm Furtwängler: "É da própria natureza da música que a clareza da linguagem por ela usada seja diferente da clareza das palavras; mas a linguagem apesar disso é distinta."[4] E Furtwängler talvez conhecesse a afirmação de Félix Mendelssohn a esse respeito, escrita apenas quinze anos depois da morte de Beethoven: "Os pensamentos que me são inspirados pela música que eu amo não são por demais imprecisos para serem postos em palavras, mas, pelo contrário, precisos demais. E assim, em todas as tentativas de expressar esses pensamentos, sinto que algo está certo, mas ao mesmo tempo que algo falta em todos eles."[5] Até Wagner, que nunca foi muito dado a reconhecer a própria falibilidade, confessou pelo fim da vida que, embora tivesse tentado descrever a Nona Sinfonia, "o que esse [primeiro] movimento é não pode ser expresso em palavras".[6]

Em seu ensaio "Is Music Unspeakable?" ("A música é indizível?"), o historiador da cultura franco-americano Jacques Barzun conta a história de um compositor que se senta ao piano para tocar, para convidados, uma peça que acabou de compor. Posteriormente, um dos ouvintes pergunta-lhe qual o significado da peça; o compositor responde retornando ao piano e tocando-a pela segunda vez. "A resposta do compositor estava absolutamente certa", diz Barzun. "O significado é inerente a qualquer obra de arte, e não pode ser decantado numa explicação."[7] Ou, como dizia Stravinski, "a música é o seu próprio significado". Entretanto, Barzun acrescenta: "Se a música simplesmente estimulasse o ouvido, continuaria sendo agradável, mas não passaria de um passatempo banal. Sabemos que ela é muito mais, e é óbvio que o compositor pode valer-se dos sons para provocar em nós determinada emoção. Mas a emoção não tem nome, de tal maneira que, se não for acompanhada pelas palavras de um texto, e ainda assim quisermos nos referir a ela, teremos de recorrer a uma analogia." A analogia escolhida varia de um ouvinte para outro, independentemente do fato de ser ele um músico profissional (ou musicólogo, ou crítico) ou um amante da música sem pretensão a mais conhecimentos técnicos. Mas aquilo que a maioria dos músicos, inclusive o autor deste livro, ouve e sente e imagina em grandes obras musicais é, simplesmente, música.

Mas também sabemos que os compositores de música instrumental "pura" podem ter em mente, consciente ou inconscientemente, no momento de planejar ou compor suas obras, imagens mentais, textos verbais, reminiscências de pessoas ou lugares e situações ou incontáveis outros tipos de ideias e figurações. Muitos compositores tentam transmitir ideias, imagens e/ou histórias identificáveis através de determinadas peças instrumentais; a infinidade de exemplos possíveis vai das *Quatro estações* de Vivaldi aos poemas sinfônicos de Richard Strauss e Debussy, do *Haroldo na Itália* de Berlioz ao *Americano em Paris* de Gershwin e muito mais. Mas é altamente improvável que alguém que ouça essas obras pela primeira vez sem conhecer os títulos e/ou "programas" seja capaz de apreender as ideias ou visualizar as imagens que o compositor pretendia expressar ou descrever, não importando que o ouvinte em questão seja altamente sensível do ponto de vista musical, e não obstante "efeitos especiais" como o aterrorizante rufar de tambores no *Till Eulenspiegel* de Strauss ou as buzinas de carro na obra de Gershwin. Na verdade, se fossem tocados arranjos instrumentais sem palavras de "O patria mia", "Dich, teure Halle" ou "Près des remparts de Séville" para dez pessoas que jamais tivessem ouvido *Aida, Tannhäuser* ou *Carmen*, provavelmente teríamos dez opiniões diferentes sobre os temas dessas árias.

Veja-se, por exemplo, o caso impressionante da introdução de *A Criação*, na qual Haydn nos oferece uma semicacofônica "Representação do Caos" conduzindo a uma explosão coral-orquestral tremendamente afirmativa, em dó maior, na última palavra da frase *"und es ward Licht"* ("e se fez a luz"). Barzun assinala que, embora "o texto do oratório de Haydn constitua uma analogia dessa explosão em dó maior [...] outras ideias poderiam perfeitamente ser associadas à música — por exemplo, a fuga de um prisioneiro injustamente condenado; ou a primeira vez em que Dante viu Beatriz; ou um homem que, perdido no deserto, chega a um oásis; ou mesmo Arquimedes saltando da banheira e gritando 'Eureka!' por ter encontrado a solução de seu problema. São possibilidades visceralmente eficientes".[8]

Um exemplo dos extremos a que os instrumentistas podem chegar quando inventam histórias para explicar a música que tocam encontra-se na maneira como a pianista Mitsuko Uchida descreve, numa entrevista, uma das últimas obras de Schubert, a Sonata em si bemol maior, D. 960: "No primeiro movimento, é como se estivéssemos morrendo", disse ela, "e no movimento lento já estamos mortos. No *scherzo*, as filhas do Erlkönig estão dançando, e no último movimento o portão se fecha bem no nosso nariz: Bang!"[9] — e assim por diante. A invenção de histórias desse tipo pode ajudar certos músicos a compor suas interpretações, mas elas não passam de grosseiras simplificações das eventuais histórias — se é que existem — que os compositores acaso tinham em mente ao compor a música.

E Beethoven? Na maioria dos casos, quando ouvimos sua música com atenção, julgamos poder distinguir entre o que é brincalhão, sério, afirmativo, zangado, trágico, alegre, meditativo, consolador e outras características em suas obras, e sabemos que muitas vezes ele tinha em mente emoções e mesmo situações específicas em determinados pontos dessas obras — não só em composições por ele introduzidas com indicações verbais (o segundo movimento da Sinfonia "Eroica", por exemplo, ou os cinco movimentos da Sinfonia "Pastoral", ou ainda o terceiro movimento do Quarteto de cordas em lá menor, op. 132), mas também em trechos de praticamente todas as suas obras instrumentais. Mas, ao compor grandes obras com textos verbais — *Fidelio*, a *Missa Solemnis* e o *finale* da Nona Sinfonia são os exemplos mais óbvios e importantes —, ele se entregava a um projeto muito mais ambicioso que a expressão através dos sons de emoções ou estados de ânimo, por mais poderosas que fossem essas emoções e por mais complexos os estados de ânimo. Nesses casos, ele pretendia contribuir direta e especificamente para o progresso humano.

Fidelio, por exemplo, a única ópera de Beethoven, custou-lhe um extraordinário esforço e lhe era particularmente cara, por acreditar ele que uma parábola remetendo a escolhas bem definidas entre o bem e o mal era o melhor tipo de história a ser musicado, para a edificação de grande número de pessoas. Em consequência, embora a música de *Fidelio* seja altamente dramática, a obra não pode ser considerada um drama no sentido tradicional, não importando o que Beethoven pensasse a respeito. Não obstante a envolvente caracterização musical do carcereiro temível, mas de bom coração, de sua filha cheia de ilusões românticas, do pretendente frustrado e do demoníaco diretor da prisão, *Fidelio* é basicamente uma representação cênico-musical da evolução espiritual, do triunfo das virtudes sobre a baixeza e da luta da espécie humana para avançar da ignorância, da escravidão, da escuridão e da desorientação para a sabedoria, a liberdade, a iluminação e a paz. "*Gott! welch dunkel hier!*" ("Meu Deus! Como está escuro aqui!") são as primeiras palavras cantadas por Florestan, o herói-vítima da ópera, carregadas do mais óbvio subtexto. A subsequente alucinação em que Florestan se agarra à esperança em sua cela subterrânea na prisão nada mais é que uma imaginação da luz, ou talvez um vislumbre da luz real produzida pela tocha carregada por sua heroica mulher, que está para chegar e salvá-lo. "*Ist nicht mein Grab mir erhellet?*" — "Não é verdade que meu túmulo está sendo iluminado para mim?", pergunta-se ele.

A *Missa Solemnis* também é um estudo em contrastes e conflitos entre os desejos e a realidade: paz versus luta, aceitação versus rejeição, esperança versus desespero, leveza versus densidade, consonância versus dissonância, e, mais uma vez, iluminação versus escuridão. E o mesmo se aplica, em parte, à Nona Sinfonia, que pode ser considerada um *pendant* secular da *Missa*: as duas foram concluídas por Beethoven no espaço de um ano. Em seu clássico estudo *Beethoven: His Spiritual Development* (Beethoven: Seu progresso espiritual), de 1927, J. W. N. Sullivan refere-se ao "insuportável anseio" que levou o compositor, no *finale* da Nona Sinfonia, a tentar "fundir-se na grande família humana, considerada como filha do Pai Celestial".[10] Segundo Sullivan, essa "solução é natural, e aparentemente a mais 'elevada' possível, mas, ainda assim, é sentida como uma culminância inadequada do processo espiritual representado nos três primeiros movimentos". Sullivan considerava que essa suposta inadequação não resultava da introdução de vozes humanas, como chegaram a sugerir outros críticos desse movimento, mas de uma falha inerente de concepção. "Sentimos que o espírito que galgou as culminâncias desses três movimentos deveria, agora, como Moisés no Sinai, alcançar uma visão do próprio Deus", e não apenas a alegria na Terra. Essa visão é alcançada, segundo Sullivan, na *Missa Solemnis*, mas não na Nona, cujo finale vocal-instrumental é "o único caso em que [Beethoven] não foi capaz, numa de suas obras mais importantes, de se mostrar à altura da grandeza de seu tema".

Essa avaliação da sinfonia é a de um pensador que leu a prolixa e quase ditirâmbica ode de Schiller e a versão reduzida e reorganizada preparada por Beethoven; que as considerou deficientes em comparação com as aspirações atemporais e transcendentais do texto inalterável da missa católica romana, tal como estabelecido pelo papa Pio V em 1570; e automaticamente colocou a música da sinfonia na mesma categoria que o texto ao qual se sobrepôs. Ele não parece ter notado que a música do *finale* da Nona começa por transformar as palavras, para em seguida deixá-las para trás num rastro de poeira. Na *Missa*, Beethoven teve de limitar sua interferência no texto, deixando simplesmente ao fundo as partes que evidentemente não lhe agradavam. No *Agnus Dei*, contudo, a música que compôs para as palavras *"Dona nobis pacem"* ("Dá-nos a paz") é, por momentos, docemente onírica — como se dissesse: "Sabemos que estamos pedindo algo impossível, algo que jamais acontecerá, mas não podemos nos eximir de desejá-lo", e em outros de uma feroz exigência, quase enfurecida: "Onde está a paz que há tanto prometeste, Deus? Vais afinal concedê-la a nós ou não? Por quanto tempo ainda precisaremos suportar essa terrível confusão que preparaste para nós? *Dá-nos a paz*, caramba!" Em 1796, Haydn usara por breves compassos trompetes e tambores marciais ao musicar as mesmas palavras em sua Missa em dó maior — a *Missa in tempore belli* (Missa em tempo de guerra) —, mas remetia, no caso, a uma guerra muito real e concreta: o Exército francês invadira a Áustria, e a obra constituía uma oração pela vitória, em primeiro lugar, e só depois pela paz. Beethoven, pelo contrário, valia-se dos sons da guerra como um símbolo da luta espiritual.

Alfred Einstein, um pioneiro musicólogo da primeira metade do século XX, considerava a *Missa* "uma discussão tremenda e fortemente subjetiva entre o homem e Deus", evoluindo do "espanto, da súplica e da fé inabalável" para "a perturbação e a inquietação".[11] Eu realmente detecto, na música de Beethoven, a discussão, o espanto e a súplica, para não falar do dramático relato da morte e ressurreição de Cristo como símbolos do sofrimento e da esperança humanos, mas em momento algum percebo qualquer sugestão de uma fé "inabalável". Quase me inclinaria a associar o violento protesto da música de Beethoven no *Dona nobis pacem* à bem-humorada queixa de Woody Allen de que Deus "não cumpre nenhuma promessa". À sua maneira, a interpretação do compositor alemão para esse texto supostamente inspirado pelo céu e a ele dirigido mal chega a parecer mais respeitosa que a irônica observação do diretor e roteirista americano. Se eu tivesse fé, consideraria o tratamento dado por Beethoven ao *Dona nobis pacem* tão blasfemo quanto a piada de Allen.

A *Missa*, através da liturgia católica romana e às vezes em contradição com ela, reafirma e vai além da história de luta pela iluminação e a paz contida em *Fidelio*; a Nona Sinfonia procede da mesma forma, exclusivamente através da música nos três primeiros movimentos e numa mistura de música e poesia humanística no *finale*. "Em sua liberdade e na ousadia da expressão e dos meios, a Nona Sinfonia constitui uma antítese da Missa e um complemento", escreveu Alfred Einstein. Ela "lança uma ponte sobre abismos de desespero, confusão e anseios de reconciliação da humanidade no amor fraterno e na certeza da bondade paternal de Deus".[12] É nessas obras que fica mais inconfundivelmente evidente a busca de transcendência em Beethoven, aquilo a que já me referi como seu anseio pela existência num ideal Algures, como membro de uma Humanidade ideal.

A música do finale da Nona Sinfonia representa para o poema de Schiller o que a música da *Missa Solemnis* representa para a missa católica: ela comenta o texto, gera fantasias ao seu redor, concentra-se em certos detalhes, elimina outros e obriga o ouvinte a se defrontar com um novo universo sonoro emocional e espiritual no qual múltiplas galáxias mentais e "anímicas" se aglutinam. Na verdade, a *Missa* e a Nona representam os dois lados da mesma moeda. Ou, mais precisamente, constituem ambas os dois lados de moedas semelhantes: cada uma delas tenta abarcar toda a essência da existência humana envolta em escuridão, mas de um único ângulo. Na *Missa*, Beethoven transforma o credo niceno e outras manifestações da doutrina eclesiástica antiga num "rogo pela paz interna e externa" de caráter humanístico e não religioso. (São suas palavras, escritas no manuscrito original ao surgirem pela primeira vez as palavras *"Dona nobis pacem".*) No *finale* da Nona, pelo contrário, Beethoven reúne suas lutas terrenas (e as da humanidade), situa-as num mundo ideal de pura espiritualidade — "sobre o firmamento estrelado", no seu dizer — e as resolve de forma idealizada. E parece dizer-nos que *assim é que será*. Não importa quando nem como: *Assim é que será*, pois pensar de outra forma, dá ele a entender, seria negar a própria possibilidade de que nós mesmos ou uma Força Suprema, se existir, possamos conferir algum sentido à vida humana.

O que a música transmite?

Mas vamos voltar um pouco atrás. Embora fosse um dos grandes mestres quando se tratava de descrever com música emoções rapidamente oscilantes, Beethoven de modo algum foi dos primeiros.

Pelo menos desde o século XIV. Nas obras do compositor francês Guillaume de Machaut, as flutuações emocionais, fossem óbvias ou sutis, constituíam um elemento-chave da música "culta". Os antecessores imediatos de Beethoven — os compositores de música vocal-instrumental do século XVIII — preocupavam-se particularmente com esses contrastes, e a tentativa de evoluir da escuridão para a luz, da confusão espiritual para a compreensão, parece tê-los mobilizado tanto quanto a ele. Em Bach, a emoção em geral se manifesta em períodos de tempo relativamente longos, como, por exemplo, na súplica quase insuportavelmente bela e sofrida do *Kyrie* inicial da *Missa* em si menor, ou na esperança que se manifesta lentamente e é conquistada com dificuldade, mas afinal triunfa no "Dona nobis pacem" conclusivo da *Missa*. Em Haydn e Mozart, como em Beethoven, os contrastes costumam manifestar-se em períodos mais breves, entre um tema e outro ou mesmo no interior de uma mesma frase. Um dos exemplos mais conhecidos dessa longa jornada noite adentro até o amanhecer, posteriormente tratada por Beethoven em nível mais abstrato, é a súplica queixosa mas misteriosa feita pelo herói de fábula de *A flauta mágica* de Mozart, no finale do primeiro ato da ópera. Na dolorida tonalidade de lá menor, Tamino pergunta: *"O ew'ge Nacht! wann wirst du schwinden? — wann wird das Licht mein Auge finden?"* ("Ó noite eterna! quando te dissiparás? — quando a luz encontrará meu olhar?") Menos de um minuto depois, tendo ouvido vozes místicas dizerem que sua amada Pamina "ainda vive", o rapaz entoa, extasiado, uma alegre cantiga na ensolarada tonalidade de dó maior. E no fim da ópera, depois de eliminar a "má" Rainha da Noite, o "bom" Sarastro proclama: *"Die Strahlen der Sonne vertreiben die Nacht!"* ("Os raios do Sol revogam a noite!")

Mas havia uma diferença e talvez mesmo uma linha de demarcação entre a abordagem e a intencionalidade de Beethoven e a de seus antecessores. Isto se explica em parte pelo fato de

Bach, Haydn e Mozart trabalharem quase inteiramente por encomenda: eles compunham para patrões específicos — indivíduos e organizações — e geralmente para ocasiões específicas. Como vimos, a edição musical era uma relativa raridade antes da época de Bach e em sua vida; tornou-se mais comum na segunda metade do século XVIII, na época de Haydn e Mozart, mas mesmo então era considerada um "extra" — um extra desejável, é certo, que permitia que as obras tivessem ampla circulação e podia gerar alguma renda além do que os compositores e músicos recebiam dos patrões, mas nada que gerasse pretensões sérias de imortalidade artística. Como músicos profissionais, Bach, Haydn e Mozart conheciam até certo ponto e admiravam a música de compositores do passado, mas sabiam que poucas pessoas no público se interessavam por obras compostas uma geração ou duas — e muito menos séculos — antes. As modas musicais mudavam: era um fato da vida. Esses três mestres certamente teriam ficado exultantes se soubessem que milhões de pessoas ouviriam e amariam sua música no século XXI e que os músicos de hoje estariam debatendo mais acaloradamente que nunca para saber de que maneira as músicas do século XVIII e mesmo mais antigas devem ser executadas, mas também teriam ficado intrigados e talvez até chocados, mas de qualquer maneira assustados se tivessem essa presciência. Eles compunham para os contemporâneos e não esperavam que sua música durasse centenas de anos.

Em grande medida, eles e seus antecessores devem indiretamente a própria vida póstuma a Beethoven, cuja convicção de que compunha para a posteridade foi gradualmente se tornando fundamental em seu impulso criativo e que assim, em boa medida inadvertidamente, contribuiu para gerar a atitude reverente em relação ao gênio artístico que passaria a simbolizar a era romântica para as gerações posteriores. Antes de Beethoven, os compositores certamente entendiam os conceitos de autoexpressão e originalidade, como assinalou o musicólogo Robert L. Marshall num debate com Charles Rosen no *New York Review of Books*. Marshall citava uma carta escrita por Mozart aos 21 anos: "Não sei escrever versos, pois não sou poeta. Não sou capaz de dispor as partes do discurso com a arte necessária para causar efeitos de luz e sombra, pois não sou pintor. Nem mesmo por amplos sinais e gestos eu conseguiria expressar meus pensamentos e sentimentos, pois não sou um dançarino. Mas posso fazê-lo através dos sons, pois sou um músico."[13] Marshall acrescentava que "Mozart apressou-se a dar notícia de Viena, em 1784, sobre uma obra que compunha — a ópera *L'oca del Cairo*, que deixou inacabada: 'Asseguro que em todas as óperas que serão montadas até a conclusão da minha, nem uma única ideia será semelhante a qualquer das minhas.'" Rosen concordava com Marshall em que "a preocupação de Mozart com a originalidade" é "subestimada" e que o compositor se "orgulhava da originalidade de seus concertos para piano, e sabia que ninguém em Viena jamais ouvira algo semelhante". Mas Rosen assinalava que a intenção de Mozart, em sua música, era expressar seus pensamentos e sentimentos, e não "sua personalidade ou sua biografia. [...] Não resta dúvida de que a música de fato exprime sua personalidade e é influenciada por sua biografia; mas não era uma intenção específica de Mozart, como viria a ser para certos artistas posteriormente".

As convicções de Beethoven sobre o compositor como artista, e não artesão, e sobre a posição das artes acima de praticamente tudo mais na hierarquia dos cometimentos humanos eram convicções cujo momento havia chegado. E a principal ferramenta para a concretização desse objetivo de estender a mão à posteridade era a florescente indústria da edição musical. À medida que a burguesia crescia como classe, o mesmo acontecia com seu interesse pelas "belas coisas da vida" que eram até então território exclusivo da aristocracia. O aumento da demanda levou ao aumento da oferta: a partir de 1795, quando Beethoven, aos 24 anos, publicou os três trios para piano que formam o seu *opus* 1, até o fim da vida, mais de três décadas depois, a venda de suas obras a editores de diferentes países representou uma de suas principais fontes de renda, e portanto, também, uma de suas maiores preocupações. Embora ele compusesse, como os antecessores, obras encomendadas, em geral para ocasiões específicas, essas encomendas muitas vezes funcionavam antes como impulso inicial do que como principal motivação. Ele compunha para publicar, e de fato a grande maioria de suas obras mais importantes e muitas das menores seriam publicadas ainda em vida; o que quer que ele pensasse ou deixasse de pensar sobre a vida depois da morte, é certo que esperava que suas composições lhe valessem uma longa posteridade na Terra.

A importância da impressão das obras musicais não poderia ser superestimada. Desde a época de Gutenberg os escritores se haviam acostumado à ideia de que a literatura fosse tão amplamente difundida que se tornasse praticamente imortal — de tal maneira que certos autores se sentiram obrigados a dissuadir os leitores de que fosse este necessariamente o objetivo da publicação. Edith Warton, por exemplo, declarava em suas memórias — escritas meio milênio depois de Gutenberg — que havia "hesitado por algum tempo"[14] antes de se decidir a comentar os próprios textos, "considerando-se que qualquer tentativa de analisar o próprio trabalho pode indicar que se acredita que ele venha a ter interesse duradouro, e quero aqui repudiar liminarmente qualquer presunção nesse sentido". E ela explicava:

> Como os tecelões de Gobelin, todo artista trabalha do lado avesso da tapeçaria, e se, vez por outra, vem para o lado de cima e captura uma cor mais brilhante, um contorno mais firme, deve

imediatamente recuar de novo, encorajado mas ainda hesitante; e uma vez concluído o trabalho, na expectativa de contemplá-lo desapegadamente, o resultado de seu esforço muitas vezes se impõe a seus olhos cansados como o pesadelo de um primeiro plano de cinema.

Wharton não abria mão da expectativa de que sua obra fosse "de interesse duradouro"; simplesmente, recusava-se a presumir que fosse este o caso ou a induzir os leitores a acreditar que escrevia para uma distante posteridade. E a analogia com os tecelões de Gobelin não estava muito longe da atitude de compositores do século XX como Stravinski e Hindemith, que — cansados, talvez, do conceito romântico do gênio sobre um pedestal — começaram novamente a considerar o músico como um artesão. Mas Beethoven, que viveu numa época em que esse conceito mal começava a se firmar e em que a edição musical, ao contrário da edição literária, também apenas começava a se tornar um empreendimento sério em escala maciça, pensava de maneira completamente diferente. Especialmente nas obras compostas em sua última década de vida, ele compunha intencionalmente para os que viriam depois. Na Nona Sinfonia, o caminho pelo qual Beethoven nos quer conduzir — do desespero à alegria — constitui uma sequência bem planejada, uma progressão, e não uma série aleatória. Beethoven não era um maníaco-depressivo musical. Suas obras não nos fazem saltar para trás e para a frente, entre altos e baixos emocionais. Quem quer que tenha sido Ludwig van Beethoven na vida cotidiana (e por mais que julguemos conhecê-lo bem, nosso conhecimento torna-se ridiculamente inadequado em virtude de nossa distância temporal dele próprio e do seu ambiente), sua música é uma destilação, e não uma representação, de sua experiência de vida — uma destilação que passou pelo severo refinamento de seus processos espirituais e composicionais. E não obstante as vastas proporções da Nona Sinfonia e a exuberante comunicabilidade do seu *finale*, em nenhuma outra obra orquestral de Beethoven — na verdade, em nenhuma outra obra da literatura sinfônica — esse processo de destilação se impôs com maior severidade.

Muitos estudiosos têm assinalado que, embora fosse fascinado pela filosofia, Beethoven considerava a música um cometimento ainda mais elevado. A opinião poderia ser facilmente descartada como típico preconceito de músicos, à parte o fato de que, ao empregar a palavra "filosofia", Beethoven não se referia à filosofia da linguagem ou qualquer outra forma de conhecimento ou sabedoria que não estivesse estreita e concretamente vinculada a questões do comportamento humano na vida de relação. Para Beethoven, "filosofia" provavelmente poderia ser definida como uma orientação ética; dizendo que a música representava um cometimento mais elevado que a filosofia, ele queria dizer que ela era potencialmente mais importante como força moral. Em sua opinião, os artistas deviam empenhar-se em contribuir para o bem-estar da humanidade, ajudando-a a encontrar o caminho certo. Por isto é que criticava o *Don Giovanni* de Mozart do ponto de vista moral, apesar de sua admiração pela música da ópera, e por isto é que o sucesso vienense das óperas de Rossini, que, na visão de Beethoven, careciam de fibra moral, o deixava muito contrariado, assim como a adoração do público local pelo puro virtuosismo vocal e instrumental. É verdade que ele arranjara muita música folclórica e compusera danças para ganhar dinheiro fácil, produzindo música insignificante para entreter os amigos e fabricando caça-níqueis musicais para ocasiões especiais — notadamente *A vitória de Wellington* e *O momento glorioso*. Como também é verdade que na maioria de suas obras podemos encontrar bem-vindas manifestações de seu forte e não raro pesado senso de humor. Todavia, ele se opunha cabalmente à ideia da música como mero entretenimento, e essa oposição não se baseava tanto em princípios musicais, mas éticos: música "ruim" era um sinal do "espírito frívolo e sensual da época", segundo teria dito.

Como tantos antecessores, Beethoven esperava, basicamente, levar consolo e às vezes divertir com sua música. Mas em sua vida é central o anseio de ajudar a humanidade a se alçar do humo da ignorância e da dor. "Ver ou ouvir o *Fidelio* de Beethoven sem levar em consideração sua preocupação com a injustiça, o heroísmo e a liberdade [...] seria tão estranho que poderíamos dizer que todo aquele que se declare indiferente a suas qualidades políticas e morais simplesmente não entendeu a obra", escreveu o filósofo Michael Tanner num ensaio sobre arte e moral. "Se essa pessoa afirmasse que só a música a comove [...], ficaríamos nos perguntando como é possível deixar-se comover pela música sem reconhecer que ela articula a ação dramática. Naturalmente, é possível ouvir a música de forma puramente abstrata, encarando as vozes apenas como instrumentos, mas isto não seria ouvir *Fidelio*, mas apenas um de seus aspectos."[15]

Na última década de vida de Beethoven, esse imperativo moral transformou-se num desejo cada vez mais imperioso, associado como estava a um sofrimento pessoal excepcionalmente estranho e agudo — e também à sua genialidade —, levando Beethoven a níveis de expressão abstrata e rarefeita destilação emocional jamais alcançados por qualquer outro compositor na história da música ocidental. Isto não quer dizer que Beethoven seja "maior que" Bach ou Mozart: Furtwängler muito sabiamente comentou que "comparar Bach a Beethoven é como comparar um carvalho a um leão",[16] e a analogia poderia incluir um Mozart solar ou comparável a um cometa. Cada um desses gigantes musicais, como tantos outros, era detentor de qualidades únicas que provavelmente continuarão dando origem a estímulos intelectuais e emocionais — e também a puro e simples prazer — até que os seres humanos passem a uma nova etapa evolutiva, ou sejam varridos (ou eliminem a si mesmos) da face da Terra. O caráter único de Beethoven está em sua capacidade de fazer com que a experiência intimamente pessoal por ele transformada em símbolos sonoros funcione em dupla com seu forte sentimento de intencionalidade em relação ao futuro e com seu intenso desejo de contribuir para a melhora da condição humana. Como Bach e Mozart, Beethoven viveu, amou, sofreu, criou e morreu, mas, ao contrário deles, empenhou-se em sofrer e criar para a posteridade.

Escrevendo na época da criação da Nona Sinfonia, Hegel afirmou: "A filosofia tem o universal do seu objeto, e, na medida em que pensamos, somos nós mesmos universais."[17] Neste sentido, podemos considerar Beethoven um filósofo em música.

Uma tentativa de descrever o indescritível

Será possível decifrar a Nona Sinfonia? Terá Beethoven pretendido levar-nos a perceber ou pelo menos permitir que percebêssemos certos significados determináveis dessa obra? Em caso afirmativo, seria possível apreender esses significados hoje em dia? O que *acontece* na Nona? O que *é* a Nona?

Não existem respostas claras para essas perguntas, não só no que diz respeito aos três primeiros movimentos, puramente instrumentais, mas também em relação ao *finale* vocal-instrumental, não obstante as pistas fornecidas pelo texto verbal. Mas o fato de Beethoven ter acrescentado um texto a uma sinfonia, pela primeira vez na história dessa forma musical, nos obriga a aceitar a ideia de que ele atribuía um significado concreto à sua obra. Mas até que ponto? E de que natureza?

Os músicos que se preocupam em executar a música de Beethoven conscienciosamente devem analisar com cuidado a harmonia e a estrutura, assim como a maneira como se desenvolvem os motivos rítmicos e melódicos. Qualquer pessoa com formação musical razoavelmente desenvolvida será capaz de ver e ouvir o que Beethoven realizou na Nona e — já que se sabe bastante sobre seus métodos de trabalho — entender de que maneira ele o alcançou, do ponto de vista técnico. Mas ninguém tem como conhecer os processos internos que levaram a essa realização ou estar certo do significado específico que o compositor acaso tenha — ou não — atribuído a determinados detalhes. Já em 1838, quatorze anos apenas depois da conclusão da Nona, Hector Berlioz advertia (referindo-se a si mesmo na primeira pessoa do plural): "Analisar uma composição como esta é uma tarefa difícil e perigosa que durante muito tempo hesitamos em empreender, uma tentativa ousada que só podemos justificar mediante nossos perseverantes esforços no sentido de enxergar as coisas da perspectiva do autor, de penetrar o significado íntimo de sua obra, de sentir seu efeito e analisar as impressões que até agora causou."[18]

Maynard Solomon, um dos mais brilhantes e controvertidos especialistas em Beethoven, refere-se à "simbolização musical do sagrado"[19] nas obras tardias do compositor, entre elas a Nona Sinfonia. Solomon não concorda que as obras tardias de Beethoven fossem "inspiradas ou calcadas nas grandes escalas cosmológicas dos livros sagrados e mitos do mundo, ou, mais especificamente, em imagens de ascensão modeladora do mundo como 'a laboriosa subida' do *Purgatorio* de Dante ou a escada que galga as esferas planetárias do *Paradiso*", mas considera que algumas dessas escadas e imagens podem ser interpretadas como uma construção, por Beethoven, de uma tradição musical paralela. Podemos ou não concordar com esta ou qualquer outra interpretação. Não surpreende que Berlioz — considerando-se sua já mencionada relutância em recorrer a interpretações — evitasse tentar encontrar "ideias pessoais que o compositor acaso desejasse expressar nesse vasto poema musical", insistindo em que a forma da obra é "justificada por uma intenção independente de quaisquer noções filosóficas ou religiosas" — "uma intenção puramente musical poética" — e em que seria "igualmente razoável e bela para o cristão fervoroso como para o panteísta e o ateu".[20]

Berlioz provavelmente conhecia o tratado *De la religion*, de Benjamin Constant, no qual o escritor e estadista francês basicamente equiparava a verdadeira religião à espiritualidade — uma qualidade segundo ele natural em todo ser humano —, ao passo que a religião formal e imposta é hostil ao espírito. "A religião foi desfigurada", escreveu Constant. "O homem foi perseguido até seu derradeiro asilo, até esse santuário íntimo de sua existência. A perseguição causa rebelião. [...] Existe em nós um princípio que provoca indignação a cada algema intelectual. Esse princípio pode transformar-se em furor; pode causar muitos crimes; mas está ligado a tudo que é nobre em nossa natureza."[21] A abordagem antidogmática, antiestablishment, não doutrinária, informal, aberta, arejada e na verdade romântica da espiritualidade adotada por Constant revela-se muito próxima das convicções de Beethoven. O fato de o trecho de seu tratado citado acima ter sido publicado inicialmente em 1824 torna ainda mais interessante para nós sua afirmação.

Afirmei no início deste livro que expoentes de todo tipo de filosofia política e social vieram a se apropriar da Nona Sinfonia, mas nunca os ideólogos teorizaram tanto a seu respeito quanto em épocas recentes. Lockwood menciona especificamente o filósofo social alemão Theodor Adorno, em quem a política marxista e as ideias estéticas elitistas estavam frequentemente em conflito, e que, considerando a Nona uma obra otimista, não suportava seu aparente populismo; a musicóloga Susan McClary, que "denunciou no primeiro movimento um exemplo de fúria masculina 'terrivelmente violenta'",[22] diz Lockwood; e a poetisa feminista

Adrienne Rich, que "descartou a obra inteira como 'mensagem sexual' de um homem 'aterrorizado pela impotência ou a infertilidade, sem entender a diferença'". Lockwood corajosamente denuncia os dogmas do tipo quem-não-está-a-nosso-favor-está--contra-nós implícitos ou explícitos "na atual fase de 'estudos culturais' predominantes, na qual conteúdos políticos e sociais modernos são pespegados a toda obra de arte e literatura", inclusive as do passado distante, lembrando aos leitores que "não existe possibilidade de recurso nem de tribunal de apelação" contra os ideólogos. (Um homem sábio disse certa vez que a única diferença entre os ideólogos acadêmicos e os ditadores políticos é que os acadêmicos não têm exércitos à sua disposição.)

Mas existe um fato incontornável: enquanto estiver sendo tocada e/ou ouvida, no todo ou em parte, a Nona Sinfonia pertence a cada pessoa que participe de sua execução ou tente ouvi-la com atenção, seja num concerto, através de uma gravação, lendo a partitura ou pela memória auditiva. Nesse sentido, não se diferencia nem mesmo da mais grosseira e desinteressante obra musical, podendo na verdade proporcionar o mesmo tipo de prazer superficial facultado por uma obra grosseira e desinteressante. A descrição da música como simplesmente "um devaneio sonolento interrompido por trinados nervosos",[23] feita pelo filósofo George Santayana, parece corroborar a afirmação de Richard Strauss de que, para as pessoas carentes de formação musical, ouvir música é "um banquete puramente sensual e auditivo, sem qualquer interferência de uma atividade mental", e de que essas pessoas são presunçosas ao afirmarem que entendem a música "melhor, por exemplo, que os turcos".[24] Mas Santayana era simplesmente um ouvinte preguiçoso ou desinteressado, e a investida de Strauss faz com que uma situação já por si mesma ruim fique parecendo pior ainda do que realmente é. Muitas das sutilezas psicológicas de uma grande obra musical podem ser transmitidas a uma pessoa sensível à música e acostumada a determinada linguagem musical mesmo se essa pessoa for musicalmente analfabeta. Para não falar do fato de que ser alfabetizado musicalmente ou mesmo um músico profissional não garante automaticamente a sensibilidade a essas sutilezas.

Mas não resta dúvida de que qualquer tentativa de descrever o discurso musical de uma obra que seja técnica, emocional, espiritual e/ou intelectualmente complexa fica seriamente limitada sem referências técnicas detalhadas a questões de harmonia, ritmo, forma e todos os outros elementos da música. Furtwängler assim resume a questão: "A discussão de formas puramente musicais, por um lado, e, por outro, a simples descrição de processos da alma não nos levam a nada, pois o que realmente interessa é que o espiritual seja entendido em termos do musical e este em termos do espiritual, que ambos sejam considerados uma só coisa indivisível, de tal maneira que qualquer tentativa de separá-los constitui um erro fatal."[25]

E, no entanto, apesar dessas ressalvas de minha parte e de outros, e não obstante o tão citado comentário de Alexander Pope de que os tolos se precipitam aonde os anjos temem aventurar-se, eu decidi ir em frente e proceder a uma descrição altamente pessoal do que acontece na Nona Sinfonia. E resolvi fazê-lo por achar que isto pode ajudar a alertar amantes da música mais distraídos para a especificidade expressiva da música em geral e da Nona Sinfonia em particular, e talvez também para estimular os músicos profissionais que se sintam desgastados pela prática cotidiana de sua arte a voltar a pensar no que pode estar por trás das notas na pauta. E — reconheço — o fiz sobretudo porque me sentia interiormente compelido a fazê-lo, depois de meio século de familiaridade apaixonada com esta sinfonia e seu compositor. Mas precisamente por ser a minha descrição destinada a todo tipo de ouvintes, do mais distraído ao mais preparado, preciso mergulhar com meus leitores num pântano de descrições nada técnicas dos fenômenos musicais. Esperemos que todos nós, inclusive Beethoven, possamos chegar sãos e alvos à outra margem.*

Um som ameaçador — não exatamente música, tal como se entendia esse conceito no início do século XIX, mas tampouco, certamente, um barulho qualquer: esta descrição se adapta perfeitamente ao início do quarto movimento — a famosa "tempestade" — da Sexta Sinfonia ("Pastoral"), assim como ao início do primeiro movimento da Nona Sinfonia, embora de maneira completamente diferente. A música de tempestade da "Pastoral" é essencialmente onomatopaica, e Beethoven provavelmente se divertiu muito imaginando seus efeitos sonoros; e o mesmo, podemos presumir, acontecera com muitos compositores que tentaram anteriormente representar fenômenos auditivos extramusicais — o caos, por exemplo, na abertura do oratório *A Criação*, de Haydn. Mas a invenção das sonoridades de abertura da Nona não pode ter sido um processo divertido. Ela deve ter surgido do confronto de Beethoven com as mais duras realidades da existência, como o fato de que praticamente nada significamos no universo e de que, em termos cósmicos, não importamos mais durante nossas breves vidas do que importávamos antes de nascer ou importaremos depois de morrer. Já em 1815 ele escrevera, numa anotação de caráter privado, que "a música refinada não merece atenção nesta época",[26] e a crueza, o caráter vazio e fragmentário dos primeiros compassos da Nona, suas tonalidades cinzentas e sombrias, sua brutalidade amoral ou amoralidade brutal de-

---

* Para atender àqueles que leem música e dispõem de um exemplar da partitura, mencionarei os números de compassos nos momentos adequados, mas a descrição deve funcionar com ou sem recurso a uma partitura impressa.

monstram que Beethoven levara o mais longe possível essa ideia. Nesses compassos, Beethoven traduz em música o abismo que as circunstâncias de sua vida o haviam forçado a contemplar, e o objetivo é fazer com que nós também o contemplemos.

À parte a música propriamente, Beethoven deixou uma indicação de qual seria para ele o significado desse movimento, ao rabiscar a palavra "Verzweiflung" — desespero — em um de seus esboços da peça, como se quisesse lembrar-se de não perder de vista o sentimento que precisava capturar e transmitir. Um observador mais cínico poderia levantar a hipótese de que Beethoven estava desesperado por não conseguir avançar na obra — dilema conhecido como "bloqueio" entre os escritores. Mas, ao contrário de nós, mortais comuns, e ao contrário também da maioria de seus grandes antecessores, entre eles Bach, Haydn e Mozart, Beethoven não costumava compor obras mais importantes com prazo determinado, o que se aplica particularmente à sua última década de vida. Até a *Missa Solemnis*, como já disse anteriormente, só seria concluída três anos depois da ocasião para a qual fora encomendada. A maioria das composições de Beethoven, inclusive as encomendadas, foi composta no prazo estabelecido. Seu desespero nada tinha a ver com crises de criatividade; era um sentimento abrangente com o qual ele estava perfeitamente familiarizado, um estado de ânimo que pretendia comunicar de maneira plena e intransigente nesse movimento.

Parece inexorável este início, assim como a maior parte do movimento. Na *Missa Solemnis*, a obra irmã da Nona, o clima criado pelos dez minutos do *Kyrie* inicial é de devoção, de alegria tranquila e confiança (à exceção do pedido mais urgente de misericórdia no segmento do *Christe eleison*); Beethoven espera até já bem entrada a segunda seção — o *Glória* — para começar a explorar e interpretar o texto de forma não só brilhante e bela mas obstinada, ousada, desconcertante. Na Nona Sinfonia, pelo contrário, ele já de entrada desconcerta e mesmo arrasa. Não há trégua.

A palavra *"allegro"* na indicação de andamento *"Allegro ma non troppo e un poco maestoso"* (rápido, mas não muito, e algo majestoso) remete simplesmente à velocidade, e não à conotação "alegre" identificada por pessoas de fala italiana; por outro lado, a palavra italiana *"maestoso"*, tal como empregada aqui, significa muito mais que o equivalente inglês *"majestic"*: além da pompa e circunstância, seu significado abrange a divindade eterna e o poder absoluto a ela associado. (A palavra *"maestà"* é, entre outras coisas, o nome dado a pinturas do Alto Renascimento — de Duccio, Cimabue, Giotto e outros — representando a Madonna e o menino Jesus entronizado e cercado de santos.) Transcorrido um minuto do primeiro movimento da Nona Sinfonia, não resta a menor dúvida de que o frio e absoluto poder de Deus, ou dos deuses, ou do destino, do acaso ou qualquer outra coisa que pudesse determinar o curso de uma vida humana vem a ser o único aspecto da majestade que preocupa Beethoven aqui. Ele nos mostra o ímpeto da majestade, mas não sua pompa, sua aterrorizante imponência mas não sua grandiosidade, e só nos resta debater-nos desprotegidos, como tontos, como se tivéssemos sido lançados num furacão ou alçados à beira da cratera de um vulcão em erupção. Qualquer tentativa de encontrar nosso rumo, de entender o que está acontecendo nessa torrente, logo vem a ser esmagada por forças além do nosso entendimento. O primeiro movimento da Nona não seduz nem coage: simplesmente se abate sobre nós.

Em seu excelente livro *Beethoven: The Ninth Symphony* [Beethoven: A Nona Sinfonia], leitura fundamental sobre o tema para músicos e outros que entendam a linguagem técnica da música, David Benjamin Levy afirma: "Muito melhor que seus contemporâneos ou sucessores, Beethoven percebeu que a imensidão pode ser mais facilmente alcançada mediante um processo de compressão do que pela expansão."[27] E nesse movimento Beethoven comprime a vida humana num quarto de hora, reduzindo-a a seus elementos mais essenciais e enquadrando-a no vazio. Os ouvintes devem abordar essa obra musical — provavelmente a mais corajosa composição orquestral jamais escrita, e também a mais horripilante — de maneira oblíqua, com cuidado, para não serem esmagados.

No que diz respeito à espinhosa questão do andamento desse movimento — e a coragem —, tenho aqui uma história a contar. Em 1996, quando eu ajudava Sir Georg Solti a escrever suas memórias, discutimos muitas obras detalhadamente. Ao conversarmos sobre a Nona de Beethoven, ele por acaso a estava estudando para um concerto com a Orquestra Sinfônica de Chicago no festival dos Proms, em Londres, e me disse que estava decidido a usar a indicação metronômica rápida estabelecida por Beethoven — semínima = 88 — ou algo próximo como andamento básico do primeiro movimento. Perguntou-me o que eu achava e eu manifestei a opinião de que, superando-se aproximadamente 80 como andamento básico, seria necessário diminuir consideravelmente a velocidade em muitos pontos para transmitir toda a força da música — em todos os grandes clímax, por exemplo, assim como nas passagens *forte* de fusas nos violinos e nas violas. Caso contrário, o resultado poderia ficar parecendo com a gravação sem imaginação e inconvincentemente metronômica de Roger Norrington. Solti, a todo momento, sacava seu metrônomo eletrônico e tentava imaginar de que maneira tomar 88 como ponto de partida e ainda assim alterar o andamento apenas de maneira sutil nos pontos em que considerasse que a música exigia mais ampla respiração. Eu não estava em Londres quando ocorreu o concerto em questão, mas, na vez seguinte em que o encontrei, ele tinha acabado de receber o videoteipe da performance e estava louco para dar uma olhada. Fiquei bastante surpreso ao ver e ouvir Solti e a orquestra darem início ao movimento num andamento razoavelmente mediano e ponderado, bem abaixo do indicado na marcação metronômica de Beethoven. Perguntei o que havia acontecido, e Sir Georg, na época com 84 anos, sorriu com a timidez de um escolar apanhado fazendo arte. "Não tive coragem", respondeu.

E efetivamente se trata, aqui, de coragem, no que diz respeito a questões de andamento e muitas outras coisas. O movimento começa baixinho, mas não calmo, num clima de incerteza. A primeira e a segunda trompas têm a difícil tarefa de tocar um intervalo aberto e exposto bem baixo e suster suas respectivas notas durante vinte ou trinta segundos (dependendo do andamento adotado pelo regente) sem recobrar o fôlego. As mesmas duas notas são tocadas simultaneamente em registros mais baixos pelos segundos violinos e violoncelos, que no entanto não precisam sustentá-las, como as trompas: no seu caso, as notas são repetidas rápida e nervosamente, doze vezes a cada compasso. (Na rápida indicação metronômica de Beethoven — semínima = 88 —, cada compasso dura aproximadamente 1,4 segundo, e nem mesmo o mais lento dos regentes consegue fazer com que um compasso dure mais de dois segundos — o que significa que os violinos e os violoncelos tocam as notas repetidas aproximadamente seis a oito vezes por segundo.) Não podemos ter certeza de estar numa tonalidade maior ou menor; algo vagamente ameaçador parece mover-se em nossa direção, mas não sabemos o que é. Os primeiros violinos projetam dois rápidos vislumbres de duas notas, aos quais as violas e os contrabaixos fazem eco (compassos 2-5). Uma clarineta e logo um oboé entram suavemente (compassos 5, 9). Tem início um crescendo (11) — que, no entanto, nada tem de um crescendo comum: trata-se de uma voltagem rapidamente crescente sendo aplicada a nossas terminações nervosas. Uma flauta intervém, segue-se uma outra (11, 13); as cordas tornam-se mais insistentes, tocando mais alto; aderem então os outros instrumentos de sopro, em sua maioria (14, 15). O clima é terrivelmente tenso. Até que, com a primeira entrada dos trompetes e do tímpano (16-17), ocorre uma violenta e impiedosa explosão. Sabemos agora que estamos numa escura tonalidade menor, sendo açoitados como grãos de poeira por um vento tempestuoso.

"Sacou essa?", parece perguntar-nos Beethoven. Pois aqui, como se quisesse deixar bem clara sua proclamação inicial, ele a conduz a uma abrupta conclusão e a repete, em tonalidade diferente e com várias modificações instrumentais e de outros tipos, mas essencialmente do mesmo jeito. Dessa vez, contudo, a terrível explosão é prolongada e acumula força ainda maior que da primeira vez. E então, inesperadamente, em menos de dois segundos, o volume é drasticamente diminuído, a gesticulação violenta se evapora (73) e podemos saborear um trecho em tom maior com a indicação *"dolce"* — suave (74). Do que se trata? Uma trégua em clima de anseio? Talvez. Mas, passados apenas dez ou doze segundos, a suavidade vem a ser confiada apenas aos instrumentos de sopro, enquanto as cordas tocam um nervoso acompanhamento *staccato* (80 e seguintes) que nos faz imaginar o que pode vir pela frente. Logo a orquestra começa a fulminar de novo (92-107), embora dessa vez em tonalidade maior. Segue-se uma queda de braço entre maior e menor, entre relaxamento com uma corrente subjacente de tensão e tensão com um verniz de relaxamento, dando lugar por sua vez a uma nova série de explosões estreitamente vinculadas às ocorridas perto do início do movimento, só que agora em tonalidade maior, e portanto menos sombrias. Esses acordes, uníssonos e oitavas *fortissimo* inicialmente sobem, para em seguida descer (150-58), dando uma sensação de finalidade, como a última frase de um capítulo de um livro. Beethoven concluiu o que os músicos chamam de exposição — em outras palavras, terminou de nos apresentar ao material temático que constituirá a base do resto do movimento — e nos preparou para entrar no desenvolvimento, no qual esse material será dilacerado, reconstituído em novas combinações e transformado das mais diversas maneiras.

Depois de uma abrupta transição de quatro notas do *fortissimo* para o *pianissimo* (158-60), Beethoven dá início ao desenvolvimento, apresentando uma versão modificada dos primeiros compassos ameaçadoramente sossegados e vazios deste movimento. Leva aproximadamente 50% mais tempo que da primeira vez para chegar a uma completa explosão orquestral, e essa explosão é menos esmagadora, mais ambígua que a primeira. Seguem-se alguns compassos nervosos para as madeiras (192-97), sendo sucedidos, por sua vez, por uma versão muito mais radicalmente alterada do início e da explosão; os nervosos compassos das madeiras voltam a se manifestar numa tonalidade diferente (210-15), e dessa vez conduzem ao coração do desenvolvimento — uma mistura de vários dos elementos temáticos que apareceram na exposição. Altamente inovador, esse *fugato* (trecho no estilo de uma fuga, no qual um tema é repetido em diferentes alturas da escala musical) e o que se lhe segue duram aproximadamente dois minutos inteiros — um período longo, em termos musicais beethovenianos, e mais ou menos um sétimo de todo este vasto movimento; nesse período, uma sucessão de semicolcheias em rápida movimentação, imbricadas num propulsor acompanhamento de colcheias, gera uma contracorrente de angústia. Não existe aqui a menor possibilidade de sair pela tangente: Beethoven nos agarra pelo gasganete e não solta. Não só nas passagens mais altas e inflexíveis, como também, mais espasmodicamente, nas suaves e tensas, essas propulsoras semicolcheias investem sobre nós, se apossam de nossa psique e nos preparam para o que certamente será um cataclisma maior que qualquer coisa vista até então.

E é o que de fato se dá. Com dez segundos de uma sacudida escalada de força elementar (295-300), o desenvolvimento chega ao fim e tem início a recapitulação, uma repetição modificada da exposição. Mas Beethoven descarta agora o início de ameaçadora e vazia quietude, que havia remanejado no começo do desenvolvimento, e simplesmente nos engolfa em onda após onda de sonoridades esmagadoras. Embora estejamos, para nossa total surpresa auditiva, em ré maior, e não em ré menor, seria difícil deixar de concordar com Levy em que "nunca antes um acorde maior soara tão apocalíptico!"[28] Aquilo que qualifiquei, nos primeiros compassos da sinfonia, de "vislumbres de duas notas" nas partes de primeiro violino, viola e contrabaixo transfunde-se agora em trovoadas e raios assustadores e terrivelmente próximos tocados por toda a orquestra a pleno volume. (Se eu pudesse conversar com Beethoven, um dos detalhes musicais sobre os quais lhe perguntaria é por que usou um triplo *forte* — *fff*, muito raro em sua música — em momentos de máxima intensidade da Abertura *Leonore* nº 3 e da Sétima e da Oitava sinfonias, mas não neste ou em qualquer outro ponto da Nona que parecem clamar por volume ainda maior que o das peças anteriores.) Essas tremendas explosões sonoras são em certo sentido a encarnação musical dos anjos de olhos arregalados e bochechas infladas que tocam as trombetas do destino no *Juízo final* de Michelangelo; ou, dito de outra forma, elas criam um momento de arte além da arte, um momento em que a beleza é deixada de lado em favor de um pronunciamento destinado a nos deixar pasmos e congelar nosso sangue.

O terremoto dura aproximadamente um minuto, até se dissolver numa repetição do segmento *dolce* da exposição (339 e seguintes), e durante bem mais que dois minutos a descrição por mim usada para o resto da exposição também se aplica aqui: ouvimos suavidade temperada por nervosismo, eventuais fulminações, uma queda de braço entre relaxamento com o de tensão e tensão com um verniz de relaxamento, assim como a série de acordes, oitavas e uníssonos ascendentes e descendentes em *fortissimo* que igualmente leva ao fim este capítulo.

O capítulo, sim; a história, não. Ainda não. Pois o movimento prossegue por pelo menos mais três minutos, numa seção tecnicamente conhecida como "coda" — literalmente, a cauda. Quase poderíamos considerar essa coda como um típico caso de cachorro sendo abanado pela cauda, e não o contrário, exceto pelo fato de que a ideia de alegria e satisfação contida nesse gesto não poderia ser menos apropriada aqui. Nesses 121 compassos, suplementares, mas organicamente essenciais, Beethoven dá prosseguimento à sua excursão pelo abismo, mergulhando em áreas de pavor ainda mais fundas que aquelas pelas quais nos havia conduzido nas primeiras partes do movimento. Ele começa desenvolvendo novamente o motivo do vislumbre de duas notas do início do movimento, mas agora o faz acompanhar de uma sincopada e inquieta linha de baixo tocada pelos violoncelos e contrabaixos (*pizzicato*) e as clarinetas (427 e seguintes). O trecho começa suavemente, mas vai num crescendo até uma retomada de outro dos motivos explosivos da exposição (453-62); volta em seguida a cair para *piano*, cresce na retomada do mesmo material explosivo, mas de repente se detém no que poderia ser considerado um gesto de protesto com os punhos cerrados. Este dura apenas alguns segundos (463-68), sendo seguido de um breve e delicado diálogo entre as madeiras — inicialmente as trompas, depois, em rápida sucessão, o primeiro oboé, o primeiro fagote e a primeira flauta. Mas a delicadeza dura apenas oito compassos (469-76), após os quais o diálogo das madeiras transforma-se em algo muito mais ameaçador: do desenvolvimento, Beethoven traz de volta aquelas rápidas semicolcheias imbricadas num propulsivo acompanhamento de colcheias nas cordas — a incansável contracorrente de angústia descrita anteriormente. A passagem aqui é abreviada e não termina com uma pancada, mas com uma lamúria — uma queixosa, diluída e desacelerada reafirmação do mesmo motivo (505-12).

E tem início então a verdadeira conclusão do movimento. Com toda certeza, o trecho de quatorze compassos (513-26) com que ela começa — inicialmente *pianissimo*, com figuras de acompanhamento repetitivas e quase sempre cromáticas nas cordas e nos fagotes e uma transformação algo fúnebre do motivo do vislumbre nas outras madeiras e no tímpano — é o momento mais terrível e destituído de esperança de toda a literatura orquestral. O maestro Arturo Toscanini anotou em sua partitura, no início desse trecho, os seguintes versos do terceiro canto do *Inferno*, da *Divina comédia* de Dante — a inscrição sobre o portão do inferno: *"Per me si va nella città dolente, / Per me si va nell'eterno dolore, / Per me si va tra la perduta gente."* (Por mim se entra na cidade dolente, / Por mim se entra na eterna dor, / Por mim se chega aos que estão perdidos.)

No fim dessa passagem, já passamos pelo portão e chegamos ao inferno propriamente. Os restantes trinta segundos do movimento (431-47) nos pulverizam sem dó nem piedade. A orquestra toda volta a tocar com toda força — as indicações de dinâmica de Beethoven são "alto", "mais alto", "muito alto", "sempre muito alto", "reforçado" e novamente "muito alto" —, e no momento em que, depois que as derradeiras e terríveis notas foram convocadas das entranhas da orquestra e atiradas sobre nós, reduzindo-nos a destroços, damos com uma enorme *fermata** sobre o que restou.

---

* Os músicos americanos referem-se a este símbolo (U) como uma parada; em outros países de língua inglesa, ele costuma ser chamado de pausa. Para evitar confusão, recorremos em geral ao termo italiano *"fermata"*, embora os italianos deem ao símbolo o nome de *corona* (coroa); em italiano moderno, *fermata* é um ponto de ônibus!

Trata-se simplesmente de uma instrução para que os músicos que estão executando a sinfonia evitem atacar imediatamente o segundo movimento, mas nada nos impede de pensar nela igualmente como um convite para que executantes e ouvintes fiquem atentos: ouçam agora o som do Nada.

E então o silêncio tem fim. Mal retornamos à Terra, depois de atravessar a paisagem lunar que é o primeiro movimento da Nona Sinfonia, e uma série de ritmos saltitantes nos projeta numa dimensão mental e emocional completamente diferente. Ao ter início o segundo movimento, estamos mais uma vez, ou ainda, na tonalidade de ré menor, que poderia constituir um prenúncio de constante desolação. Mas nem precisávamos saber que Beethoven anotou as palavras *"Molto vivace"* (com muita animação) no alto deste movimento, ou que o movimento é tecnicamente considerado um *"scherzo"*, para nos darmos conta imediatamente de que ocorreu uma mudança radical.

No que diz respeito ao conteúdo transmitido, este movimento está mais próximo dos primeiros movimentos da Terceira ("Eroica") e da Quinta sinfonias do que dos correspondentes *scherzo* dessas obras. Como o segundo movimento da Nona, os primeiros movimentos da Terceira e Quinta começam com bruscas e impressionantes explosões orquestrais que parecem anunciar um grande confronto. Mas como são grandes as diferenças! O *Allegro con brio* da "Eroica", concluído quase exatamente vinte anos antes da Nona, é basicamente uma demonstração de força: os dois abruptos acordes iniciais — uma síntese, em dois segundos, da tradicional introdução das sinfonias clássicas — parecem dois pés sendo firmemente plantados no solo; com 30 e poucos anos, Beethoven flexiona os músculos e se deleita com o próprio controle dos elementos composicionais que vai moldando. Os momentos sombrios desse movimento são exatamente isto: conflitos passageiros a serem rapidamente descartados.

A Quinta Sinfonia foi concluída quatro anos apenas depois da Terceira, mas do ponto de vista emocional seu primeiro movimento (com a mesma indicação *"Allegro con brio"*) é uma peça muito mais complexa que sua equivalente na "Eroica". O início do *Allegro* da "Eroica", em toda a sua gloriosa luminosidade, pode ser considerado intenso-positivo, e neste caso o angustiado *Allegro* inicial da Quinta seria intenso-negativo. Autoconfiança e controle deram lugar a agitação e incerteza, o que instantaneamente percebemos no movimento descendente do célebre e áspero motivo de quatro notas inicial, com suas repetições e permutações; aqui, a escuridão é eventualmente vazada por momentos de luminosidade. O homem a brandir o punho contra o destino inevitável é a interpretação que o próprio Beethoven teria (segundo fonte não muito digna de crédito) atribuído a essa peça.

E vem então o *scherzo* da Nona — a única sinfonia de Beethoven em que um movimento em forma de *scherzo* vem em segundo lugar na sequência, e não em terceiro. A decisão de assim proceder deve ter tido muito mais a ver com o que ele tentava transmitir nessa sinfonia do que com questões estéticas, muito menos de ordem puramente musical. Não se pode dizer que os pés aqui estejam firmemente plantados, mas tampouco encontramos angústia. Estamos a esta altura acima de tudo isto, fora de combate. Ou, por outra, o combate tornou-se simbólico, algo que a natureza humana exige de nós, muito embora reconheçamos sua inutilidade. As cordas começam, rápidas e *fortissimo, bum--pa-dum* (silêncio), *bum*-pa-dum (silêncio) — e entra o tímpano, *bum*-pa-dum, imediatamente seguido de quase toda a orquestra: *BUM-pa-dum!* Cerca de quatro segundos, ao todo, incluindo os dois compassos de silêncio que se seguem à grande interjeição orquestral. (Comentário à parte para os músicos: Os tímpanos não são afinados pelo primeiro ré e o segundo lá abaixo do dó central, como esperariam os músicos da época, mas pelo primeiro e o segundo fás abaixo do dó central. Ao ouvir a obra pela primeira vez, os colegas contemporâneos de Beethoven podem ter achado que esses fás se haveriam de revelar úteis mais adiante no movimento, quando Beethoven decidisse passar um bom tempo na tonalidade de fá maior — a relativa maior de ré menor; mas na verdade ele praticamente não se detém em fá maior. Ele recorreu aos fás porque buscava um efeito inusitado de suspensão, o que conseguiu fazendo com que os tímpanos tocassem oitavas na tonalidade mediante da escala de ré menor, e não na tônica e na dominante, mais firmes e previsíveis.)

As explosões iniciais são imediatamente seguidas (compasso 9) pelo tranquilo início de um rápido tema principal em contraponto. Pare um pouco para imaginar de que maneira esse tema — uma sucessão de semínimas que se movimentam basicamente por degraus, para cima e para baixo de fragmentos da escala — soaria se estivesse em ré maior e não em ré menor: bastante banal, e mesmo rígido. Na tonalidade menor, contudo, essa sequência de notas torna-se hipnoticamente furtiva, sinuosa, ambígua. Ela começa apenas com os segundos violinos e o primeiro oboé, mas, nos vinte segundos que se seguem Beethoven vai gradualmente adicionando instrumentos, ao mesmo tempo que recomenda que todos toquem o mais baixo possível; em seguida, ao longo de não mais que seis ou sete segundos, pede um maciço crescendo que conduz a uma passagem *fortissimo* mobilizando quase toda a orquestra. Chegamos então a alguns compassos serenos (avivados pela figura *bum*-pa-dum do acompanhamento) que funcionam como transição para o segundo tema, ousado, quase insolente, na ensolarada tonalidade de dó maior.

Se o tema inicial parecia protestar, hesitante, contra a fatalidade que o primeiro movimento afirmava incontornável, o segundo (início do compasso 63) é mais confiante, e aparentemente feliz nessa confiança. Mas ele tem fôlego curto e rapidamente se dissolve numa frase breve, mas profundamente emotiva (117-26) nas cordas, com leve eco nas madeiras. Esta frase, por sua vez, transforma-se numa gaiata brincadeira de gato e rato entre esses dois naipes da orquestra (127-38).

Toda a primeira parte do movimento dura pouco mais de um minuto e meio e é repetida, sem os primeiros oito compassos *bum*-pa-dum; a repetição é seguida de uma sessão de desenvolvimento na qual os principais motivos são elaborados de um jeito meio sério, meio brincalhão, e às vezes das duas maneiras, como nos misteriosos grupos de três compassos (*"ritmo di tre battute"*, como Beethoven se refere a este segmento, 177-233) pontuados por turbulentas interjeições dos tímpanos. Aproximadamente dez segundos de ameaça (248-67) são seguidos de cerca de quinze segundos de fúria (268-95): é tudo que temos em matéria de verdadeira raiva ao estilo Beethoven do período intermediário. O trecho enfurecido se dissolve, e a dissolução dá início a uma recapitulação, ao fim da qual são repetidos o desenvolvimento e a recapitulação.

A repetição é seguida de outra transição, desta vez para uma seção elegíaca (*Presto*), tecnicamente conhecida como trio; seus principais elementos estão estreitamente ligados à frase breve e emotiva (compassos 117-26) ouvida na exposição — uma frase que adquire aqui uma beleza mais profunda e uma consoladora suavidade. Essa melodia *legato* (ver, por exemplo, compassos 422-38) alterna com uma passagem *staccato* de suave balanço confiada sobretudo às cordas e ao primeiro oboé, com a ressalva de que na parte de oboé ela logo deixa de ser *staccato*. Ouvi-la em sua versão mais branda nos faz perceber que essa melodia é basicamente uma versão invertida da melodia *legato*. Trata-se também, como assinala Levy, de uma *musette*, forma destinada a evocar o som de "uma pequena gaita de fole rústica",[29] assim sugerindo "o mundo da natureza" aos ouvintes da época de Beethoven. Levy comenta também a "estudada ingenuidade" dessas melodias, mas a palavra "estudada" dá a entender um certo toque de frio cálculo que provavelmente não deveria ser atribuído à música de Beethoven em geral, e certamente não neste caso. O compositor devia deliciar-se com a criação dessas melodias, exatamente como se deliciava com seus passeios pelo campo, e elas de fato são tão revigorantes quanto a água fresca de um regato.

O que ouvimos depois da repetição do corpo central do trio é uma espécie de coda (491-530) na qual *legato* e *staccato* se fundem num impressionante canto de triunfo sem palavras, semelhante ao som de um órgão; o caráter religioso desse trecho é frisado pela entrada de três trombones (tradicionalmente considerados instrumentos "solenes", ritualísticos), dos quais os dois primeiros ainda não foram ouvidos na sinfonia — ao passo que o terceiro (trombone baixo) foi convocado anteriormente no trio, durante aproximadamente vinte segundos, para reforçar a linha do baixo. Esse hino conduz a uma repetição de todo o *scherzo*. Encerrada a repetição, contudo, uma passagem que parece transformar-se numa retomada do trio termina abruptamente depois de apenas seis ou sete segundos, e então, em dois segundos de apressada repetição das notas lá e ré em toda a orquestra (menos os trombones e os tímpanos), Beethoven deixa de lado tudo que fez até agora e conduz o movimento a um súbito fecho.

Apesar das proporções da Nona Sinfonia — muito mais substanciais que as de qualquer obra anterior do gênero —, as oscilações de caráter psicológico ocorreram até aqui em períodos calculados em segundos ou, no máximo, em questão de um minuto aproximadamente. Os compositores nascidos e criados no século XVIII nunca fustigam ou voltam a fustigar os ouvintes com "estados de ânimo" que desejam criar ou sugerir; dizem o que querem dizer da maneira mais clara possível e logo tratam de seguir em frente. Só com as obras de alguns dos românticos tardios e pós-românticos, duas, três ou quatro gerações depois de Beethoven, é que os excessos de emocionalismo se tornaram uma característica frequente da música. Não estamos com isto menosprezando as realizações desses mestres mais tardios, mas simplesmente assinalando as diferenças entre eles e seus antecessores. Quando um mestre tardo ou pós-romântico insiste muito em determinado estado psicológico, o resultado pode ser de extraordinária força. Mas depois de Beethoven e das obras de certos membros da primeira geração e meia dos seus sucessores (penso especificamente, neste caso, em Schubert, Mendelssohn, Chopin e Schumann), com a eventual exceção do "clássico romântico" Brahms, teremos de buscar nas obras maduras de Schönberg, Bartók e Stravinski para encontrar graus equivalentes de concisão e condensação do conteúdo psicológico.

Mesmo o terceiro movimento da Nona Sinfonia, que em seu sublime lirismo avança em andamento muito mais lento que os dos dois primeiros movimentos, raramente avança em qualquer direção durante mais que um minuto e meio, mudando então de rumo — nas execuções que observam razoavelmente as indicações de andamento de Beethoven. A tranquilidade extraordinariamente interiorizada dos compassos iniciais é reminiscente da abertura do *Sanctus* da *Missa Solemnis*, com a ressalva de que não encontramos aqui o sentimento devocional do *Sanctus*. Na devoção existe sempre pelo menos um toque de submissão, mas no movimento lento da Nona não encontramos qualquer elemento de submissão. O que temos aqui é aceitação em sua forma mais pura. "Quando passou o alvoroço, / Quando a batalha foi perdida e vencida": como soa dupla e mesmo triplamente verdadeira, aqui, a sentença das feiticeiras de Shakespeare! Se o primeiro movimento da Nona Sinfonia é um alvoroço dos mais terríveis e o segundo, uma batalha meio séria, meio brincalhona, o terceiro nos diz que ao mesmo tempo vencemos e perdemos — que, como seres humanos conscientes, temos como única alternativa tentar abrir caminho com dificuldade através do horror e da angústia, para depois morrer, mas que podemos de vez em quando enxergar adiante e sobrepairar esses fatos, entendendo o suficiente para apreciar a beleza de ser mortal. Afinal, se não existissem a angústia e a morte, a arte tampouco existiria, nem a sensibilidade à beleza. Ou, para reformular ligeiramente um aforismo de Nietzsche, a sensibilidade à beleza é uma de nossas mais fortes defesas; sem ela, a verdade nos mataria.

E nada mais belo que este movimento terá sido jamais composto para a orquestra sinfônica. "Ele me levanta do solo, livra-me do campo gravitacional, deixa-me sem peso", escreveu Toscanini. "A gente se torna só alma. Deveríamos regê-lo de joelhos."[30] As notas soladas pelos fagotes e as clarinetas na abertura, gradualmente se fundindo com as calorosas sonoridades que se expandem e contraem nos segundos violinos, nas violas e nos violoncelos, logo vêm nos consolar, sugerindo que deixemos para trás o alvoroço do primeiro movimento e o fato de a indecisa batalha do segundo movimento ter sido inevitavelmente perdida, pois — como insiste Beethoven —, essa batalha também foi inevitavelmente vencida, embora não pela redenção ou a ressurreição num sentido cristão ortodoxo. (Beethoven provavelmente não acreditava em redenção nem em ressurreição, embora talvez desejasse ambas. Como Goethe, fascinado pelos hipsistários — uma seita que, na Ásia Menor do século IV, tentava seguir os elementos menos doutrinários do paganismo, do judaísmo e do cristianismo —, Beethoven tendia para uma espécie de panteísmo não confessional, e essa tendência, associada ao seu interesse pelas religiões orientais, certamente lhe tornava aceitável a ideia da morte como parte do ciclo vital.) A torrente desapareceu e a luta que se seguiu chegou ao fim;

certamente ainda nos apegamos a destroços do naufrágio, mas estamos nos aproximando da terra firme.

Esses dois primeiros compassos — fagotes e clarinetas sustentados por parte das cordas — funcionam como uma introdução, ou, no dizer de Levy, "uma cortina que se abre suavemente para revelar parte do material motívico e harmônico mais importante do movimento".[31] A analogia evoca a teatral (aos olhos modernos) pintura *A madona do nascimento*, de Piero della Francesca, na qual vemos anjos afastando uma cortina para mostrar Maria grávida; numa pintura, contudo, o tempo está em suspenso, ao passo que na música, como no teatro, existe apenas um contínuo temporal.

Com a entrada dos primeiros violinos (compasso 3), Beethoven começa a apresentar o primeiro dos dois longos temas que alternarão, em várias permutações, ao longo de boa parte do movimento. Os músicos se defrontam aqui com uma aparente contradição: a indicação de Beethoven no alto da página é *"Adagio molto e cantabile"* (muito lento e cantante), mas os primeiros violinos são imediatamente instruídos a tocar *mezza voce* (a meia-voz). O compositor, contudo, está apenas fazendo uma distinção, ao lembrar aos músicos que *"cantabile"* não significa necessariamente "a plena voz". O que ele pede, com toda probabilidade, é o claro estabelecimento de uma sensação de alívio e repouso, depois de tudo que aconteceu anteriormente. Uma linha alongada, sim, mas não ascendente ainda. A ascensão virá, mas requer uma preparação psicológica. Por enquanto, as cordas (à exceção dos contrabaixos, aqui e em vários trechos substanciais do movimento, para tornar mais leve a textura) alternam com as clarinetas, os fagotes e as trompas, às vezes se sobrepondo a eles, na exposição de um tema que se caracteriza sobretudo pela indicação de dinâmica (*piano*) e a sensação de repouso. Indicações de crescendo-diminuendo abundam nessa passagem, mas os crescendos não devem tornar-se muito fortes, devendo sempre retornar à suavidade.

Nos quatro últimos compassos (21-24) dessa passagem, as cordas entram com um acompanhamento tamborilado da melodia — agora dominada pela clarineta —, e nos três últimos compassos as indicações de dinâmica gradualmente passam de diminuendo para *piano*, *più piano* e *pianissimo*. A peça quase parece estar-se evaporando antes mesmo de começar, mas na realidade os compassos não só afastam o ouvinte da tonalidade fundamental de si bemol maior em direção ao ré maior — tonalidade mais brilhante, mas não tão calorosa — como o encaminham para um andamento ligeiramente mais rápido (*Andante moderato* — avançando com moderação) e, surpreendentemente, para uma nova indicação de compasso, passando Beethoven de 4/4 para 3/4. A nova seção (compassos 25-42) apresenta o segundo dos dois temas que dominarão o movimento; dessa primeira vez, o tema é exposto duas vezes pelos segundos violinos e as violas, com o concurso intermitente do primeiro oboé. Beethoven adotou a indicação *"espressivo"*, mas só na reexposição (compassos 33-40), quando os primeiros violinos e em seguida a primeira flauta entram com uma harmonização da melodia, a música começa a dar indicações de que vai levantar voo. Mas tampouco aqui a dinâmica vai além de um crescendo acima do *piano*, e em dois momentos Beethoven pede um diminuendo tão acentuado que recorre à palavra *"morendo"* (morrendo, compassos 32 a 40). O segundo tema conclui *pianissimo*, como o anterior, e a conclusão é uma transição de volta à tonalidade, ao andamento e à indicação de compasso do primeiro tema.

Agora, todavia, Beethoven tece uma variação (compassos 43-64) em torno do tema inicial. O que já era belo, mas ainda não perfeitamente maduro, de repente começa a desabrochar, e a linha melódica inicial, composta basicamente de mínimas e semínimas calmamente expostas, transforma-se numa série de semicolcheias, que se desdobram com constância, sem propriamente uma articulação rápida, começando a fluir. As melhores orquestras e os bons regentes mantêm o clima de repouso estabelecido no início do movimento ao mesmo tempo em que deixam entrar mais ar nos pulmões, metaforicamente falando (e não só para os instrumentistas de sopros!). Esta variação, como a exposição inicial do tema, termina com quatro compassos de tamborilado nas cordas, por baixo da linha melódica das clarinetas, o qual novamente recua até quase desaparecer.

Novamente temos então uma transição, desta vez para uma variação (compassos 65-82) do segundo tema, que, no entanto, se apresenta desta vez em sol maior, e não em ré maior. No lugar dos primeiros violinos e das violas, a primeira flauta, o primeiro oboé e o primeiro fagote passam a conduzir a linha melódica, mas os primeiros violinos de novo entram com uma harmonização — muito diferente — na segunda metade da variação, sobre um acompanhamento caracterizado essencialmente por leves *pizzicato* nos segundos violinos e nas violas. Também aqui Beethoven usa a expressão *"morendo"* nos momentos equivalentes àqueles em que a utilizou na exposição inicial do tema, e a variação chega ao fim com uma transição para a segunda variação do primeiro tema, em mi bemol maior.

Esta variação (compassos 83-98) inicialmente parece com o tema original muito mais que a primeira; lentas e suaves mínimas e semínimas provêm de novo das madeiras, eventualmente com calmas interjeições *pizzicato* nas cordas. Mas temos então um movimento de passos em colcheias nas partes de madeiras, e ouvimos um fragmento melódico que nos lembra de algo — só que não temos muita certeza do que se trata. Mas, ah, claro! Beethoven queria que esse fragmento fosse uma prefiguração subliminar de algo que será ouvido dentro em pouco, mas nós que já ouvimos milhares de vezes o tema da "Ode à alegria" do *finale* captamos a minúscula sugestão, consciente ou inconscientemente. A prefiguração conclui com uma pequena escala ascendente e descendente, quase autodepreciativa, na quarta trompa — que, por sinal, vem sendo insistentemente mobilizada ao longo dessa variação, sem qualquer ajuda de suas três colegas. De repente, os tranquilos *pizzicato* se inflam num grande *crescendo*, acompanhados por uma quantidade cada vez maior de instrumentos de madeiras em crescendo, até que — cuidado! — a mais bela transição de toda a sinfonia já se passou, quase sem que nos déssemos conta.

Ela nos trouxe de volta a si bemol maior (compasso 99), a tonalidade principal; o crescendo imediatamente cai para *piano* e o andamento básico mantém-se essencialmente inalterado, mas a essa altura toda a orquestra (menos os trompetes — e neste movimento não há trombones) está mobilizada, a indicação de compasso mudou para 12/8 e toda a configuração sonora adquiriu novos contornos. O ouvinte é tomado por uma sensação de tremenda amplitude e grande beleza, e os primeiros violinos — que precisam tocar aqui como deuses, para não pôr a perder a visão de Beethoven — alçam voo e continuarão sobrepairando pela maior parte do resto do movimento. Beethoven produziu um milagre musical: ele se vale da métrica de 12/8 para manter uma constante base rítmica de quatro batidas por compasso, ao mesmo tempo em que confere um ritmo valsante quase vertiginoso às seis semicolcheias ou às três colcheias agrupadas a cada um dos quatro tempos principais. Melhor ainda, esta seção constitui simultaneamente a terceira variação do primeiro tema e a segunda variação do segundo tema, pois elementos de ambos se combinam nela. Mais uma vez, Beethoven mantém o volume baixo, chegando a especificar a indicação *"dolce"* no início da seção; no primeiro minuto e meio, a dinâmica varia de *pianissimo* para breves crescendos acima de *piano*, mas, como está mobilizada já agora toda a orquestra, a impressão geral é de que todos os limites anteriormente estabelecidos foram levantados. Se a calma anterior era a de um convalescente, de alguém que volta a aprender a enfrentar a vida, a nova tranquilidade é a tranquilidade forte e consciente que emana de uma integridade recuperada, de uma perspectiva reconquistada.

Como se quisesse deixar bem claros esse poder e essa consciência descobertos ou reencontrados, Beethoven detém-se de súbito e irrompe numa breve e enfática declaração (compassos 120-23) que parece uma mistura de fanfarra militar com um "Credo!" gritado. Talvez se trate de uma proclamação de autossuficiência e generosidade, semelhante àquela que Walt Whitman faria poucas décadas depois, em sua "Song of Myself" [Canção de mim mesmo]: "Eu celebro a mim mesmo e canto a mim mesmo, / E o que eu recebo tu receberás também, / Pois cada átomo que me pertence igualmente te pertence." Ou quem sabe não. Mas o que quer que seja ou deixe de ser, o fato é que não dura mais que dez segundos, até que um par de diminuendos com a indicação *"espressivo"* conduz de volta ao que parece ser uma retomada do lírico voo *dolce* dos primeiros violinos. Passados apenas dois compassos, contudo, a energia volta a se elevar, e Beethoven nos conduz — mais gradualmente que antes — a uma repetição da enfática fanfarra/Credo. Desta vez, a explosão é seguida pela passagem mais sombria do movimento (133-36): acordes profundos, lentos e de sonoridade organística em si bemol menor e mi bemol menor, pontuados por desalentadas e fúnebres notas breves repetidas nos segundos violinos. A passagem é breve — cerca de quinze segundos — e conclui com uma transição de volta à entretecida música ascensional que a precedera, embora a ascensão comece uma oitava abaixo — em terceiras, e não em quintas — e rapidamente se aplaque de novo, resvalando para uma espécie de coda (começando no compasso 139).

O minuto e meio que ainda resta ao movimento caracteriza-se por uma série de breves e intensas escaladas e quedas alternadas, que se revelam líricas até mesmo nos pontos mais fortes emocionalmente; nos últimos compassos, o timpanista deve em certos momentos tocar os dois tambores suave, mas simultaneamente — técnica até então desconhecida no repertório sinfônico. O derradeiro compasso desaparece com um suave acorde *pizzicato* nas cordas e quatro delicados acordes *pianissimo* repetidos nas madeiras e no tímpano. Aqui, Beethoven parece ter "chegado ao fim do que é necessário",[32] para tomar emprestada uma frase de John Updike. Uma vida poderia chegar lindamente ao fim enquanto esse movimento recua tranquilamente para a não existência. Beethoven está em paz; o mundo está em paz.

Mas não por muito tempo.

O terceiro movimento é o único dos quatro que não conclui com uma *fermata* sobre as pausas finais. Significaria isto que Beethoven queria que a orquestra entrasse no *finale* após a mais breve das pausas, com duração de uma colcheia, ou menos de um segundo? Certos regentes fazem a orquestra atacar o quarto movimento quase imediatamente após a conclusão do terceiro, em busca de um efeito dramático, mas existe um motivo técnico para afirmar que não terá sido esta a intenção de Beethoven. A primeira e a segunda trompas e ambos os trompetes estão afinados em si bemol no terceiro movimento e em ré no quarto, e a terceira e a quarta trompas estão afinadas em mi bemol no terceiro movimento e em si bemol no início do quarto. Na época de Beethoven, as trompas e os trompetes não tinham válvulas; não podiam passar automaticamente de uma altura fundamental a outra. Para mudar a altura, o instrumentista tinha de remover do instrumento uma peça chamada rosca, inserindo um equivalente mais curto ou mais longo, conforme o caso. Esse processo exigia do mais hábil dos músicos pelo menos dez ou quinze segundos, sendo necessário ainda mais algum tempo para introduzir um pouco de ar quente no instrumento, fazendo com que a peça fria de metal que acabava de ser introduzida adquirisse uma temperatura mais próxima do resto do instrumento — caso contrário, o resultado garantido seria má entonação. Podemos tranquilamente presumir que Beethoven esperava uma pausa de pelo menos meio minuto e provavelmente mais entre o fim do *Adagio* e o início do *finale*.

O problema ainda se apresenta para os trompistas e trompetistas de orquestras que utilizam instrumentos antigos (a menos que cada um deles mantenha um segundo instrumento à mão), ao passo que os músicos que usam instrumentos modernos podem fazer a mudança instantaneamente. Entretanto, independentemente de a pausa durar cinco segundos ou cinco minutos, e estejamos ouvindo a Nona Sinfonia pela primeira ou pela milésima vez, o contraste entre a apaziguada conclusão do terceiro movimento e a rajada inicial do quarto, irregular, dissonante e retumbante, infalivelmente constitui um choque. Depois de tudo que aconteceu até agora, depois de termos evoluído, durante aproximadamente três quartos de hora, do terror e do desespero para a raiva e em seguida a aceitação, por que estaríamos agora sendo sacudidos em nossas cadeiras por quinze instrumentos de sopro, mais tímpanos castigados a todo volume, naquele a que os músicos alemães se referem como o *Schreckensakkord* — o acorde do terror (si bemol, ré bemol, fá e lá natural) — que dá início ao *finale*? Já não teríamos superado essa fase? Não dava para ficar simplesmente sentado desfrutando de alguma coisa mais alegre ou pelo menos agradável?

É possível que algum dia um estudioso mais destemido desencave um documento inédito provando que Beethoven deu boas risadas à custa dos ouvintes, ao perceber como estariam com os dentes trincados e o cabelo em pé ao se depararem com o *Schreckensakkord*. Mas é provável que sua intenção inicial não fosse chocar propriamente, e sim lembrar: lembrar-nos do que representa esta obra e daquilo que somos na ordem (ou falta de ordem) universal das coisas.

O acorde do terror e os seis segundos de notas disparadas nos sopros (sobretudo colcheias) e tímpanos (semicolcheias) que se seguem com certeza capturam imediatamente a atenção do ouvinte, e ela continua imantada à rude resposta das cordas graves a esse ataque. É esta a primeira parte de um diálogo no qual os violoncelos e os contrabaixos comentam breves declarações de outros naipes da orquestra; sob este primeiro "comentário", Beethoven escreveu uma frase num francês não muito bom, misturado a uma palavra alemã e duas italianas: *"Selon le caractère d'un Recitativ mais, in tempo."* O que poderia ser mais ou menos traduzido como "De acordo com o caráter de um recitativo, mas no compasso". Temos aqui uma contradição, pois, como bem sabia Beethoven, uma das principais características de um recitativo é precisamente o fato de não se prender a um único andamento, especialmente se o andamento básico é extremamente rápido, como aqui (*Presto*). Em sua maioria, os regentes consideram que Beethoven queria que se desse a essas passagens a liberdade expressiva de um recitativo, mas sem deixar que o andamento se arraste. Tendo ouvido as tentativas de alguns maestros do movimento de "autenticidade de época" de fazer com que seus músicos avancem pelos recitativos estritamente no andamento — em outras palavras, como se os recitativos não fossem recitativos —, dou meu voto à interpretação majoritária. Não se trata de um voto contra os adeptos da interpretação "de época" em geral, mas apenas contra o resultado dessa experiência específica. Além disso, graças a uma série de observações anotadas por Schindler num dos livros de conversação, sabemos — pelas respostas implícitas de Beethoven ao interlocutor — que seria equivocado adotar aqui um andamento estrito.

> [Schindler:] quantos contrabaixos devem tocar o Recitativo?
>
> seria possível? Todos eles!
>
> não haveria dificuldade de tocar estritamente no andamento, mas para tocar de forma cantante [ou seja, em estilo vocal] será necessário ensaiar muito.
>
> se o velho Krams estivesse vivo, não haveria necessidade de se preocupar com isto, pois ele liderava doze contrabaixos que tinham de fazer o que ele queria.
>
> então é realmente assim, como se houvesse palavras por baixo [das notas]?
>
> se necessário, eu acrescento palavras por baixo, para que eles aprendam a cantar[33]

Como já indica o próprio nome, um recitativo tem a ver com recitação, com os ritmos da fala. Os recitativos musicais são quase sempre peças em forma livre com textos vocais. Antes de compor a maior parte da Nona Sinfonia, Beethoven já utilizara recitativos de estilo vocal em música instrumental, notadamente — de forma declarada ou disfarçada — em algumas das últimas sonatas para piano, e voltaria a usá-los em vários dos últimos quartetos de cordas. Em cada caso, ele parecia tentar dizer algo específico e ao mesmo tempo querer induzir os ouvintes a perguntar: "Quais poderiam ser as palavras aqui?" Mas não há palavras, nem deveria haver. Furtwängler talvez tivesse exagerado ao afirmar que "o músico em [Beethoven] sentia-se inibido e não inspirado por um texto",[34] mas não parece restar dúvida de que a pura abstração musical era o forte de Beethoven e que quase sempre ele expressa algo que só pode ser expresso através da música, e não por palavras.

Mas no exemplo em consideração — os 91 compassos do *finale* que antecedem a primeira exposição do tema da "Alegria" — tampouco resta muita dúvida de que Beethoven conduzia os ouvintes em determinadas direções, aproximando-se mais que nunca de tornar verbal a música instrumental. Seu plano parece bastante claro. A primeira rajada, com o acorde do terror, destina-se, como indiquei acima, a nos lembrar o que representa esta obra e aquilo que somos (não muita coisa!) na ordem universal das coisas; a resposta em recitativo, apesar da ênfase com que é enunciada, parece destinada a ter um efeito calmante, mas é interrompida por uma segunda rajada, semelhante à primeira (aqui, o *Schreckensakkord* consiste em ré, fá sustenido, lá, dó e mi bemol), por sua vez seguida de uma resposta ligeiramente mais suave dos violoncelos e contrabaixos. A orquestra retruca com dois bruscos acordes *forte*, mas abruptamente começa a tocar uma misteriosa versão do início do primeiro movimento da sinfonia, como se perguntasse: "Que faremos agora? Voltar a isto?"

De maneira não menos brusca, os violoncelos e contrabaixos interrompem para dizer que esse tema não serve mais: já passamos por esse cataclisma e sobrevivemos; chegou a hora de algo menos penoso. Quando esse breve segmento de recitativo vai terminando, a orquestra apresenta oito segundos de lembrete do tema principal do *scherzo*. Ainda em tom imperioso, mas um pouco mais suave, retorna o recitativo, descartando a segunda sugestão, tal como havia descartado a primeira. "Muito bem, então, gostariam de algo mais suave?", perguntam os instrumentos de sopro ao apresentar os dois primeiros compassos do tema principal do terceiro movimento. Os violoncelos e contrabaixos tomam então a frente do recitativo de maneira bem suave, mas se mostram insistentes na reiteração de que o necessário agora não é um resumo do que já foi ouvido, mas algo completamente diferente — algo que nos transporte a uma nova dimensão. (Pensamos aqui no poema "Die alten, bösen Lieder", de Heine: "As velhas e horríveis canções, / Os sonhos maus e perversos, / Que sejam agora enterrados, / Tragam um grande caixão." Os amantes da música conhecem esse texto por ter sido musicado por Schumann em seu ciclo *Dichterliebe*, de 1840, mas o jovem Heine o escreveu em 1822 ou 1823, exatamente quando Beethoven compunha a Nona Sinfonia.)

— Hum, quem sabe então isto? — e os instrumentos de sopro começam a cantar (*"suavemente"*, instrui Beethoven) pedacinhos do novo tema.

— Sim, isso mesmo! — respondem os violoncelos e contrabaixos, cuja exclamação é pontuada por alegres interjeições dos instrumentos de sopro e do tímpano. Até que, de repente, estamos ouvindo o primeiro enunciado, sussurrado, mas completo, do tema da "Alegria" (compassos 92-115); tocado, como não poderia deixar de ser, pelos violoncelos e contrabaixos.

A musicóloga Elaine Sisman considera que esse eco dos temas principais dos três primeiros movimentos é "suscitado por 'alguém que se lembra', o agente da memória, em posição privilegiada no interior da peça",[35] e sustenta também, convincente, que "a voz de recitativo do violoncelo/contrabaixo [...] precisa rememorar ideias anteriores para encontrar a origem de um tema [musical] que possa ser usado". Assim que os violoncelos e contrabaixos apresentam o primeiro enunciado completo do tema da "Alegria", as violas e os fagotes vêm juntar suas vozes, e ao longo dos 24 compassos subsequentes o tema é levemente ornamentado. Entram então os violinos (140), conferindo maior resplandecência e densidade à textura, e nos oito últimos compassos desse segmento todos os músicos em ação começam a intensificar seu som, até que toda a orquestra explode a plenos pulmões numa reiteração do tema (164-87). Beethoven acrescenta então uma pequena coda contendo uma sequência harmônica de energia ascensional altamente estimulante (192-98), com a qual Wagner haveria de aprender um bocado, não muitos anos depois. Verifica-se um breve recuo na instrumentação, no volume e no andamento, até que outra jubilosa explosão conduz a...

Mas, um momento — o que é isto? Algo que não deveríamos em absoluto esperar: uma nova rajada do *Schreckensakkord* e os rápidos e ameaçadores compassos que o seguem! Beethoven quer que os ouvintes sejam lançados em total confusão, que percam o senso de direção e fiquem se perguntando por que, depois de encontrar o tema "certo", a orquestra parece estar atirando a esmo no meio da multidão. É então que o baixo se levanta e canta as primeiras palavras jamais destinadas a serem cantadas numa sinfonia — palavras escritas pelo próprio Beethoven: "Ó amigos, não *estes* sons!* Vamos cantar de maneira mais agradável e com mais alegria." A música que acompanha a primeira parte desta declaração (no original: *"O Freunde, nicht diese Töne!"*) consiste em parte numa repetição do inicial recitativo de protesto dos violoncelos e contrabaixos, mas é seguida por uma intervenção crescentemente calorosa e aplacada do naipe das cordas, conferindo um reconfortante pano de fundo para as palavras "Vamos entoar de maneira mais agradável" (*"Sondern lasst uns angenehmere anstimmen"*). A orquestra proclama quatro acordes esfuziantes e o baixo toma fôlego profundamente e entoa suas palavras finais numa efusão melismática de 26

---

* O itálico é meu, e não de Beethoven. As palavras *"diese Töne"* (estes sons) podem referir-se ao acorde do terror e aos "sons" subsequentes que a orquestra acaba de liberar pela terceira vez, mas significam sobretudo o material temático citado dos três movimentos anteriores.

notas, durante onze ou doze segundos: "e com mais alegria!" (*"und freudenvollere!"*) — uma proeza técnica tão arriscada que muitos cantores fazem uma pausa para recobrar fôlego antes das sete últimas notas.

Deveríamos recobrar simbolicamente o fôlego com o cantor, pois, em certo sentido, nós "chegamos lá". Sobrevivemos à brutalidade e ao desespero do primeiro movimento, participamos do duro combate do segundo e fomos purificados no terceiro pela resplandecente aceitação da vida tal como é. O que Beethoven quer agora que vivenciemos é uma alegria absoluta. Pois é este o momento da obra em que Beethoven mais inequivocamente declara seu objetivo de contribuir para a libertação da humanidade através da arte.

Não surpreende que tantos volumes tenham sido escritos sobre o *finale* da Nona: o simples fato de se tratar do primeiro movimento sinfônico servindo de ambiente musical para um texto verbal preexistente — e, além disso, um texto manipulado pelo compositor para adaptá-lo a seus propósitos — em si mesmo basta para fazer musicólogos e historiadores da cultura salivar intensamente. E o campo de pesquisa e teorização parece ainda mais promissor se tivermos em mente que Beethoven havia mais de trinta anos pretendia musicar esse texto; que Schiller, como Beethoven, considerava que a humanidade precisava alcançar a liberdade através da arte, para só então conquistar a liberdade política; que já em 1794-5 Beethoven criara uma versão daquele que viria a ser o tema da "Ode à alegria", numa canção com o surpreendente título de *Gegenliebe* [Amor correspondido]; que em 1808 ele voltara a usar o tema de *Gegenliebe* em sua Fantasia para piano, coro e orquestra (a chamada Fantasia coral); e que o texto da Fantasia coral — que, ao que parece, foi praticamente ditado por Beethoven ao poeta Christoph Kuffner — tem semelhança com o texto da "Ode à alegria", como por exemplo na estrofe "Paz e alegria flutuam amigavelmente / Como a ondulação das ondas. / O que quer que se intrometa de áspero e hostil / será integrado ao júbilo". Acima de todos esses fatos, contudo, encontramos a indisputável e onipresente sensação de que até mesmo nos trechos não vinculados a um texto do *finale* da sinfonia Beethoven praticamente está bradando a palavra *"significado"* na nossa direção.

Depois dos gritos de *"Freude"* [Alegria] do baixo e dos baixos do coro — a primeira entrada coral da obra —, o baixo canta o primeiro dos versos da "Ode à alegria" de Friedrich von Schiller que foram escolhidos por Beethoven para utilização na sinfonia:

Freude, schöner Götterfunken,	Alegria, bela centelha divina,
Tochter aus Elysium,	Filha do Elísio,
Wir betreten feuertrunken,	Nós adentramos, embriagados de fogo,
Himmlische, dein Heiligtum.	Teu celestial santuário.
Deine Zauber binden wieder,	Tua magia congrega
Was die Mode strengt geteilt;	O que o hábito rudemente separa;
Alle Menschen werden Brüder,	Todos os homens tornam-se irmãos
Wo dein sanfter Flügel weilt.	Lá onde se detêm tuas asas.[36]

No início deste solo, Beethoven anotou a indicação *"angenehm"* (de maneira agradável), e o acompanhamento orquestral é alegre, além de mínimo: um oboé, uma clarineta e cordas tocando suavemente em *pizzicato*. Mas quando todo o coro em quatro partes (sopranos, contraltos, tenores e baixos) entra repetindo os quatro últimos versos, a maior parte dos demais instrumentos de sopro adere, os instrumentistas de cordas voltam a empunhar seus arcos e todo mundo toca com a indicação *forte*.

A música da segunda estrofe é uma variante da primeira; ela é cantada pelas quatro vozes solistas (soprano, contralto, tenor e baixo), novamente com acompanhamento orquestral leve (uma flauta, um fagote, duas trompas e violoncelos).

Wem der grosse Wurf gelungen,   Aquele que teve a sorte
Eines Freundes Freund zu sein,   De ser amigo de um amigo,
Wer ein holdes Weib errungen,   Aquele que encontrou uma mulher
    [amada,
Mische seinen Jubel ein!   Que possa juntar seu júbilo
    [ao nosso]!
Ja, wer auch nur eine Seele   Sim, aquele que pode considerar sua
Sein nennt auf dem Erdenrund!   Até mesmo uma única alma nesta
    [Terra!
Und wer's nie gekonnt, der stehle   E aquele que não o pode, este deve
    [esquivar-se,
Weinend sich aus diesem Bund!   Chorando, dessa congregação!

Como na primeira estrofe, também aqui o coro reitera em tom mais arrojado os quatro últimos versos, com um forte acompanhamento orquestral.

Beethoven segue o mesmo padrão na terceira estrofe, mas as cordas em trinado e os sopros em agitação começam a elevar a temperatura:

Freude trinken alle Wesen   Todas as criaturas bebem alegria
An den Brüsten der Natur;   No seio da Natureza;
Alle Guten, alle Bösen,   Todos os bons, todos os maus
Folgen ihrer Rosenspur.   Seguem seu caminho coberto de
    [rosas.
Küsse gab sie uns und Reben,   Ela nos deu beijos e videiras,
Einen Freund, geprüft im Tod;   [E] um amigo leal até a morte;
Wollust ward dem Wurm gegeben,   O prazer é concedido [até] ao verme,
Und der Cherub steht vor Gott.   E o querubim se apresenta diante de
    [Deus.

Mais uma vez, o coro repete de maneira exuberante os quatro últimos versos, mas se nas duas primeiras estrofes a parte coral se estende por oito compassos, seguida por um miniposlúdio orquestral de quatro compassos, aqui Beethoven omite o poslúdio e estende a variação propriamente por dez compassos, mantendo o coro a cantar a plena voz até o fim. Além disso, depois de quase cem compassos firmemente assentados em ré maior, somos subitamente catapultados a uma outra tonalidade. Inicialmente, parece tratar-se de lá maior, até que chega a explosão final do trecho, com a repetição das palavras *"vor Gott"* (diante de Deus) e um tremendo e demorado acorde de fá maior *fortissimo* na palavra *"Gott"*, e não podemos em absoluto ter certeza da tonalidade aonde fomos dar.

Este clímax no meio do movimento, para o qual Beethoven se dirigia desde o primeiro enunciado completo do tema da "Alegria", quase seis minutos antes, é tão forte e resplandecente que um ouvinte receptivo que estivesse entrando em contato com a obra pela primeira vez provavelmente se perguntaria o que poderia vir em seguida. O compositor tinha à sua disposição duas soluções viáveis: alguma coisa ainda mais grandiosa — o que seria quase impossível de imaginar, nas circunstâncias — ou algo muito menor, tão leve que não poderia ser comparado à celestial descrição sonora dos querubins diante do Senhor que o ouvinte acaba de vivenciar. Beethoven optou pela segunda solução. Mal terminou de reverberar pela sala o grandioso grito de *"Gott"* e ouvimos algo que poderia soar como um equívoco, não estivesse sendo cometido por quatro diferentes instrumentos exatamente ao mesmo tempo: um si bemol grave, mais grave e gravíssimo tocado com delicadeza, respectivamente, pelos dois fagotes e o contrafagote, sobre um baque surdo do bombo. (Ao ouvir essas três manifestações do si bemol, os músicos entendem que o enorme acorde de fá maior na palavra *"Gott"* não passava da dominante de si bemol. Finalmente ficamos sabendo em que tonalidade nos encontramos.) E menos de dois segundos depois a coisa é repetida, e mais uma vez, e mais outra, e outra, e outra, já agora a intervalos de menos de um segundo. Na sétima, na oitava, na nona e na décima repetições, os quatro instrumentos recebem a adesão de duas trompas, tocando igualmente um si bemol, e duas clarinetas, tocando um ré. Quando se juntam a esse grupo um *piccolo*, um triângulo e címbalos, todos em ritmo marcial, percebemos que estamos ouvido uma banda de aldeia que vem vindo de longe, tocando uma variação sincopada e fragmentada do tema da "Alegria", na forma do que era conhecido na época de Beethoven como uma marcha turca. Entram também alguns outros instrumentos de sopro, *sempre pianissimo*; ouvimos quatro breves enunciados de pontuação nas cordas, enquanto o trompete parece evocar discretamente toques militares de clarim. Depois de aproximadamente meio minuto dessa leve introdução (em compasso 6/8, com a indicação *"Allegro assai vivace"*, rápido e com grande vivacidade), entra o tenor, cantando em tom brilhante uma versão ornamentada da melodia fragmentária da variação:

Froh, wie seine Sonnen fliegen	Felizes, como sóis flutuando
Durch des Himmels prächt'gen Plan,	Pelo esplêndido plano celeste,
Laufet, Brüder, eure Bahn,	Percorrei vosso caminho alegremente, [irmãos,
Freudig, wie ein Held zum Siegen.	Como um herói [se encaminhando] [para a vitória.

No momento em que o tenor dá início a uma difícil passagem final, preparando-se para alcançar um si bemol agudo, as vozes masculinas do coro entram para dar peso e apoio, e a contribuição da orquestra aumenta em tamanho, volume, e pura e simples efusividade. O musicólogo Robert Hatten assinalou que nesta variação Beethoven não se limita a tornar o clima mais leve, introduzindo algo que soava como música popular aos ouvidos dos europeus de 1824; ele "transcende as humildes origens cômicas da marcha turca",³⁷ conferindo-lhe "universalidade" ao mostrar que não só os heróis mas também as pessoas comuns estão entre "todos os homens" que um dia "se tornarão irmãos".

A conclusão estrondosamente festiva desta variação conduz sem interrupção a uma ampla variação orquestral sobre a variação — um esplêndido refrão de cem compassos (começando no compasso 431) alternando momentos sérios e alegres, sem que, no entanto, jamais ceda o nível de energia das cordas, madeiras e trompas. No fim desta seção, a orquestra reduz-se a um sussurro. Duas trompas, tocando em ritmo sincopado, parecem advertir-nos de que algo diferente está a caminho, enquanto dois oboés e dois fagotes, acompanhados apenas pela nota si nas cordas, suavemente insinuam os três acordes iniciais do tema da "Alegria", repetindo-o melancolicamente em tonalidade menor. É então que um breve crescendo conduz a um imponente e sonoro retorno do tema, proclamado por todo o coro (repetindo a primeira estrofe do texto), as madeiras e as trompas, todos se encaixando na música da variação sobre a variação tocada vigorosamente pelas cordas, os trompetes e os tímpanos. Entretanto, quando este segmento cessa abruptamente (compasso 594), e depois de uma pausa de alguns segundos, as vozes masculinas do coro, acompanhadas pelos violoncelos, os contrabaixos e o terceiro trombone (na primeira utilização de um trombone no *finale*), entram com o que parece ser um tema completamente diferente mas é, na verdade, apenas uma variante radicalmente divergente do tema da "Alegria":

Seid umschlungen, Millionen!	Sejam abraçados, milhões!
Diesen Kuss der hanzen Welt!	Por este beijo para o mundo inteiro!

A indicação de andamento dada por Beethoven é *"Andante maestoso"*, e o tom que predomina é inicialmente solene, e mesmo litúrgico. Mas ele se torna glorioso e cheio de espanto quando os mesmos acordes são repetidos pelas vozes femininas do coro, acompanhadas pelas madeiras, os três trombones e todas as cordas. Esse padrão é basicamente repetido na música dos dois versos seguintes:

Brüder! überm Sternenzelt	Irmãos, um Pai amoroso deve viver
Muss ein lieber Vater wohnen.	Acima do céu estrelado.

No início da música que compôs para os versos que se seguem, nada ortodoxos e, no entanto, em certo sentido profundamente religiosos, Beethoven nos dá uma indicação nem um pouco ortodoxa e, no entanto, profundamente religiosa. Não só de andamento, mas de "tom": "*Adagio ma non troppo ma divoto*" (lento mas não muito, mas com devoção). "*Divoto*" também vem a ser uma tradução precisa da indicação alemã "*Mit Andacht*" anotada por Beethoven no início do Sanctus da *Missa Solemnis*.

Ihr stürtzt nieder, Millionen?	Acaso vos curvais, milhões?
Ahnest du den Schöpfer, Welt?	E temeis o Criador, mundo?
Such' ihn überm Sternenzelt!	Buscai-o acima do céu estrelado!
Über Sternen muss er wohnen.	Ele deve morar acima das estrelas.

Aqui, flautas, clarinetas, fagotes, violas e violoncelos acompanham o coro, com firmes interjeições nas sílabas "*Welt?*" e "*zelt!*" Todos esses instrumentos e os oboés declamam vigorosamente o primeiro enunciado do verso final. E então, subitamente, os violinos e os contrabaixos juntam-se às demais cordas num misterioso acorde *pianissimo*. Com a entrada das madeiras, inicialmente, e depois do coro — sopranos e contraltos, seguidos de tenores e baixos acompanhados pelas trompas e trombones —, tem início uma tremeluzente, mística e hipnótica repetição do verso final: "Ele deve morar acima das estrelas."

Mal desapareceu a hipnótica frase final, e Beethoven se lança numa nova, inusitada e exuberante variação, com a indicação *"Allegro energico e sempre ben marcato"* (com enérgica rapidez e sempre bem acentuado), na qual uma versão rápida e sincopada do tema da "Alegria" (*"Freude, schöner Götterfunken"*, e assim por diante) é justaposta à sua mais recente e mais lenta variante (*"Seid umschlungen, Millionen!"*, assim segue). Trata-se de uma passagem excepcionalmente difícil para o coro, especialmente os sopranos, que devem cantar uma série de lás agudos muito altos, um dos quais sustentado por oito compassos e meio em compasso 6/4. Os membros do coro que conseguem sobreviver a esse esforço sem precisarem ser retirados do palco em macas terão imediatamente de cair com suas vozes para *piano* e transmitir o sentimento nervoso e confuso solicitado por Beethoven na repetição do verso *"Ihr Stürtzt nieder, Millionen?"*. As quatro primeiras palavras são cantadas pelos baixos, as cinco seguintes (*"Ahnest du den Schöpfer, Welt?"*), pelos tenores, e as quatro que se seguem (*"Such' ihn überm Sternenzelt"*), primeiro pelos contraltos e depois, num crescendo, por todos. E a seção se encerra com calorosas e enfáticas exclamações de *"Brüder"* e uma reiteração rodopiante, ascendente, mas cada vez mais suave da frase "Ele deve morar acima das estrelas" (compassos 745-62).

Após uma brevíssima pausa, tem início um enérgico *Allegro ma non tanto*, o que significa "rápido, mas não muito"; mas o fato é que esta seção deve ter um andamento bastante rápido, por várias razões: a natureza da música o exige, a indicação de compasso é *alla breve* (2/2, consequentemente, o dobro da velocidade de 4/4) e os solistas — que a esta altura já passaram uma hora no palco sem ter muito o que fazer — enfrentariam um desastre vocal em caso de adoção de um andamento muito lento. Estamos aqui na penúltima seção da sinfonia e na penúltima variação do tema da "Alegria"; o texto é o da primeira estrofe ("*Freude, schöner Götterfunken*", e assim por diante). No começo (763-81), figurações ágeis, mas moderadas das cordas e madeiras alternam com vozes solistas algo mais tranquilas, mas então tem início um crescendo, entrando o coro (795) para apoiar os solistas e em seguida tomar seu lugar. O regente deve reter o andamento substancialmente quando o coro canta "Todos os homens se tornam irmãos, / Onde quer que se abram tuas suaves asas", para em seguida conduzi-lo novamente à velocidade inicial e então voltar a reduzi-lo para a complexa e terrivelmente difícil, mas extremamente comovente repetição dos mesmos versos por parte dos solistas. Beethoven não teria passado num exame de composição em sua época ou na nossa com o tratamento dado às linhas vocais nesse segmento: em vários momentos, o tenor é obrigado a se sobrepor às linhas da contralto e do baixo, e cada um dos cantores tem a seu encargo passagens tão longas e floreadas que a única alternativa de respiração no meio das palavras seria aprender a respirar pelos ouvidos. O compositor sabia que estava exigindo o impossível, mas foi em frente. E os cantores sensíveis e mais capazes conseguem encontrar soluções para os problemas, embora sempre fique evidente nessa passagem o clima de tensão.

O *Allegro ma non tanto* conclui com longas semibreves sem resolução para os cantores, as clarinetas e os fagotes e um inquisidor intervalo para as cordas. Mais uma vez, temos uma brevíssima pausa e começa a última e arrebatadora variação do *finale*. "*Poco allegro, stringendo il tempo, sempre più Allegro*" (um pouco rápido, apressando o andamento, sempre mais rápido), anota Beethoven no início, para ajudar os instrumentistas de cordas a entender de que maneira executar os primeiros compassos (843-50), inicialmente hesitantes mas cada vez mais exaltados, e que terminam num crescendo ao qual aderem os sopros. É então que a orquestra, seguida pelo coro, explode no

Presto final. Inicialmente, o texto é inteiramente o das estrofes *"Seid umschlungen"* e *"Brüder"*, mas Beethoven logo retorna à estrofe inicial, desta vez assinalando, com pontos de exclamação: *"Freude, schöner Götterfunken! / Tochter aus Elysium!"* Uma tremenda escalada culmina numa reiteração majestosamente retardada da palavra *"Götterfunken!"* — centelha divina! — e a orquestra, transformada num cometa, se arremessa, *prestissimo*, em direção aos limites da imaginação humana.

PARTE QUATRO

Começar de novo

A César o que é de César

A História Universal, a história do que o homem realizou neste mundo, é no fundo a História dos Grandes Homens que aqui trabalharam. Eles foram os líderes dos demais, esses grandes homens; os modeladores, os padrões e, num sentido global, os criadores do que quer que a massa genérica dos homens se tenha empenhado em fazer ou alcançar; todas as coisas que vemos concretizadas no mundo são justamente o resultado material externo, a realização prática e a encarnação de Pensamentos que residiam nos Grandes Homens enviados ao mundo.

THOMAS CARLYLE[1]

Ainda que trocássemos a expressão "Grandes Homens" por "Grandes Homens e Mulheres", o comentário de Thomas Carlyle, que data de maio de 1840, tem tudo, hoje, para nos deixar perplexos: a aparente presunção com que recorre a esse adjetivo "grande", tão empolado, nos incomoda. No século XX, Fernand Braudel e outros historiadores nos levaram a reconhecer que a "História Universal" é na verdade um aglomerado de micro--histórias, cada uma delas moldada por condições econômicas e sociais nas quais certos indivíduos se manifestam e, para o melhor ou para o pior, assumem o controle, na medida em que isto seja possível. Aprendemos a desconfiar desses "grandes" personagens, e mesmo a desprezá-los, pois sabemos que a concretização de seus ideais muitas vezes acarreta derramamento de sangue em escala maciça e a destruição de amplos movimentos civilizatórios. Em sua maioria, esses grandes personagens acabaram por se tornar vítimas do próprio ego, sendo sucedidos por outros grandes personagens cujas trajetórias quase parecem imitar a dos antecessores. Ao dizer que esses heróis eram "enviados ao mundo", Carlyle presumivelmente atribuía sua presença entre nós a um poder fundamental, e neste caso eles poderiam antes ser considerados uma severa forma de punição imposta à humanidade por um criador cruel do que uma bênção para nossa espécie.

Mas Carlyle, que nasceu na Escócia em 1795, cresceu na época napoleônica, quando o conceito do homem heroico e providencial que se fez por si mesmo contrastava abertamente com a crença na monarquia de direito divino; aquilo que hoje parece uma atitude antediluviana teria sido interpretado a uma luz totalmente diferente na época romântica. Estamos, ou deveríamos estar, fartos de "grandes" líderes políticos, independentemente de terem herdado, subido pelas urnas ou simplesmente se apoderado da posição. Mas Carlyle e seus contemporâneos viam nos "grandes homens" uma espécie de garantia contra governantes que herdassem o poder sem necessariamente estar à altura dele.

Além disso, as questões políticas representavam apenas um dos elementos da civilização que podiam ser moldados pelos indivíduos excepcionais, segundo Carlyle. Nas seis conferências reunidas em livro sob o título *On Heroes, Hero-Worship, and the Heroic in History* [Sobre os heróis, o culto aos heróis e o heroísmo na história], Carlyle abordava "O herói como divindade" (Odin), "O herói como profeta" (Maomé), "O herói como poeta" (Dante, Shakespeare), "O herói como sacerdote" (Martinho

Lutero, John Knox), "O herói como letrado" (Samuel Johnson, Jean-Jacques Rousseau, Robert Burns) e, finalmente, "O herói como rei" (Oliver Cromwell, Napoleão). Pelo menos no campo da realização intelectual e artística, podemos seguir a linha de raciocínio de Carlyle, pois constatamos que certos cientistas, inventores, pesquisadores médicos, pensadores e praticantes de várias artes se destacaram entre os colegas e contemporâneos, tendo influenciado profundamente a história da civilização. Isto de modo algum significa menosprezar milhares e milhares de pessoas, em cada um desses campos, sem cujo trabalho avanço algum teria jamais sido alcançado; mas tampouco podemos negar que um Newton, um Edison, um Pasteur, um Platão ou um Shakespeare se destacaram entre os contemporâneos graças ao gênio pessoal, à sorte, à extrema determinação ou a uma combinação desses elementos. Se a grandeza existe, sua própria natureza a torna rara. E se é verdade, como nos dizem os dicionários, que o romantismo foi uma tendência ou movimento artístico que dava ênfase à inspiração, à subjetividade e ao primado do individual, segue-se que o conceito do indivíduo heroico, brilhante e dotado de grandeza representava a pedra angular do romantismo.

Beethoven foi um dos primeiros e mais significativos exemplares do romantismo, um símbolo de grandeza, heroísmo e genialidade durante gerações. Nos dois últimos séculos, milhares e milhares de músicos se familiarizaram com a música de contemporâneos competentes e não raro admiráveis de Beethoven — Luigi Cherubini, por exemplo, ou Jan Ladislav Dussek, Jean François Le Sueur, Antonín Reicha, Johann Nepomuk Hummel, Gaspare Spontini, John Field ou Ludwig Spohr —, tocando e apreciando suas composições. Mas os milhares de músicos e os milhões de amantes da música que, ao longo dos dois últimos séculos, consideraram a música de Beethoven mais forte que a de seus contemporâneos não foram simplesmente enganados nem induzidos pela lenda do grande gênio sofredor. Nem deveríamos ser acusados de tendências antidemocráticas ao arriscar a opinião de que hoje em dia ouvimos muito mais a música de Beethoven que a de Cherubini e outros porque, globalmente, a dele era mais inventiva, atraente e profunda que a dos contemporâneos. Na verdade, ousemos aqui afirmar inequivocamente que ouvimos a música de Beethoven porque boa parte dela é realmente *grande*.

O próprio Beethoven certamente acreditava no conceito do grande homem, e esperar que fosse de outra forma seria presumir que ele tivesse uma máquina de avançar no tempo. Apesar de ter eliminado a dedicatória ao general Bonaparte da folha de rosto de sua Sinfonia "Eroica", ao tomar conhecimento de que o general se havia transformado em imperador Napoleão, ele voltaria a dedicar a obra "à memória de um grande homem", e em seu próprio campo de atividade costumava exaltar Händel, Haydn e Mozart. "A arte e a ciência", escreveu, "podem elevar o homem ao nível dos deuses."[2] Mas ele não era um adepto do culto romântico do gênio, acusação que lhe tem sido feita nas últimas décadas por certos acadêmicos moralizantes e politicamente mais que corretos. Ele era um homem do seu tempo, tendo criado uma obra tão extraordinária que veio a durar.

O romantismo de Beethoven derivava de ideias e ideais iluministas, tendo pouca ligação com certos aspectos mais nebulosos ou autoindulgentes do movimento romântico (vamos aqui considerá-lo um movimento, por conveniência) em suas manifestações subsequentes. Infelizmente, sendo um dos autênticos ícones do romantismo, ele muitas vezes era analisado — e muitas, também, mal interpretado — por pessoas sem grande conhecimento musical. Baudelaire, por exemplo, considerava Beethoven um pioneiro da vertente diabólica do romantismo, tendo estabelecido estranhas comparações entre o compositor e várias figuras literárias. Escreveu o poeta e crítico francês em 1861:

> Beethoven começou a revolver os mundos de melancolia e incurável desespero que se haviam juntado como nuvens no céu interior do homem. Maturin no romance, Byron na poesia, Poe na poesia e no romance analítico [ou seja, psicológico] [...]; eles projetaram esplêndidos e ofuscantes raios no Lúcifer latente em todo coração humano. Quero dizer que a arte moderna é de tendência essencialmente demoníaca. E aparentemente esse lado infernal do homem, que o homem sente prazer em explicar a si mesmo, cresce dia a dia, como se o Diabo se divertisse em engordá-lo por métodos artificiais, seguindo o exemplo dos responsáveis pela engorda de gansos e pacientemente entupindo a espécie humana em seus quintais, para preparar para si mesmo um alimento mais suculento.[3]

Não se trata apenas de uma leitura equivocada de Beethoven; é também uma leitura equivocada de Byron, cujo aspecto diabólico era patentemente uma pose, como do escritor irlandês Charles Robert Maturin, que morreu no ano da estreia da Nona Sinfonia e cujas intenções mais sombrias, em seu popular romance gótico *Melmoth the Wanderer* [Melmoth, o peregrino], provavelmente não eram mais diabólicas que causar um calafrio na espinha dos leitores. (O caso de Poe é mais complexo, mas as questões levantadas por suas obras estão distantes dos diferentes temas deste livro.) Mas esta interpretação de Beethoven — a única que encontrei de Baudelaire — chama a atenção para a importância que até mesmo os artistas e intelectuais alheios à área musical atribuíam ao nome do compositor no século XIX. Ao se referir aos "mundos de melancolia e incurável desespero" que Beethoven "começou a revolver", Baudelaire devia ter em mente obras como as sonatas para piano "Patética", "Ao luar" e "Appassionata", que só proporcionam algum alívio da escuridão em seus movimentos intermediários. Se estava se referindo aos primeiros movimentos da Quinta e da Nona sinfonias, é que não entendeu nada: em ambas, ele pode ter equivocadamente tomado por "incurável desespero" o que na verdade é força elementar e drama em busca de uma solução. Beethoven supera o desespero pela força na Quinta Sinfonia e pela aceitação e a alegria na Nona.

Em suma, Beethoven pode ser considerado hoje um protorromântico e mesmo o protorromântico por excelência, mas também foi muito mais que isto. "Os ideais do rebelde, criador e herói favorito dos românticos, Beethoven, não podem ser definidos facilmente", escreveu o músico e historiador da cultura Conrad Donakowski na década de 1970. "É do conhecimento geral que ele foi um humanista do século XVIII que proclamava sua independência prometeica, na vida como na música. Também é evidente que acreditava ser a música uma manifestação precisa, embora unilateral, da verdade. E seus escritos e sua música igualmente deixam claro que se tornou um homem humilde, acreditando na capacidade de redenção do sofrimento."[4] O que em muito transcende a desgastada imagem do gênio romântico descabelado, tempestuoso e desregrado.

Mas o que importa em nossa tentativa de estabelecer de que maneira Beethoven em geral e a Nona Sinfonia em particular influenciaram os compositores da era romântica que o sucederam não é tanto saber quem foi ele realmente ou o que pretendia comunicar, mas como eles o *percebiam* e à sua arte.*

---

* Como a influência de Beethoven nos compositores românticos e pós-românticos estende-se até alguns que nasceram nas décadas de 1860 e 1870 (Gustav Mahler, Richard Strauss e o jovem Arnold Schönberg, por exemplo), limitei-me aqui aos que nasceram antes de 7 de maio de 1824, data da estreia da Nona Sinfonia. Desse modo, Anton Bruckner, cujas sinfonias evidenciam o que poderia ser chamado de uma "obsessão com a Nona Sinfonia", mas que deixou poucos comentários documentados a respeito, se é que os deixou, escapa por poucos meses, e Johannes Brahms, por nove anos exatamente: ele nasceu a 7 de maio de 1833.

Muito difícil ter vindo depois

Num sentido mais amplo, as realizações de Beethoven influenciaram tudo que ocorreu na música ocidental depois dele, e também muita coisa que aconteceu nas outras artes. Todos os compositores nascidos na primeira metade do século XIX foram influenciados de alguma maneira, mais ou menos intensamente, positiva ou negativamente (ou ambas as coisas), pela música de Beethoven, e aos resultados dessa influência, por sua vez, haveriam de reagir posteriores gerações de compositores, e assim sucessivamente até o presente. Quanto aos praticantes de outras artes, que Honoré de Balzac fale por eles. "Beethoven é o único homem que me fez sentir ciúmes", escreveu ele. "Existe nesse homem uma força divina. [...] O que nós, escritores, descrevemos é finito, determinado; o que Beethoven nos dá é infinito."[5] Balzac certamente gostaria de saber que após sua morte seria eventualmente comparado a Beethoven. O conhecido crítico cultural americano James Gibbons Huneker, por exemplo, comentando "a influência de Balzac no mundo da ficção", escreveu: "Ninguém [...] escapa ou pode escapar a Balzac. Ele se compara a Beethoven com sua influência sobre os compositores modernos."[6]

Entre os músicos, certamente terá havido alguns que logo se deram conta da importância da Nona Sinfonia. Na plateia da estreia encontrava-se um pouco conhecido e mal trajado compositor vienense de 27 anos chamado Franz Schubert (1797-1828), que nos três meses anteriores havia concluído seus trágicos e misteriosos quartetos de cordas em lá menor e ré menor e seu Octeto em fá maior, alternadamente saltitante e sombrio. Mas essas obras praticamente não interessaram a ninguém até depois da morte do compositor, quando Robert Schumann e outros músicos as descobriram e mostraram ao mundo. Na primavera de 1824, Schubert, sofrendo as consequências de uma sífilis secundária, estava por demais consumido por sua própria dor, física e psicológica, para se preocupar muito com os ideais de fraternidade universal proclamados por Beethoven em sua nova sinfonia. "Sinto-me o mais infeliz e desgraçado homem na Terra", escreveu ele a um amigo em 31 de março. "Pense em alguém cuja saúde jamais se recuperará e que, desesperado com isto, trata de agravá-la, em vez de melhorá-la; pense em alguém, digo eu, cujas esplêndidas esperanças deram em nada, a quem a felicidade do amor e da amizade oferece apenas a mais dilacerante dor, cujo entusiasmo (pelo menos do tipo que é capaz de inspirar) pelo Belo ameaça desaparecer, e pergunte a si mesmo se não é um sujeito desventurado e miserável."[7]

E, no entanto, Schubert — que, como Beethoven, criava manifestações fortes e universalizantes dos mais íntimos anseios e angústias humanos — aguardava com expectativa a estreia da Nona, como escreveu num trecho desta mesma carta citado na parte 1, detalhando o programa do concerto a que assistiria. Não podemos deixar de nos perguntar o que ele terá pensado ao ouvir o primeiro movimento da Nona, que sob vários aspectos se assemelha ao primeiro movimento do seu então mais recente quarteto de cordas, hoje conhecido como "A morte e a donzela". Os dois movimentos têm a tonalidade de ré menor, apresentam temas principais acompanhados por um segundo tema lírico — momentos de consolo em meio a longas efusões de desespero — e transmitem um inconsolável horror com o destino humano.

Infelizmente, não chegaram até nós as impressões suscitadas em Schubert pela Nona. Embora morasse a vida inteira a pouca distância de Beethoven, de tal maneira o reverenciava que aparentemente não fez qualquer tentativa mais empenhada de conhecê-lo pessoalmente. Schindler menciona um único encontro mais significativo entre os dois compositores, mas a história provavelmente é apócrifa; com toda probabilidade, o único encontro entre os dois teria ocorrido cerca de uma semana antes da morte de Beethoven, quando Schubert foi com alguns amigos comuns prestar homenagem ao mestre, debilitado, acamado e quase inconsciente. Schubert esteve entre os que carregaram o caixão no funeral de Beethoven, e semanas antes de sua própria morte — menos de vinte meses depois da morte de Beethoven — o jovem compositor pediu para ouvir o Quarteto de cordas em dó sustenido menor, op. 131, de Beethoven, composto depois da Nona e ainda mais complexo que ela; acredita-se que seu desejo foi atendido.

John Reed, um dos biógrafos de Schubert, considera que esse temor respeitoso pode ter inibido seu desenvolvimento musical, e cita uma declaração de Joseph von Spaun, amigo de Schubert, que afirmava ter ouvido dele: "Secretamente, bem lá no fundo do coração, ainda espero ser capaz de me tornar alguma coisa, mas quem poderia ser capaz de fazer algo depois de Beethoven?"[8] Mas esta conversa pode ter ocorrido em 1815, quando Schubert tinha apenas 18 anos. Uma semelhança superficial tem sido constatada entre o tema da "Alegria" da Nona Sinfonia e o início da seção de desenvolvimento do *finale* da Sinfonia em dó maior,[9] a "Grande", de Schubert, assim como entre a música composta por Beethoven sobre as palavras *"laufet, Brüder, eure Bahn"* na Nona e a de Schubert para o verso *"So sprachst du, Liebchen, heut' zu mir"* na canção *Mit dem grünen Lautenbande*, mas essas associações parecem algo forçadas e provavelmente expressam apenas coincidências.*

---

* Fiz a experiência de mencionar exemplos específicos de influência da Nona Sinfonia sobre obras musicais posteriores, mas a coisa revelou-se algo complicada. Teria sido necessária uma ampla utilização de vocabulário técnico e referências a temas musicais que os leitores teriam de buscar na memória, em partituras ou gravações. Tive então de abrir mão dessas referências — com algumas poucas exceções — no restante deste capítulo.

"A titânica figura de Beethoven teve enorme peso na vida de Schubert",[10] escreve Peter Clive em seu dicionário biográfico *Schubert and His World* [Schubert e seu mundo], mas o compositor mais jovem era por demais original para ter pretendido e muito menos tentado imitar as características estilísticas do mais velho. A influência da Nona Sinfonia poderia ter sido sentida de várias maneiras em obras mais tardias de Schubert, tivesse ele chegado à idade relativamente provecta de 56 anos alcançada por Beethoven, mas quando a febre tifoide (ou alguma outra enfermidade: os historiadores não têm certeza) finalmente acabou com seu corpo já devastado, Schubert ainda estava um quarto de século aquém dessa idade.

Outros músicos chegaram a registrar suas impressões sobre a derradeira obra-prima sinfônica de Beethoven em seus primeiros anos de vida. Hector Berlioz (1803-1869) ouvira a música de Beethoven pela primeira vez (uma abertura, não sabemos qual) em concerto durante uma cerimônia de entrega de prêmios no Conservatório de Paris por volta do fim de 1827, oito meses depois da morte do compositor. Dois meses mais tarde, o Berlioz extremamente idealista em seus 24 anos, e que viria a se tornar verdadeira encarnação da personalidade musical romântica, escreveu à sua irmã Nanci: "É quando ouvimos as sublimes composições instrumentais da águia Beethoven que constatamos o acerto da exclamação do poeta: 'Ó divina música, a língua, impotente e débil, recua ante tua magia.'"*[11] Em janeiro de 1829, Berlioz escreveu a um amigo: "Agora que pude ouvir o assustador gigante Beethoven, sei em que ponto

---

* Eu traduzi de volta para o inglês a capenga versão francesa desses versos do poema "Sobre a música", de Thomas Moore, feita por Berlioz. Na versão original de Moore, temos: "Music, oh, how faint, how weak, / Language fades before thy spell!"

a arte da música se encontra, trata-se de tomá-la nesse ponto e levá-la adiante — não adiante, isto seria impossível, ela já chegou aos limites da arte, mas até o mesmo ponto por um outro caminho. Muita coisa nova precisa ser feita, é o que sinto com extrema força; e eu o farei, estou convencido, se continuar vivo."[12] (Embora provavelmente não o soubesse, Berlioz se aproximava incrivelmente, nessa declaração, das palavras da oração fúnebre de Franz Grillparzer em homenagem a Beethoven, citadas na parte 1, no sentido de que os sucessores do compositor teriam de "começar de novo, pois aquele que veio antes só se deteve onde a arte se detém".) Dois meses depois, tendo ouvido uma execução dos quartetos de cordas op. 131 e op. 135 de Beethoven, Berlioz escreveu a Nanci que o mestre alemão havia "subido tão alto que começamos a perder o fôlego".[13]

Berlioz era por natureza um rebelde e um radical; fora mandado a Paris pelo pai, um médico de província, para estudar medicina, mas, consumido de paixão pela música, matriculara-se no famoso conservatório da capital, onde estudou composição com Reicha e Le Sueur, contemporâneos talentosos, mas conservadores, de Beethoven. O radicalismo musical de Beethoven exercia avassaladora atração artística e espiritual sobre Berlioz, que se viu de uma hora para outra cultuando diante de um novo altar. Não seria um exagero afirmar que Beethoven transformou a vida de Berlioz. David Cairns, autor da mais abrangente biografia do compositor francês, escreveu: "Berlioz acredita em Beethoven, dispõe-se a tomar o caminho que ele indica e, como numa iniciação órfica, a segui-lo até regiões espirituais estranhas e inicialmente proibidas [...] É de sua parte um ato de fé; ele confia no compositor cujas sinfonias lhe revelaram um novo mundo musical de grandeza, intensidade e alcance incomparáveis."[14] Considerando-se a difícil e não raro hostil relação entre as culturas alemã e francesa — uma relação negativa que fora exacerbada na juventude de Berlioz pela participação dos Estados germânicos na derrota da França napoleônica —, a imediata e instintiva convicção do jovem compositor de que Beethoven e ninguém mais havia mostrado o caminho para o futuro da música parece tanto mais extraordinária. E essa convicção logo haveria de se transformar numa verdadeira bandeira para Berlioz.

Em 1829, o jovem compositor estudou pela primeira vez a partitura da Nona Sinfonia, que ainda não fora tocada na França, tornando-se nesse momento um dos primeiros músicos de qualquer latitude a entender sua importância. "Lemos atentamente a partitura", escreveu ele numa série de polêmicos artigos publicados em *Le Correspondant*, com o objetivo de defender Beethoven diante de seus adversários, "e sem pretender nos lisonjear com a suposição de que a entendemos em sua totalidade e em todos os seus aspectos, não hesitamos em considerá-la a culminância do gênio de seu autor." O historiador da cultura Jacques Barzun assinalou que no último desses artigos Berlioz "afirmava tranquilamente que a Nona Sinfonia, cuja partitura já lera, mas que ainda não fora ouvida por ninguém em Paris, longe de refletir um grande homem lutando com a demência, era pelo contrário um ponto de partida para a música do presente".[15]

Em 1834, Berlioz já ouvira todas as sinfonias de Beethoven, entre elas a Nona, e publicava ataques de pesada ironia contra o público francês por sua atitude negativa em relação a seu herói musical: "Encontramos meia dúzia de jovens que, a pretexto de sustentar que nosso camarada Beethoven é o maior músico da Europa (o que não seria possível, já que ele nunca conseguiu ser tocado na Opéra-Comique), gostariam de proibir qualquer conversação [durante execuções da música de Beethoven], dizendo a todo mundo que os conversadores não passam de grosseiros comerciantes."[16] Quatro anos depois, contudo, os pontos de vista começavam a mudar. Escrevendo na *Gazette Musicale*, Berlioz dividia agora os ouvintes parisienses da Nona em cinco categorias:

> Certos críticos consideram [a obra] uma *monstruosa loucura*; outros nada veem nela senão *as últimas luzes de um gênio em extinção*; certas pessoas, mais prudentes, afirmam que no momento não a entendem em absoluto, mas não perdem a esperança de vir a apreciá-la mais tarde, pelo menos até certo ponto; a maioria dos artistas a considera uma concepção extraordinária, com algumas partes, todavia, ainda inexplicáveis ou aparentemente sem sentido. Um pequeno número de músicos, naturalmente inclinados a examinar cuidadosamente tudo que possa expandir o domínio da arte, e tendo refletido ponderadamente na forma global da sinfonia coral, depois de tê-la lido e ouvido muitas vezes, afirmam que esta obra parece-lhes a mais esplêndida expressão do gênio de Beethoven: esta opinião [...] é por nós compartilhada.[17]

Berlioz começa então a descrever detalhadamente a sinfonia; sua descrição é em certa medida uma análise musical ("Este *Allegro maestoso* em *ré menor* começa, todavia, com o acorde de *lá* sem a terceira, ou seja, com a sustentação das notas *lá* e *mi*, arranjadas em quintas, com arpejos acima e abaixo dos primeiros violinos, das violas e dos contrabaixos")[18] e em parte uma pictórica narrativa emocional ("A peroração contém expressões que comovem a alma inteira; seria difícil ouvir algo mais profundamente trágico que esta canção entoada pelos instrumentos de sopro, sob a qual a frase em *tremolo* cromático dos instrumentos de cordas se amplia e alça aos poucos, estrugindo como o mar à aproximação de uma tempestade"). Sua interpretação verbal da obra prossegue por bem mais que duas mil palavras, e ele oferece em seguida uma tradução francesa integral dos trechos da "Ode à alegria" de Schiller usados por Beethoven no *finale* da sinfonia. "Se o público do Conservatório [...] dispusesse de uma tradução como esta", afirma Berlioz, "certamente acompanharia melhor as ideias do compositor."¹⁹ Entretanto, acrescenta ele, "fica claro que esse público, que inicialmente se mostrou tão frio em relação a essa colossal partitura, começa a sofrer sua influência. Com mais duas ou três execuções, poderá sentir todas as suas belezas".* Como se esta homenagem ainda não fosse suficiente, Berlioz termina seus comentários sobre a Nona conjeturando que, "quando Beethoven, ao concluir esta obra, contemplou as majestosas dimensões do monumento que acabava de erguer, deve ter dito a si mesmo: 'Que venha a morte, minha missão está cumprida.'"

Para Berlioz, o exemplo da vida de Beethoven e da força expressiva da Nona Sinfonia em particular constituía uma confirmação de suas próprias opções na vida e de sua emancipação do conservadorismo musical de seus professores. Certamente não terá sido por coincidência que a plena floração de sua incrível originalidade ocorresse poucos meses depois de seus primeiros contatos com a partitura da Nona, ou que compusesse não muito mais que um ano depois a *Sinfonia fantástica*, obra tão inovadora e surpreendente quanto a Nona, embora de forma muito diferente. A influência pode ter sido indireta, mas foi muito concreta. E a Nona também influenciou Berlioz de maneiras mais diretas: ecos do recitativo do *finale* de Beethoven podem ser ouvidos na Abertura *Roi Lear* (1831) de Berlioz, e toda a sua sinfonia dramática *Roméo et Juliette* (1838-39) e a lenda dramática *La Damnation de Faust* (concluída em 1846) fazem amplo uso de vozes solistas e corais.

A partir da década de 1830, Berlioz ganhou fama de um dos melhores regentes da época, e hoje em dia é considerado um au-

---

* Mais de quarenta anos depois, contudo, Georges Bizet lamentaria que o público parisiense continuasse a evidenciar que não entendia a Nona.

têntico pioneiro da arte da regência. Generoso, deve ter sentido que retribuía pelo menos em parte sua grande dívida para com Beethoven quando, no fim do inverno e na primavera de 1852 — época do 25º aniversário da morte de Beethoven —, regeu a Nona Sinfonia à frente da orquestra da New Philharmonic Society, no Exeter Hall londrino. Segundo o conhecido crítico James William Davison, do *Times*, essa performance provocou "um entusiasmo quase sem equivalente no interior de uma sala de concerto".[20] Outro observador, escrevendo em *The Illustrated London News*, referiu-se ao acontecimento como "a maior vitória jamais alcançada na exploração das intenções de Beethoven. [...] Ouvimos na noite de quarta-feira professores de considerável reputação, cujas troças e zombarias na direção da Nona Sinfonia anos atrás ainda não esquecemos, confessarem que ela era incomparavelmente a maior emanação do gênio de Beethoven. [...] Bem mereceu Berlioz a ovação que lhe foi ofertada pelos milhares de pessoas comovidas que enchiam a sala de concerto nessa memorável ocasião, a ser guardada para sempre em nossos anais musicais". Berlioz deveria ter regido a Nona em São Petersburgo, durante sua bem--sucedida temporada de 1867-68 na capital imperial russa, mas a falta de cantores qualificados o levou inicialmente a decidir tocar apenas os três primeiros movimentos e em seguida a simplesmente cancelar o concerto.

A essa altura, todavia, Berlioz estava com 64 anos, viúvo pela segunda vez, arrasado pela morte de seu único filho, abandonado por muitos amigos e considerado por demais radical por uma parte do mundo musical e ultrapassado por outra; ele morreria no ano seguinte. "Meu desprezo pela loucura e baixeza da humanidade, meu ódio por sua atroz crueldade nunca foram tão intensos", escrevera em 1861. Ele quase parecia estar fazendo eco a Beethoven, que, pelo fim da vida, havia declarado: "Nossa época precisa de mentes fortes para punir esses miseráveis corações humanos cheios de mesquinhez e trapaça — por mais que meu coração se recuse a causar dor a quem quer que seja."[21] Lembramos de Berlioz sobretudo por sua música maravilhosamente imaginosa — e assim deve ser mesmo —, mas também devemos honrá-lo como a primeira personalidade da música europeia que entendeu e defendeu publicamente as obras difíceis e inovadoras do último período criativo de Beethoven.

A compreensão da música do "Beethoven tardio" evidenciada por Berlioz era extraordinariamente presciente, mas outros músicos dessa época também pelo menos suspeitavam do que seu célebre contemporâneo tentava fazer. Giacomo Meyerbeer, por exemplo, escreveu em seu diário em março de 1831, em Paris, que "uma execução da gigantesca sinfonia de Beethoven com coro, tocada extraordinariamente num concerto do Conservatório (e que eu ouvia pela primeira vez)"[22] podia ser incluída "entre os principais acontecimentos" de sua vida naquele mês.

Judeu alemão (seu nome originalmente era Jakob Liebmann Meyer Beer) nascido em 1791, uma dúzia de anos antes de Berlioz, Meyerbeer foi um dos mais populares compositores de ópera do século XIX e, em seus anos em Paris, um pioneiro da *grand opéra* francesa e sucessor de Rossini, seu mais importante antecessor musical — embora o prodigioso Rossini fosse um ano mais moço que Meyerbeer. As óperas *Les Huguenots, L'Africaine, Robert le diable, Le Prophète, L'Étoile du nord* e *Dinorah*, de Meyerbeer, raramente são ouvidas hoje em dia, mas na época e até o fim do século XIX algumas constavam do repertório de toda companhia de ópera que se respeitasse.

Anteriormente, quando tinha 23 anos, Meyerbeer pode ter tido contato direto com Beethoven em Viena: ele teria tocado tímpanos ou bombo (os relatos divergem) sob a regência do compositor numa execução da sinfonia caça-níqueis "Batalha", de Beethoven. Segundo relato recolhido em *Life of Beethoven* [A vida de Beethoven], de Alexander Wheelock Thayer, Beethoven afirmara que o jovem "'não tocava [o bombo] adequadamente e estava sempre atrasado. Em consequência, eu realmente tive de lhe passar uma carraspana. Há-há-há! Ele pode ter ficado chateado. Nada podemos esperar dele. Não tem coragem de tocar no momento exato'".[23] Sabemos agora o que pensar da afirmação de Beethoven de que seu coração se recusava a infligir dor a quem quer que fosse!

Meyerbeer possivelmente não tinha dificuldade para entender e apreciar as obras dos períodos inicial e intermediário de Beethoven, mas sua reação às obras do período tardio variava. Embora fosse vinte anos mais jovem que Beethoven, a linguagem musical do compositor mais velho em seus últimos anos era muito mais complexa que a do colega mais jovem. Meyerbeer compareceu a cerca de meia dúzia de execuções da Nona Sinfonia, em Paris e Berlim, mas não deixou registrada qualquer reação. Perto do fim da vida, ouvindo o famoso pianista e regente Hans von Bülow tocar uma sonata relativamente tardia para piano, a n° 29 em lá maior op. 101 — "que eu nunca ouvira antes"[24] —, ele a qualificou como "uma obra inspirada, gloriosa, particularmente no primeiro movimento, elegíaco, no terceiro e no quarto, que é uma fuga". (Poucos anos antes, a mesma sonata, tocada por Anton Rubinstein, provocara uma reação muito diferente no escritor russo Ivan Sergueyevich Turgueniev, que amava Beethoven, mas "não conseguia entender"[25] a op. 101.) Quase trinta anos após da morte de Beethoven, contudo — e depois de ter sido o jovem Berlioz transportado às nuvens por uma execução do tardio Quarteto de cordas em dó sustenido menor op. 131 de Beethoven —, Meyerbeer escreveu que, embora se tivesse deliciado com o *scherzo* dessa obra (que era, segundo dizia, "uma obra-prima de invenção, humor e belo controle"),[26] o mesmo não acontecera com os outros movimentos: "A introdução (*adagio*), o *allegro* e o *andante*, que formam um único movimento sem interrupção, ainda são incompreensíveis para mim. Não consigo encontrar o fio condutor nem captar a estruturação orgânica."

Meyerbeer era um compositor de música para grandes espetáculos, música destinada a agradar ao público de sua época. Nada de errado com isto! Mas as obras tardias de Beethoven destinavam-se a agradar a todos e a ninguém, em qualquer época. Partes suas podiam ser apreciadas de maneira puramente visceral, mas qualquer tentativa de apreendê-las mais plena e profundamente exigia que os ouvintes estivessem na mesma sintonia que Beethoven, ou pelo menos numa sintonia semelhante, e dispostos a fazer o esforço de ir ao seu encontro. A imaginação musical de Meyerbeer era por demais limitada para isto, ou então ele nascera um pouco cedo demais. Quem sabe se tivesse nascido uns doze anos mais tarde, como Berlioz, ele houvesse adquirido uma perspectiva ligeiramente mais moderna, como foi o caso de Félix Mendelssohn.

Nascido em Hamburgo, Mendelssohn era quase vinte anos mais moço que Meyerbeer e seis anos mais que Berlioz, admirava e certamente era capaz de entender a música de Beethoven, mas não a fazia inteiramente a sua. Ele era um romântico, mas de tendência conservadora; os desafios de Beethoven à ordem estabelecida, na música como na vida, provavelmente eram um pouco demais para o bem-nascido e educado Mendelssohn, e a mistura de estima e perplexidade em sua atitude fica evidente numa carta que escreveu a seu professor, Carl Friedrich Zelter, em Paris, em 1832, quando tinha 23 anos. Embora acreditasse na sinceridade da admiração de certos músicos locais por Beethoven (eles "realmente apreciam agora as sinfonias de Beethoven, tendo-se familiarizado bastante com elas, e sentem grande prazer por terem dominado essas coisas"),[27] ele não acreditava na sinceridade de outros, pois esses "grandes e ruidosos entusiastas", como se referia a eles, "desmerecem os outros mestres por causa dele, falam de Haydn como se fosse uma peruca empoada, de Mozart como se fosse um simplório, e um entusiasmo tão tacanho não pode ser autêntico". Além disso, prosseguia ele, o público

> ama Beethoven de uma forma inusitada, pois acha que é preciso ser um especialista para amá-lo; são muito poucos aqueles que de fato sentem alguma alegria com essa música, e eu simplesmente não suporto o desmerecimento de Haydn e Mozart; fico louco com isto. Para eles, as sinfonias de Beethoven são como plantas exóticas; eles não as examinam realmente, elas são uma curiosidade, e se alguém chega a contar os filamentos e descobre que pertencem a uma conhecida família de flores, deixa por isto mesmo e não se aprofunda no assunto.

A Sinfonia nº 2 em si bemol maior, op. 52, de Mendelssohn — composta em 1840 e intitulada *Lobgesang*, ou *Hino de louvor* — tem um *finale* coral-orquestral e provavelmente foi a primeira sinfonia de estilo tradicional a fazer uso de vozes depois da Nona de Beethoven.* Apesar do baixo número de *opus*, posicionando-a como segunda entre as cinco sinfonias da maturidade de Mendelssohn, ela é cronologicamente a última. (A "Escocesa", nº 3, só seria concluída em 1842, mas foi composta essencialmente na década de 1830.) A *Lobgesang* é uma obra de belo artesanato, mas não muito envolvente, e certamente não está entre as melhores de Mendelssohn; seu longo e banal primeiro movimento é seguido por dois outros mais breves e de certa forma mais interessantes, vindo então uma cantata — baseada em textos bíblicos — que dura cerca de quarenta minutos, um quarto de hora mais que o *finale* da

---

* *Roméo et Juliette,* de Berlioz, ligeiramente anterior, é apresentada como uma "sinfonia dramática" mas não adota um formato sinfônico tradicional.

Nona Sinfonia, sem qualquer vestígio da impressionante audácia evidenciada por Beethoven. A influência da Nona, aqui, é puramente formal. Como no caso de Schubert, contudo, é impossível determinar se essa influência teria aumentado se Mendelssohn tivesse chegado a uma idade realmente madura, pois o fato é que esse gênio morreu em 1847, aos 38 anos.

Frédéric Chopin fazia parte do extraordinário grupo de compositores — sendo os demais Mendelssohn, Schumann, Liszt, Wagner e Verdi — nascidos entre 1809 e 1813; todos eles eram crianças ou adolescentes quando da estreia da Nona Sinfonia. Várias fontes indicam que Chopin provavelmente ouviu a obra quando ela foi tocada pela orquestra do Conservatório de Paris (por ele considerada o *"non plus ultra"*) em 1832, e ele ouviria trechos dois anos depois, ao comparecer a um festival de música em Aachen, na Alemanha, na companhia do pianista, regente e compositor Ferdinand Hiller — outro talentoso músico nascido naquele mesmo breve período. Sabe-se que Chopin preferia Bach e Mozart a Beethoven, mas ele admirava a música orquestral e de câmara do último. Infelizmente, não chegaram a nós suas impressões a respeito da Nona, ao passo que Robert Schumann, que veio ao mundo menos de quatro meses depois de Chopin, efetivamente escreveu e até publicou suas ideias sobre a obra, como a respeito de tantas outras.

Aos 23 anos, Schumann iniciou um breve ensaio — "Sobre a Sinfonia em ré menor" — com uma citação por ele atribuída a um amigo: "Eu sou o cego de pé diante da catedral de Estrasburgo, ouvindo seus sinos, mas incapaz de encontrar a entrada. Deixa-me só, meu jovem, não mais entendo a humanidade."[28] Em outras palavras, eu sei que a Nona Sinfonia é algo grandioso, mas não a entendo. Mas em seguida, entrando na pele de um dos *alter ego* que convocava em seus ensaios — no caso, Eusebius, de personalidade meditativa e melancólica —, Schumann escreve:

"Quem haveria de repreender o cego por se postar diante da catedral sem saber o que dizer? Simplesmente tirem o chapéu, com devoção, quando os sinos tocarem lá no alto."

O outro *alter ego* de Schumann, Florestan, de personalidade mais animada, entra em cena e declara, referindo-se a Beethoven:

> Sim, simplesmente amá-lo, amá-lo muito — mas sem esquecer que ele alcançou a liberdade poética tomando o caminho de muitos anos de estudo —, e honrando sua perene força moral. Não tentar encontrar o que nele não é normal, retornar aos alicerces de sua criatividade, não demonstrar seu gênio através da última sinfonia, muito embora ela fale mais audaciosa e imensamente que qualquer outra língua antes dela — podemos fazê-lo da mesma forma com a primeira [sinfonia] ou com a leve sinfonia grega em si bemol maior [N° 4]! Não opor rebeldia contra regras que não tenham sido ainda profundamente examinadas.[29]

De cambulhada com muita prosa altamente colorida e metafórica, vamos encontrar a tese final do ensaio a respeito de Beethoven: "Tratemos então de amar esse espírito elevado, que olha para baixo, com um amor indescritível, em direção à vida, que tão pouco lhe ofereceu."

Cinco anos depois, em carta à sua noiva, a pianista Clara Wieck, então com 19 anos, em Viena, Schumann escrevia, de Leipzig: "Ouça, tenho um pedido a fazer. Não quer visitar nosso Schubert e nosso Beethoven? Colha alguns ramos de murta, junte dois deles para cada um e deposite em seus túmulos, se puder — e então diga baixinho o seu nome e o meu — nada mais — você entende."[30]

Finalmente, em ensaio escrito em 1841, depois de uma execução da Nona Sinfonia, Schumann zombava dos admiradores de Beethoven que erguiam monumentos ao seu herói sem realmente conhecer-lhe a música ou entender quem ele era — exatamente como Mendelssohn investira contra os beethovenianos parisienses uma década antes. "Será que um grande homem precisa *mesmo* ter milhares de anões em seu trem?",[31] perguntava Schumann. Sobre a Nona propriamente, escrevia ele: "Finalmente começamos a nos dar conta de que aqui um grande homem criou sua maior obra. Não me lembro de que ela tenha sido recebida anteriormente com tanto entusiasmo. Com isto, não queremos elogiar a obra — que está acima de qualquer elogio —, mas o público", por sua abertura de espírito.

Sabemos muita coisa — talvez demais — sobre a vida e as lutas de Richard Wagner, sua insuperável originalidade e seu monstruoso egoísmo, a extraordinária influência que exerceu sobre os rumos da música europeia — maior que a de qualquer outro músico entre Beethoven e Stravinski — e o caráter pernicioso de seu racismo e seu nacionalismo. Nenhuma outra grande figura da história da cultura ocidental é mais ambígua, sedutora, repelente, importante e perigosa que Wagner.

Além de suas treze óperas e dramas musicais, dos quais só as três primeiras não fazem parte do repertório permanente das grandes casas de ópera de todo o mundo, Wagner escreveu muitos volumes de prosa sobre uma série de temas que no fim das contas se resumem a um só: Richard Wagner. Estivesse escrevendo sobre a arquitetura dos teatros, músicos do passado ou "o judaísmo na música" (título de seu mais famigerado ensaio), todos os caminhos levavam direta ou indiretamente a ele próprio. Assim é que, por exemplo, em suas memórias Wagner afirmava que em sua juventude o *finale* da Nona de Beethoven "tornou-se a estrela-guia mística de meus pensamentos e aspirações musicais mais fantásticos"[32] — em outras palavras, a Nona não só era grande em si mesma, mas também, e talvez acima de tudo, uma precursora do drama musical wagneriano, um trampolim para a autorrealização de Wagner.

A estreia da Nona ocorrera duas semanas antes de Wagner completar 11 anos; após alguns anos — quando estava no meio da adolescência, não muito depois da morte de Beethoven —, Wagner ouviu a famosa soprano Wilhelmine Schröder--Devrient no papel-título de *Fidelio* e começou a explorar a partitura da Nona Sinfonia. "O que inicialmente me atraiu nela",[33] escreveria,

> foi a opinião, que não prevalecia apenas entre os músicos de Leipzig, de que essa obra de Beethoven tinha sido composta num estado próximo da insanidade: ela era considerada o *"non plus ultra"* de tudo que era fantástico e incompreensível, o que bastava para despertar em mim um desejo apaixonado de investigar esse fenômeno demoníaco. Ao examinar pela primeira vez a partitura, que só com grande dificuldade pude obter, fiquei imediatamente impressionado, como diante da força do destino, com as quintas justas longamente sustentadas com as quais tem início o primeiro movimento: esses sons, que desempenharam um papel propriamente espectral nas minhas primeiras impressões musicais, apareciam-me como os alicerces fantasmagóricos de minha própria vida. Esta sinfonia certamente detinha o segredo de todos os segredos; e assim foi que comecei a trabalhá-la, copiando penosamente a partitura.

A Nona é tema de um dos mais antigos documentos conhecidos a respeito de Wagner: uma carta por ele escrita ao editor B. Schott, em Mogúncia, em 1830, quando tinha 17 anos. "Há muito tempo venho fazendo da esplêndida última sinfonia de Beethoven objeto de meu mais profundo estudo", começa a missiva, "e quanto mais me familiarizo com o grande valor da obra, mais me dói que ainda seja tão mal compreendida e tão ignorada pela maioria do público musical."[34] Para tentar remediar a situação, ele trabalhava num arranjo da sinfonia para piano solo, na expectativa de que a editora de Schott se decidisse a publicá-lo, para que os amadores musicais pudessem tocar a obra em casa. Mas Schott não se interessou pela proposta.

Mais tarde, depois de ouvir uma terrível execução da sinfonia em Leipzig, Wagner começou a achar que seu entusiasmo inicial pela obra não se justificava, mas em seus anos de dificuldades em Paris, quando se aproximava dos 30, ele voltou a mudar de ideia ao ouvir uma execução da sinfonia pela orquestra do Conservatório de Paris, sob a regência de seu intrépido titular, François Habeneck. Wagner recordaria mais tarde que a "renomada orquestra" tocara a composição

> com o acabamento que decorre de um estudo incomparavelmente longo, uma execução tão perfeita e comovente que a concepção dessa obra maravilhosa que eu vagamente havia formado nos dias de entusiasmo de minha juventude, antes que sua execução (em ambos os sentidos) pela orquestra de Leipzig [...] a tivesse apagado, de repente ressurgiu diante de mim com o brilho do dia e praticamente palpável. Lá onde eu anteriormente enxergara apenas constelações místicas e mágicos espíritos sem som, agora encontrava, fluindo de fontes inumeráveis, um fluxo de inesgotável melodia, apoderando-se do coração com força irresistível.[35]

Era, prosseguia Wagner, "o efeito indizível da Nona Sinfonia, num desempenho que eu jamais sonhara possível, revivendo minha ideia anterior e conferindo-lhe nova vida e nova força".

Muito bem. Mas a visão de Wagner a respeito da importância histórica da Nona Sinfonia em relação a ele próprio surge diante de nós em toda a sua contorcida glória metafórica em seu famoso ensaio "Das Kunstwerk der Zukunft" [A obra de arte do futuro], escrito em 1860:

> Desse modo, o mestre [Beethoven] abriu caminho pelas mais inéditas possibilidades da linguagem tonal — não tratando de percorrê-las apressadamente, mas proclamando-as integralmente, até o último som, das mais plenas profundezas do seu coração — até chegar àquele ponto em que o navegador começa a tocar as profundezas do mar com sua sonda; em que alcança um fundo sólido cada vez mais próximo, à medida que o litoral do continente se acerca dele; em que deve decidir se haverá de retornar ao oceano insondável ou ancorar às novas margens. Mas não foi nenhum anseio grosseiro do mar que levou o mestre a fazer essa longa viagem; ele desejava o mundo novo e precisava desembarcar nele, pois com esta finalidade é que a viagem havia sido empreendida. Decidido, ele lançou sua âncora, e essa âncora era a *palavra*. Esta palavra, contudo, não era a palavra voluntariosa e sem significado que o cantor da moda remastiga repetidas vezes como mera cartilagem da sonoridade vocal; era a palavra necessária, poderosa e unificadora pela qual se derrama a torrente da mais sentida emoção; o porto seguro para o viajor inquieto; a luz que ilumina a noite dos anseios sem fim; a palavra que a humanidade redimida proclama de toda a plenitude do coração do mundo; a palavra por Beethoven depositada como uma coroa no alto de suas criações musicais. Esta palavra era — "Alegria!" E com esta palavra ele exortava a humanidade: *"Deixai-vos abraçar, incontáveis milhões! E ao mundo todo este beijo!"* E *esta* palavra haverá de se transformar na linguagem da *obra de arte do futuro*.
>
> Esta *derradeira sinfonia* de Beethoven é a redenção da música, saindo de seu próprio elemento, como *arte universal*. É o evangelho *humano* da arte do futuro. Além dela não pode haver

progresso, pois depois dela pode vir apenas a rematada obra de arte do futuro, *o drama universal*, para o qual Beethoven forjou para nós a chave artística.

Desse modo, a música realizou em si mesma aquilo de que nenhuma das outras artes foi capaz isoladamente. Cada uma dessas artes, em sua estéril independência, serviu-se apenas tomando um egoísta empréstimo; nenhuma delas foi capaz de ser ela própria e tecer dentro de si mesma o elo unificador.[36]

A conclusão a que Wagner parece querer conduzir-nos, se conseguirmos sobreviver à sua acalorada verborragia, é, em essência, que a música é em si mesma boa, mas não nos envolve completamente. Precisamos na verdade que a ela se juntem as palavras — não apenas velhas palavras "remastigadas" (leia-se: libretos da ópera francesa ou italiana romântica), mas palavras que comuniquem Significados Elevados e Sentimentos Elevados — alegria, no caso da Nona Sinfonia, ou talvez redenção, que era uma das fixações de Wagner: a redenção pelo autossacrifício, o sacrifício de uma mulher por um homem, o sacrifício de Cristo pela humanidade ou mesmo o sacrifício total implícito na destruição universal. Melhor ainda, que seja adicionado um tratamento cênico à música e às palavras, mas em vez de chamar as criações assim geradas de "óperas" (Deus me livre!), vamos dar-lhes o nome de "dramas musicais". Wagner considerava que as óperas tradicionais de sua época eram "um caos de elementos sensuais desconexos"; usava a palavra "prostituta" para desmerecer a ópera italiana e a expressão "*coquette* de sorriso frio" para menosprezar a ópera francesa. Shakespeare e Beethoven eram seus mentores diretos e seus ancestrais artísticos — ou pelo menos era o que aparentemente acreditava —, mas precisavam ser "redimidos" através de uma perfeita mistura de poesia e música que ele vinha alcançando.

Os projetos criativos de Wagner combinavam à perfeição com certos conceitos novecentistas de progresso; suas obras precisavam ser não só diferentes das de seus antecessores, mas também melhores: maiores, mais complexas do ponto de vista técnico e do conteúdo, mais difíceis para os executantes e o público e, do seu ponto de vista, mais profundas, mais envolvidas com ideias abstratas. De modo geral, os músicos não acreditam hoje que Mozart fosse maior que Bach, que Beethoven fosse maior que Mozart, que Verdi fosse maior que Rossini ou que Puccini fosse maior que Verdi. Eles podem muitas vezes ter preferências ou favoritos entre os compositores do passado, mas reconhecem que cada grande criador compôs obras notáveis o suficiente para serem amadas por milhões de pessoas décadas ou séculos mais tarde. E, por sinal, Brahms e a maioria dos outros mestres atuantes na época de Wagner não se consideravam capazes de superar Mozart ou Beethoven; como esses mestres anteriores, queriam que suas obras fossem consideradas, entendidas e, com alguma sorte, apreciadas e amadas em seus próprios termos, e não "em comparação com". Wagner, pelo contrário, queria ser o maior compositor de todos os tempos, o maior poeta da língua alemã (ele escrevia seus próprios libretos, em certos momentos terríveis) e o maior encenador do mundo. Ele não se limitava a apreciar um elogio, como a maioria dos outros seres humanos; ele o exigia, exigia admiração e adulação. E, ao declarar que, no *finale* da Nona Sinfonia, Beethoven "forjou [...] a chave artística" que abriria a porta para "a rematada obra de arte do futuro, *o drama universal*", não deixou muita margem à dúvida de que a única pessoa capaz de virar essa chave seria ninguém mais, ninguém menos que Richard Wagner.

Um século e meio depois da publicação de "A obra de arte do futuro", não sabemos muito bem o que é mais divertido, se a prosa inflada de Wagner ou sua escancarada autopromoção. Mas não devemos esquecer que, ao escrever essas palavras, o compositor, então com 47 anos, já concluíra *O navio fantasma, Tannhäuser, Lohengrin, O ouro do Reno, A valquíria* e — ainda recentemente — *Tristão e Isolda*, e que, nos 23 anos que ainda lhe restavam de vida, criaria *Os mestres cantores de Nuremberg, Siegfried, O crepúsculo dos deuses* e *Parsifal*. Sua produção é impressionante não só pela quantidade e qualidade como também por uma maestria cada vez maior e mais aprofundada. *O navio fantasma* evidencia considerável originalidade, contendo muitas músicas maravilhosas, mas no fundo vem a ser uma síntese entre as pioneiras óperas alemãs de Carl Maria von Weber e o estilo operístico italiano mais dependente de fórmulas na época; *Tristão, O crepúsculo dos deuses* e *Parsifal* situam-se num patamar completamente diferente — talvez até numa outra dimensão. Durante boa parte da segunda metade do século, Wagner não terá sido apenas um exemplo de progressismo musical; ele personificava a vanguarda artística europeia. Nessa condição, era constantemente atacado em várias frentes ao mesmo tempo, sendo fácil compreender seu desejo de se defender de inimigos atuais e futuros. A imagem que tinha de si mesmo como o grande passo adiante depois de Beethoven significava que de alguma forma ele considerava o antecessor algo ingênuo; desse modo, em carta a Franz Liszt, ele assinalava aquele que considerava o principal defeito da Nona Sinfonia: o seu *finale*. Segundo ele, "o último movimento, com seu coro, é sem dúvida a parte mais fraca, sendo importante apenas do ponto de vista da história da arte, por nos revelar, em sua forma extremamente ingênua, o embaraço sentido por um verdadeiro poeta sinfônico que (depois do Inferno e do Purgatório) não sabe afinal como representar o Paraíso".[37] Mas a identificação de Wagner com Beethoven era tão forte que, segundo especialistas que se aprofundaram na questão, incluía a crença na metempsicose, a transmigração das almas.[38]

Mais especificamente, a Nona Sinfonia vem a ser um tema recorrente nos diários obsessivos e cheios de adoração que a segunda esposa de Wagner, Cosima, manteve ao longo dos quatorze últimos anos da vida de seu segundo marido. (Cosima era filha de Liszt e fora casada com o pianista e maestro Hans von Bülow, discípulo de Liszt e Wagner.) Numa das primeiras entradas, ela observava que Richard tocara o tema da "Ode à alegria" ao piano para ela e os filhos, e que havia comentado: "Toda sabedoria, toda arte é esquecida na natureza divina desse tema ingênuo, ao qual, com sua nobre voz de baixo, [Beethoven] confere toda a força do sentimento humano. Aqui, o ingênuo e o emocional se combinam."[39] Menos de um mês antes de morrer, Wagner voltava a esse tema: Richard "toca o início da Nona!",[40] escreveu Cosima. "Ele o compara a uma improvisação e diz: 'Que sublime ingenuidade! Quanto tempo não se leva para chegar a esse estágio! Nas primeiras sinfonias, ele ainda precisa recorrer a andaimes.'"

Em outra ocasião, contudo, ele dissera a Cosima que "a melodia"[41] do primeiro movimento da Nona (não sabemos qual melodia, mas o mais provável é que fosse o segundo tema) "lhe viera à mente e ele pensara: 'Você nunca fez nada parecido.'" Aparentemente, ele se sentia ficando um pouco para trás do grande modelo.

Em maio de 1872, Cosima escreveu que ela e o marido tinham

> conversado muito sobre a Nona Sinfonia; de onde B[eethoven] terá tirado a ideia de musicar o poema de Schiller? R. acha que desde o início ele queria compor uma grande sinfonia da alegria, no espírito dos maçons, antecedendo-a de um clima de luta e luto, mas tenho a sensação de que ele compôs primeiro os movimentos mais sombrios, para em seguida, por assim dizer sem encontrar um *finale*, recorrer a palavras. — Mas uma obra como esta é sempre um mistério; R. frisa como é notável em B. o ódio ao trivial,

a aversão às dominantes,* por exemplo, e o impressionante instinto artístico. Passagens isoladas também são magnificamente orquestradas, como o início do *Adagio*. Entretanto, estamos cada vez mais convencidos de que composições como o primeiro movimento desta sinfonia não têm como ser apresentadas ao público, que nunca conseguirá a concentração necessária para apreender tais mistérios.[42]

Em outras palavras, "nós" estamos à altura, mas "eles", não. Posteriormente, contudo, Wagner especularia que, no fim das contas, poderia ser mais difícil para um músico do que para um leigo entender o primeiro movimento da Nona, pois "na verdade [ele] não tem melodia e começa com aquelas quintas — o que nada diz ao autêntico músico, mas causa impressão — uma impressão fantasmagórica — muito maior num leigo dotado de imaginação".[43] Mas ele também achava "curioso que essa obra, não muito bem-proporcionada em sua forma, se tivesse tornado tão popular".[44]

Encontramos muitas outras referências à Nona no diário de Cosima. Em certa ocasião, Richard diz-lhe que o turbulento início da recapitulação do primeiro movimento "sempre me parece uma espécie de caldeirão onde as bruxas de Macbeth fermentam suas desgraças".[45] E de outra feita: "Se alguém quisesse identificar algo que evidencie o total distanciamento da música, sua força, da qual até hoje ninguém teve a menor ideia, teria de citar o *fugato* do primeiro movimento da Nona Sinfonia."[46] Na entrada de 26 de setembro de 1879, Cosima informa: "R. toca o *adagio* [da Nona],

---

* A afirmação de Wagner sobre a "aversão às dominantes" deixará perplexo todo aquele que tenha feito uma análise harmônica da Nona Sinfonia. Todo o dramático início do primeiro movimento, por exemplo, é construído sobre um contraste de inédita amplitude da relação dominante-tônica. É possível que Cosima não tenha ouvido bem ou tenha compreendido mal o que Richard efetivamente disse a respeito.

interrompendo depois da primeira variação para exclamar: 'Isto é um *adagio* — e como é rica a imaginação na variação! Não há nada comparável.'"[47] Dois anos depois, todavia, referindo-se às passagens próximas do fim do mesmo movimento, Wagner afirma que não gosta "dessa exaltação para uma espécie de canção triunfal, um autocontrole que é perfeitamente desnecessário, pois já se encontra ali *eo ipso* [por esse próprio ato; mas Wagner provavelmente queria dizer "intrinsecamente"] na música".[48] Voltando a pensar no *Adagio*, Wagner declara: "Encontrar esses dois temas e combiná-los, um como um sonho da Natureza, o outro como uma doce lembrança, para criar algo tão divino — só um louco poderia fazê-lo, uma pessoa de mente equilibrada jamais seria capaz de encontrar tais coisas."[49] Em outro momento, Wagner considera o primeiro movimento "selvagem",[50] "dolorido" e "uma peça maravilhosa, embora para os músicos profissionais mais perspicazes de sua época deva ter parecido obra de um incompetente".[51]

Considerando-se o fascínio exercido pela Nona Sinfonia em Wagner ao longo das décadas de sua vida criativa, o fato de ter decidido regê-la na cerimônia de lançamento da pedra fundamental do teatro do Festival de Bayreuth, a 22 de maio de 1872 — quando também comemorava seu 59º aniversário —, não chega a surpreender. E em 1951, 68 anos depois da morte de Wagner, quando voltou a se realizar pela primeira vez depois do fim da Segunda Guerra Mundial, o Festival de Bayreuth foi novamente consagrado com uma execução da Nona Sinfonia, como se a música de Beethoven e seu apelo em nome da fraternidade universal pudessem de alguma forma apagar das memórias a entusiástica cumplicidade da família Wagner com os nazistas; como se pudessem ocultar o fato de que os escritos racistas de Wagner haviam influenciado Hitler, que, como o próprio Wagner, considerava o festival uma espécie de santuário não só de Richard Wagner como também do ideal de supremacia teutônica. Assim como "nem todo o grande oceano de Netuno" seria capaz de limpar as mãos de Macbeth, nem mesmo a Nona Sinfonia do grande Beethoven poderia purificar a reputação de Bayreuth. E, no entanto, a importância de Wagner na história da música perdura, e deve perdurar. Sua obra pode ser amada, odiada ou qualquer outra coisa misturando as duas, mas não pode ser ignorada.

Encarados com diferentes graus de desprezo por Wagner por serem menos inovadores, apesar de terem obtido sucesso mais imediato que ele, Gioacchino Rossini (1792-1868), Gaetano Donizetti (1797-1848), Vincenzo Bellini (1801-1835) e Giuseppe Verdi (1813-1901) — os quatro compositores que dominaram a ópera italiana pela maior parte do século XIX — nasceram todos ainda em vida de Beethoven, e todos eles conheciam pelo menos em parte sua música. Pouco teriam ouvido sobre as obras orquestrais de Beethoven na Itália, se é que chegaram a ouvir, pois em seu país a música sinfônica em geral raramente era executada antes do último quartel do século XIX, mas todos eles passaram longos períodos em Paris nas décadas de 1830 e/ou 1840, quando, como evidenciam os escritos de seus contemporâneos, as obras orquestrais de Beethoven eram muito bem tocadas — pelo menos pelos padrões da época — pela orquestra do Conservatório, sob a regência de Habeneck.

Rossini provavelmente visitou Beethoven em Viena em 1822, quando o compositor italiano era a sensação da cidade, e a darmos crédito a relatos de terceiros sobre o que Rossini supostamente teria dito a Wagner muitos anos mais tarde, nessa oportunidade Beethoven dissera ao jovem colega estrangeiro que os italianos deviam compor apenas óperas cômicas, pois sua compreensão da "ciência" da composição era inferior à dos alemães. O que parece improvável; Beethoven devia saber que Mozart, menos de quinze anos mais velho que ele, fora à Itália aperfeiçoar sua formação musical, e o próprio Beethoven estudara com Antonio Salieri e havia declarado sua admiração pela música de Luigi Cherubini. Sabemos que ele ficava perplexo com o sucesso em Viena de óperas italianas "frívolas" de Rossini e outros, e certamente acreditava de fato que a música de Rossini fosse menos profunda que a sua — mas em 1822 ele já considerava que a música de qualquer outro colega vivo, independentemente da nacionalidade, era menos profunda que a sua.

Por esse mesmo relato, Rossini disse a Wagner que admirava Beethoven e sua música, e sentia pena por sua surdez e condições precárias de vida. Mas acrescentava: "Se Beethoven é um prodígio da humanidade, Bach é um milagre de Deus!"[52] Essa distinção talvez resultasse do fato de que Rossini era capaz de entender plenamente a música de Bach, mas não apreendia completamente a de Beethoven. Quanto à Nona Sinfonia — que apenas começava a ser gestada no espírito de Beethoven no momento da suposta visita de Rossini —, não encontrei qualquer comentário do compositor mais jovem, embora Rossini ainda vivesse mais de quarenta anos depois da estreia da sinfonia e provavelmente houvesse tido muitas oportunidades de ouvi-la.

Que eu saiba, tampouco se encontram comentários sobre a Nona na correspondência de Donizetti ou Bellini. Mas o fato de Donizetti ter tido contato com a música de Beethoven fica claro em sua correspondência, e ele a estimava, embora não gostasse de ver suas próprias obras comparadas desfavoravelmente às do mestre alemão, muito mais velho. Em 1840, na época da estreia em Paris de sua ópera *Les Martyrs* — versão francesa revista da italiana *Poliuto* —, ele escreveu a um amigo: "Aguardo no momento a chegada do *Débats*, um jornal sério, no qual colabora um feroz inimigo de tudo que não seja de Beethoven ou dele próprio."[53] O crítico de música do *Journal des Débats* era Hector

Berlioz, que efetivamente não tinha coisas nada agradáveis a dizer a respeito de Donizetti.

À morte de um amigo em Bérgamo, na Itália, sua cidade natal, Donizetti escreveu a outro amigo que "jamais esqueceria que, através dele, fiquei conhecendo os quartetos de *Haydn, Beethoven, Mozart, Reicha, Mayseder* etc., que foram de grande utilidade ao poupar à minha imaginação do esforço de compor uma peça a partir de algumas poucas ideias apenas".[54] Donizetti compusera na juventude muitos quartetos, antes que Beethoven tivesse criado qualquer dos seus quartetos tardios, mas podemos presumir que o conhecimento de obras dos compositores mencionados acima o convencera de que seu talento melhor se exerceria em outros gêneros musicais.

Em Viena, semanas antes de redigir a carta já citada, Donizetti escrevera ao mesmo amigo, Antonio Dolci, que estava "saindo para a Capela Imperial, para ouvir uma missa de Beethoven, que será tocada especialmente para mim",[55] sem no entanto explicitar se a obra em questão era a *Missa Solemnis* ou a Missa em dó maior, de composição anterior. Alguns meses depois, ele escreveu a um amigo em Viena que desejava compor algo para a imperatriz austríaca: "Gostaria de ser *Mozart, Haydn, Beethoven* para servi-la como ela merece. Infelizmente, o que lhe posso oferecer não é muito. — Mas minhas boas intenções haverão de perdurar."[56]

Verdi, que tinha dezesseis anos menos que Donizetti e ainda viveu mais de meio século após sua morte, tinha um pouco mais a dizer sobre Beethoven que seu compatriota. Mas também sua atitude era ao mesmo tempo de admiração e ressentimento. Em 1871, não muito depois de ter concluído *Aida* — uma das obras de sua maturidade —, Verdi repreendeu delicadamente um amigo por dar importância apenas à melodia na música: "A música não é apenas melodia, não é apenas harmonia", escreveu. "Ela é música! Você vai achar que se trata de uma charada! Eis o que eu quero dizer: Beethoven não era um melodista; Palestrina não era um melodista! Sejamos claros: um melodista na nossa acepção da palavra."[57] Ou seja, quando um grande compositor tem algo importante a dizer, não importa se a capacidade de criar belas melodias é uma de suas principais virtudes.

Alguns anos depois, contudo, preocupado com o crescente interesse dos melômanos italianos pela música sinfônica, Verdi declarou que a música instrumental é uma arte alemã; a música vocal, uma arte italiana, e que deveria haver na Itália uma sociedade vocal

> que permitisse às pessoas ouvir Palestrina, seus melhores contemporâneos, Marcello etc., etc., [que] mantivesse vivo em nós o amor do canto, cuja expressão é a ópera. Atualmente, todo mundo tende a orquestrar, a harmonizar. O *alpha* e o *omega*: a Nona Sinfonia de Beethoven (sublime nos três primeiros movimentos, muito ruim no que diz respeito à feitura do último). Eles jamais chegarão à altura do primeiro movimento; [mas] facilmente imitarão a má escrita vocal do último, e o haverão de proclamar, valendo-se da autoridade de Beethoven: assim é que deve ser feito.[58]

Verdi já tinha 10 anos e meio no momento da estreia da Nona; na verdade, nos anos que antecederam sua morte com 87 anos (27 de janeiro de 1901), ele era o único grande compositor vivo que ainda podia lembrar-se do ano de 1824. Seus contemporâneos ligeiramente mais velhos, Mendelssohn, Chopin, Schumann, Liszt e Wagner, haviam morrido antes — Mendelssohn, 44 anos antes, Liszt, apenas quinze —, e até Charles Gounod, o compositor de *Fausto*, cinco anos mais jovem que Verdi e que, em 1840, executara as sinfonias de Beethoven ao piano com o pintor Ingres, na Villa Medici, em Roma, morreu oito anos antes do colega italiano.

Podemos então afirmar que a palavra final de Verdi a respeito de Beethoven constituía também a palavra final de toda essa impressionante geração de criadores musicais. Havia na música "três colossos",[59] escreveu Verdi em 1898 — três quartos de século após a criação da Nona Sinfonia — em carta ao crítico francês Camille Bellaigue: "Palestrina, Bach, Beethoven."

Poslúdio

1958: Beethoven visita Cleveland, Ohio

Em um encontro de gestores de instituições musicais a que compareci alguns anos atrás, uma jovem — executiva de uma orquestra — surpreendeu-me ao dizer, tranquilamente: "Nem imagino como seria minha vida sem Beethoven." Suas palavras fizeram-me começar a pensar no papel de Beethoven em minha própria vida.

Quando eu estava para entrar na adolescência, aos 11 anos e meio, meus pais me deram uma caixa que determinaria meu futuro. Ela era cinzenta e branca, de madeira laminada, e eu a depositei em cima da cômoda em meu quarto. Do alto dessa posição, ela começou a me proporcionar compreensão e consolo — uma compreensão vacilante, de início, e apenas um vislumbre de consolo, mas de qualquer maneira uma indicação de que aquela criança que ficava para trás, aquele adulto embrionário, aquele estranho eu que surgia talvez pudesse sobreviver, seguir em frente e quem sabe até aprender a aliviar de vez em quando a dor incompreensível e sem nome, ou preencher em parte o enorme abismo de insondável tristeza que de repente se abrira, aparentemente sem motivo, bem no centro do território da vida. Talvez, dizia a caixa, a dor e o abismo não fossem as únicas possibilidades da idade adulta. Talvez pudesse acontecer alguma coisa, naqueles anos que se estendiam pela frente, em sucessão inconcebivelmente longa, para compensar a ambiguidade da existência, algo que viesse contrabalançar os sonhos terrivelmente atraentes, os estranhos anseios e as mudanças físicas ainda mais estranhas que começavam a me habitar.

A caixa — um toca-discos portátil de quatro velocidades, com um alto-falante único, não muito maior que um pequeno melão — parecia dizer-me algo importante a respeito do mundo numa linguagem que eu sentia ter sempre conhecido, e eu intuía que se desse à caixa a devida atenção, muita coisa ainda obscura seria esclarecida. Eu ficava perplexo com a possibilidade de tanta plenitude no meio de tanto vazio, tanta solidez em meio a tanta confusão, tal imutabilidade em meio a semelhante avanço do tempo. A caixa não abrandou nem amenizou meus conflitos internos. Pelo contrário, ressaltou-os e revelou que eram ainda mais profundos e intrincados do que eu suspeitava. Mas também os afirmou audaciosamente, enchendo-me da forte sensualidade do pensamento e fazendo-me sentir que um dia eu pelo menos talvez fosse capaz de enfrentar meus problemas, em vez de prostrar-me perplexo diante deles. A ambígua especificidade da música falava-me diretamente, forçando-me a reagir. Eu a "regia", dançava e me imaginava a explicá-la para a garota pela qual estava secretamente apaixonado, falando-lhe sobre a vida e sobre Beethoven, que era meu alfa e meu ômega. Eu passava horas a fio me familiarizando com uma região recém-descoberta: a vida interior.

Sim: alfa e ômega. Também havia espaço para as letras intermediárias, mas meus hábitos de escuta geralmente começavam e acabavam com Beethoven. Eu começara a tocar algumas de suas peças mais fáceis aos 9 anos; na época, Jean Sibelius, o chamado Beethoven nórdico, ainda estava vivo; Igor Stravinski, o mais festejado beethoveniano (por ser um revolucionário) da geração dos meus avós, compôs nesse ano o *Canticum Sacrum*; Pierre Boulez, um dos importantes revolucionários musicais da geração que então começava a se afirmar, completou 30 anos, e mal havia secado a tinta da partitura de *Le Marteau sans maître*, sua obra mais influente. Eu ainda não tinha ouvido falar de Boulez, mas através de meu toca-discos queria conhecer todos os músicos de que efetivamente tinha ouvido falar, de Bach e Mozart a Bartók e Stravinski. Eu adorava a Abertura "1812" de Tchaikovski, *Scheherazade*, de Rimski-Korsakov, e o jazzístico balé *Fancy Free*, de Leonard Bernstein, que começava com quatro toques de tambor semelhantes a tiros, mas Beethoven parecia falar-me com mais clareza, mais diretamente que qualquer outro, e eu costumava pensar a seu respeito, a respeito de sua vida. Sua música, mas também os relatos simplificados mas não totalmente errôneos de sua vida, que eu devorava, davam-me sustento e coragem. Nem por um só momento eu me identificava com seu gênio, e provavelmente já intuía que meu temperamento essencialmente gregário não permitiria que minhas relações humanas se tornassem desequilibradas como as dele; mas o fato é que eu sempre fui um tímido diante da multidão, e a ideia de um Beethoven de punhos cerrados proclamando alto e bom som seu protesto e sua não aceitação exercia sobre mim uma atração incrível. O Beethoven "mais velho" (mais jovem que eu atualmente) — o Beethoven que buscava a transcendência — era uma descoberta que eu não tinha como fazer com tão pouca idade. O que me nutria então era o Beethoven desafiador do "período intermediário". Ele era meu constante companheiro.

Tal como para outros compositores, a crescente fluência no teclado do piano e na leitura das partituras certamente representou, na minha adolescência, um dos caminhos mais importantes até Beethoven, mas não menos importante foi a presença em minha vida da Orquestra de Cleveland. Graças a um amigo da família que tocava na seção de violinos do grande conjunto, eu assistia aos ensaios e concertos sob a regência de George Szell e outros maestros. Mas para mim o principal portal para a música continuava sendo a caixinha cinzenta e branca em meu quarto, em nossa casa na zona leste de Cleveland. Entre os primeiros LPs que ganhei estavam as sinfonias n°s 5 e 7 de Beethoven, com Erich Kleiber regendo a Orquestra do Concertgebouw de Amsterdã, e a "Eroica" com Szell em Cleveland. Quando um tio e uma tia me perguntaram o que eu queria de presente ao completar 12 anos, em junho de 1958, eu optei pela Nona, e eles me deram aquela que julgo fosse então a única versão disponível em um só disco: a de Bruno Walter, com a Filarmônica de Nova York. Eu devo ter ouvido a obra inteira só uma ou duas vezes inicialmente, mas durante semanas fiquei ouvindo repetidas vezes o *scherzo*. Em seguida, familiarizei-me com o primeiro movimento, depois com o *finale*, e só muito mais tarde com o terceiro movimento, difícil demais para ser "sentido" profundamente até mesmo pelo mais entusiástico dos meninos de 12 anos. Aos movimentos lentos da Terceira, da Quinta e da Sétima não faltavam momentos "empolgantes", mas no *Adagio* da Nona eu precisava esperar muito tempo até que alguma coisa "acontecesse" — ou, como eu diria hoje, para que a sublimidade fosse interrompida.

Aos 15 ou 16 anos, lendo *Júlio César* pela primeira vez, pensei em Beethoven ao dar com estes versos de Cássio: "Por que, homem, percorre ele o estreito mundo / Como um Colosso, e nós, homúnculos / Caminhamos sob suas gigantescas pernas e olhamos ao redor / Para encontrar nossos desonrosos túmulos?" Eu sabia que Cássio estava sendo irônico, incitando Brutus a se rebelar contra o ditador; entretanto, esses versos, fora do contexto e à primeira vista, pareciam uma esplêndida descrição da posição de Beethoven em relação à maioria de nós, demais seres humanos. Eu também tinha 15 ou no máximo 16 anos quando tive uma experiência de que me recordo com detalhes quase proustianos, ao ouvir pela primeira vez o Quarteto de cordas em dó sustenido menor, op. 131. Eu estava sentado na sala de estar da casa de um amigo quando o pai dele pôs no toca-discos uma gravação da peça. Lembro-me de tudo naqueles três quartos de hora em 1961 ou 1962: a sala em que me encontrava e a direção em que olhava; o solitário alto-falante Bozak vibrando, como um organismo exótico, na caixa de madeira inacabada que o sr. L. construíra para abrigá-lo; a rápida percepção de que o primeiro movimento era a obra musical mais arrebatadora que eu jamais ouvira — sentimento de que sou acometido sempre que o ouço, em sons reais ou mentalmente, como neste momento; lembro-me (mas essa lembrança também advém de incontáveis outras audições) dos misteriosos sons pulsantes do enunciado do tema inicial pelo primeiro violino nessa gravação, feita pelo Quarteto de Budapeste no início da década de 1950.

Beethoven aparecia por todo lado. Eu tinha 19 anos quando tomei um avião à noite pela primeira vez, e, contemplando lá embaixo as luzes de Nova York, pensei: "Beethoven não teria ficado emocionado com uma visão destas?" Eu conseguia projetá-lo no presente de uma forma que não teria sido possível, nem mesmo imaginável, com os outros compositores que amava. Sua existência física, que chegara ao fim quase um século e meio antes, conferia cores à minha, ainda fresca e jovem. E sei que no início de minha vida adulta, quando o governo de meu país exigiu que eu participasse de uma guerra que considerava injusta, cruel, estúpida e marcada pelo racismo, Beethoven e sua música resistente e universalizante, que parecia transcender todas as tendências humanas para a desunião, mas ao mesmo tempo para a obediência cega — para seguir a multidão na prática do mal —, estavam entre as principais influências que me fizeram emigrar, para não fazer o que se esperava de mim. Essa decisão alterou para sempre minha vida, prejudicando-a sob certos aspectos, mas enriquecendo-a sob muitos outros.

Meio século se passou desde que eu ganhei a caixinha cinzenta e branca, e hoje já sou vários anos mais velho que Beethoven quando morreu. Ainda o considero o meu alfa e o meu ômega, mas num sentido diferente: como o compositor que transformou minha vida no início da idade adulta e continua a enriquecê-la mais que qualquer outro à medida que me aproximo daqueles que costumam ser considerados os anos de declínio. Sua música ainda me dá tanto prazer sensual e emocional quanto há cinquenta anos, além de um estímulo intelectual muito maior que naquela época. Ela aumenta a plenitude quando a vida está boa e alonga e aprofunda a perspectiva quando ela mal parece tolerável. Está comigo e dentro de mim. E quero crer que este livro não passa de um gigantesco e inadequado bilhete de agradecimento a Beethoven.

Por que 1824?

Anos atrás, quando eu estava concluindo um livro, um amigo me estimulou a escolher um ano importante na história da música e escrever um livro a respeito, tendo como foco o principal ou os principais acontecimentos musicais nele ocorridos. Eu gostei da ideia e comecei a pensar em várias possibilidades. Uma delas era 1912, quando Stravinski praticamente concluiu *A sagração da primavera*, Schönberg compôs *Pierrot Lunaire*, Debussy terminou *Images* para orquestra e começou a trabalhar no balé *Jeux* e no segundo livro dos *Prelúdios* para piano, Ravel concluiu *Daphnis et Chloé*, a Nona sinfonia de Mahler e a Quarta de Sibelius foram estreadas e Prokofiev irrompeu no cenário musical com seu primeiro Concerto para piano. Outra seria 1876, ano do primeiro

Festival de Bayreuth e da estreia da Primeira sinfonia de Brahms. E havia também 1830, quando a *Sinfonia fantástica* de Berlioz, os dois concertos para piano de Chopin, *Anna Bolena*, de Donizetti, e *I Capuletti ed i Montecchi*, de Bellini, foram ouvidos pela primeira vez; quando as sinfonias "Escocesa" e "Italiana" de Mendelssohn estavam sendo compostas; e os virtuoses Paganini e Liszt conquistavam a Europa.

No fim, contudo, 1824 e a estreia da Nona Sinfonia me atraíram mais que qualquer desses anos e acontecimentos levados em consideração. Quero crer que o motivo mais forte de minha escolha, mais forte que meu intenso interesse pelo período e seus personagens, foi o desejo de falar de Beethoven e seu mundo. Além disso, este livro também é a minha "nona sinfonia" — o nono volume que publico, se incluir na lista os livros de que fui coautor. Não é o mais longo, mas aquele que me deu mais trabalho e me obrigou, mais que qualquer dos outros livros que escrevi, a pensar o que a música significa para mim e que papel a chamada alta cultura desempenhou, desempenha e deve desempenhar na civilização. Ele também me levou a voltar a estudar e a reconsiderar Beethoven, alguns de seus contemporâneos, a história do período, a questão envolvendo música e significado e — suprema recompensa, para mim — a própria Nona Sinfonia. Meu livro é necessariamente uma obra extremamente modesta em comparação com aquela que me deu vontade de escrevê-lo, mas se puder estimular os leitores a examinar ou reexaminar as obras de qualquer de seus protagonistas ou a história do período, terá atendido a seu objetivo.

Daqui a mil, 5 mil ou 10 mil anos, Beethoven e os outros grandes porta-vozes de nossa civilização talvez ainda tenham muita coisa a comunicar aos seres humanos — se nossos descendentes ainda estiverem por aqui — ou talvez pareçam muito distantes, frios, obscuros. Mas o que mais importa no caso de Beethoven é sua convicção de que todos fazemos parte de um contínuo infindável, qualquer que seja individualmente nosso nível de consciência. Na Nona Sinfonia, ele se valeu dos versos de Schiller para nos dizer explicitamente aquilo que muitas de suas outras obras, especialmente as mais tardias, afirmam implicitamente: que a "centelha divina" da alegria e o "beijo para o mundo todo", originando-se "acima do céu estrelado", devem tocar e unir a todos nós. A centelha está aí, dizia ele, e assim também o beijo; precisamos apenas sentir e aceitar sua presença. Pode ser um objetivo impossível, mas todas as alternativas estão fadadas ao fracasso.

Agradecimentos

Meus agradecimentos às equipes da Biblioteca Britânica, em Londres, e da Biblioteca Pública de Nova York pela constante boa vontade em sua ajuda; ao Professor Scott Burnham, da Universidade de Princeton, que leu a maior parte do manuscrito, fazendo sugestões essenciais; a Eve Wolf, que contribuiu com críticas muito úteis e um estímulo mais que necessário; e a Denise Shannon, minha agente literária, por sua extraordinária competência e paciência.

Devo um especial agradecimento a Susanna Porter, minha editora na Random House, que ao longo de vários anos acompanhou este livro em todos os momentos, ajudando-me a encontrar o caminho para ele — tarefa nada fácil, tratando-se de uma obra com objetivos tão inusitados e diversificados. Jillian Quint, sua colega editorial, também se revelou leitora atenta, ajudando-me com os aspectos tecnológicos da produção, pois meu conhecimento neste assunto parece ficar mais paleolítico a cada ano que passa.

Belinda Matthews, minha editora na Faber & Faber, estimulou entusiasticamente este projeto desde o início e, como uma Penélope, soube esperar nos períodos em que eu ainda estava coçando a cabeça.

E obrigado aos parentes e amigos que me animaram e/ou aguentaram enquanto eu trabalhava neste livro.

Notas

Prelúdio

1. Tia DeNora, *Beethoven and the Construction of Genius* (Berkeley: University of California Press, 1995).
2. Richard Wagner, *My Life*, trad. Andrew Gray e Mary Whittall (Cambridge: Cambridge University Press, 1983), p. 384.

Parte Um

1. Adolf Glassbrenner, citado in Frieder Reininghaus, *Schubert und das Wirtshaus: Musik unter Metternich* (Berlim: Oberbaum, 1979), p. 7.
2. Michael Hamburger, org., *Beethoven: Letters, Journals and Conversations* (Garden City, N.Y.: Anchor, 1960), p. 198.
3. E outras citações neste parágrafo, ibid., p. 207-9.
4. Christopher H. Gibbs, *The Life of Schubert* (Cambridge: Cambridge University Press, 2000), p. 117.
5. Emerich Kastner, org., *Ludwig van Beethovens Sämtliche Briefe* (Tutzing, Alemanha: Hans Schneider, 1975), p. 706; traduzido por Harvey Sachs.
6. Barry Cooper, *Beethoven and the Creative Process* (Oxford: Clarendon Press, 1990), p. 21.
7. Nicolas Slonimsky, *Lexicon of Musical Invective* (Seattle: University of Washington Press, 1953), p. 42; parcialmente retraduzido por Harvey Sachs.
8. De uma reprodução fotográfica do cartaz original; traduzido por Harvey Sachs.
9. Thomas Forrest Kelly, *First Nights: Five Musical Premieres* (New Haven, Conn.: Yale University Press, 2001), p. 143.
10. Ibid., p. 136.
11. Emily Anderson, org., *The Letters of Beethoven* (Londres: Macmillan, 1961), vol. 3, p. 1122-23.

12. Ibid., vol. 2, p. 967.
13. H. C. Robbins Landon, *Beethoven: His Life, Work and World* (Londres: Thames and Hudson, 1970), p. 212.
14. Elliott Forbes, org., *Thayer's Life of Beethoven* (Princeton, N.J.: Princeton University Press, 1973), p. 970.
15. Ludwig Nohl, *Mosaik* (1881), citado in Landon, *Beethoven: His Life*, p. 213.
16. Landon, *Beethoven: His Life*, p. 270.
17. *Allgemeine musikalische Zeitung* 16, 6 de abril de 1864, traduzido in ibid., p. 355-56.
18. "Musikzustand und musikalisches Leben in Wien", *Cäcilia* I, n° 2 (1824), p. 193-200; citado in David Gramit, *Cultivating Music: The Aspirations, Interests, and Limits of German Musical Culture, 1770-1848* (Berkeley: University of California Press, 2002), p. 159.
19. Kelly, *First Nights*, p. 112.
20. Ibid., p. 153.
21. Anton Schindler, *Beethoven as I Knew Him* (Nova York: W. W. Norton, 1972), p. 232.
22. Karl-Heinz Köhler e Grita Herte, eds., *Ludwig van Beethovens Konversationshefte* (Leipzig, Alemanha: Deutscher Verlag für Musik, 1974), vol. 6, p. 151.
23. Ibid., p. 26.
24. Alice M. Hanson, *Musical Life in Biedermeier Vienna* (Cambridge: Cambridge University Press, 2009), p. 101.
25. Essa e notas subsequentes, Albrecht, p. 5.
26. Ibid., p. 6.
27. *Konversationshefte* 6, p. 112, citado in ibid., p. 8.
28. Mary Sue Morrow, *Concert Life in Haydn's Vienna: Aspects of a Developing Musical and Social Institution* (Stuyvesant, N.Y.: Pendragon Press, 1989), p. 235-36.
29. Anderson, *Letters of Beethoven*, vol. 3, p. 1.121.
30. Ibid., p. 1.120.
31. Ibid., p. 1.124-25.
32. Ibid., p. 1.135.
33. Revisão da tradução de Thayer por Harvey Sachs in Forbes, org., *Thayer's Life of Beethoven*, p. 66.
34. Louis Lockwood, *Beethoven: The Music and the Life* (Nova York: W. W. Norton, 2003), p. 3-4.
35. Ibid., p. 50.
36. *Sämtliche Briefe*, traduzido por Harvey Sachs.
37. William H. Gilman, org., *Selected Writing of Ralph Waldo Emerson* (Nova York: Signer Classics, 1965), p. 6.

38. Charles Rosen, *The Classical Style: Haydn, Mozart, Beethoven* (Nova York: W. W. Norton, 1971), p. 23.
39. Lockwood, *Beethoven*, p. 9.
40. Saul Bellow, *Humboldt's Gift* (Nova York: Penguin, 1976), p. 112.
41. Lockwood, *Beethoven*, p. 400.
42. Anderson, *Letters of Beethoven*, vol. 2; tradução alterada por Harvey Sachs do original alemão.
43. Hamburger, *Beethoven*, p. 202-3.
44. David B. Dennis, *Beethoven in German Politics, 1870-1989* (New Haven, Conn.: Yale University Press, 1996).
45. William Blake, *Jerusalem*, in *The Complete Poetry and Selected Prose of John Donne and the Complete Poetry of William Blake* (Nova York: Random House, 1941), p. 922.
46. Landon, *Beethoven*, p. 211.
47. Maynard Solomon, *Late Beethoven: Music, Thought, Imagination* (Berkeley e Los Angeles: University of California Press, 2003), p. 1.
48. Joseph Brodsky, "The Condition We Call Exile", *The New York Review of Books*, 21 de janeiro de 1988, p. 16-20.
49. Forbes, org., *Thayer's Life of Beethoven*, p. 1.057-58.
50. Claire Messud, *The Last Life* (Nova York: Harcourt Brace, 1999), p. 279.
51. Forbes, org., *Thayer's Life of Beethoven*, pp. 1.057-58.
52. Elsa Morante, *Menzogna e sortilegio* (Turim, Itália: Einaudi, 1994), p. 19-20; traduzido por Harvey Sachs.

Parte Dois

1. Lockwood, *Beethoven*, p. 335.
2. Ibid., p. 335.
3. C. de Grunwald, *La Vie de Metternich* (Paris: Calmann-Lévy, 1938), p. 141, citado in Alan Warwick Palmer, *Metternich: Councillor of Europe* (Londres: Phoenix, 1997), p. 131.
4. H. R. von Srbik, *Metternich, der Staatsmann und der Mensch* (Munique: F. Bruckmann, 1925), vol. I, p. 187, citado in Palmer, *Metternich*, p. 131-32.
5. Palmer, *Metternich*, p. 139.
6. Ford Madox Ford, *The March of Literature* (Normal, Ill.: Dalkey Archive Press, 1994), p. 780.
7. Oliver Strunk, *Source Readings in Music History* (Londres: Faber and Faber, 1952), p. 777, citado in Hugh Honour, *Romanticism* (Nova York: Harper and Row, 1979), p. 24.

8. Eric Hobsbawm, *The Age of Revolution: 1789-1848* (Nova York: Vintage Books, 1996), p. 256.
9. G. W. F. Hegel, *Hegel's Introduction to the Lectures on the History of Philosophy*, trad. T. M. Knox e A. V Miller (Oxford: Oxford University Press, 1983), p. 1-2 (da aula inaugural em Heidelberg, 28 de outubro de 1816).
10. Lucio Felici e Emanuele Trevi, eds., *Leopardi: Tutte le poesie e tutte le prose* (Roma: Newton and Compton, 1997), p. 1.011-12; traduzido por Harvey Sachs.
11. Ibid.
12. "Some are home-sick" Samuel Taylor Coleridge, "The Delinquent Travellers", in *Coleridge: Poetical Works*, org. E. H. Coleridge (Londres: Oxford University Press, 1967), p. 443-47.
13. Adam Bunnell, *Before Infallibility: Liberal Catholicism in Biedermeier Vienna* (Londres: Associated University Presses, 1990), p. 39.
14. Walter Consuelo Langsam, *Francis the Good: The Education of an Emperor, 1768-92* (Nova York: Macmillan, 1949), p. 12, citado in *Schubert's Vienna*, org. Raymond Erickson (New Haven, Conn.: Yale University Press, 1997), p. 4.
15. Donald E. Emerson, *Metternich and the Political Police: Security and Subversion in the Habsburg Monarchy, 1815-1830* (Haia: Martinns Nijhoff, 1968), p. 22-23, citado in Erickson, *Schubert's Vienna*, p. 22.
16. *Sämtliche Briefe*, p. 22; traduzido por Harvey Sachs.
17. Citado in Gaia Servadio, *Rossini* (Nova York: Carroll and Graf, 2003), p. 97.
18. Georg Schünemann, org., *Konversatiomhefte* (Berlim: M. Hesse, 1941), vol. 1, p. 328; citado in Lockwood, *Beethoven*, p. 416.
19. James J. Sheehan, *German History, 1770-1866* (Oxford: Oxford University Press, 1993), p. 446; traduzido por Harvey Sachs.
20. *American State Papers*, I, *Foreign Relations*, vol. 5, p. 245.
21. George Gordon Byron, 6º barão Byron, *Childe Harold's Pilgrimage*, canto 2, in *The Poetical Works of Lord Byron* (Londres: 1870), p. 18.
22. Leslie A. Marchand, org., *Byron's Letters and Journals* (Cambridge, Mass.: Belknap Press, 1973), vol. 2, p. 165.
23. Julius Millingen, *Memoirs of the Affairs of Greece* (Londres: J. Rodwell, 1831), p. 90, citado in Leslie A. Marchand, *Byron: A Portrait* (Nova York: Knopf, 1970), p. 431.
24. Byron, Poetical Works, p. 577.
25. Marchand, *Byron's Letters and Journals*, vol. 2, p. 18-19.
26. Matthew Arnold, *Heinrich Heine* (Filadélfia: Frederick Leypoldt, 1863), p. 30-32.
27. Alexander S. Pushkin, *The Complete Works of Alexander Pushkin*, vol. 10, *Letters: 1815-1826* (Norfolk: Milner and Co., 1963), p. 161.

28. T. J. Binyon, *Pushkin: A Biography* (Londres: Harper-Collins, 2002), p. 157.
29. Pushkin, , vol. 10, p. 156.
30. Elaine Feinstein, *Pushkin* (Nova York: Ecco, 2000), p. 100.
31. Stephanie Sandler, *Distant Pleasures: Alexander Pushkin and the Writing of Exile* (Stanford, Calif.: Stanford University Press, 1989), p. 60.
32. Feinstein, *Pushkin*, p. 124.
33. Alexander S. Pushkin, *Boris Godunov*, trad. A. Hayes (www.fullbooks.com/boris-godunovl.html; trad. publicada originalmente em 1918).
34. Ibid.
35. Ibid.
36. www.fullbooks.com/boris-godunov2.html; trad. publicada originalmente em 1918.
37. Ibid., p. 84.
38. Sandler, *Distant Pleasures*, p. 107.
39. Alexander Pushkin, "The Desire for Glory," in Sandler, Distant Pleasures, p. 16.
40. Eugène Delacroix, *Journal, 1822-1863* (Paris: Plon, 1996), p. 48-49, traduzido por Harvey Sachs.
41. Stendhal [Marie-Henri Beyle], "Salon de 1824" in *Journal de Paris*, relatado in J. H. Rubin, "Delacroix and Romanticism", in *The Cambridge Companion to Delacroix*, org. Beth S. Wright (Cambridge: Cambridge University Press, 2001), p. 32.
42. Margaret Drabble, *The Sea Lady* (Londres: Penguin Fig Tree, 2006), p. 233-35.
43. "O espírito humano" Delacroix, *Journal*, p. 77-78, traduzido por Harvey Sachs.
44. Eugène Delacroix, entrada em seu diário, citada in Wright, *Cambridge Companion to Delacroix*, p. 1-2.
45. Blake, *Jerusalem*, p. 902.
46. Walter Pach, *Ingres* (Nova York: Hacker Art Books, 1973), p. 19, 209.
47. Charles Baudelaire, "L'Oeuvre et la vie d'Eugène Delacroix", in *Oeuvres complètes*, org. Claude Pichois (Paris: Gallimard, 1976), vol. 2, p. 744-47; traduzido por Harvey Sachs.
48. John W. Klein, "Stendhal as Music Critic", in *The Musical Quarterly* 29, n° I (janeiro de 1943), p. 18.
49. Stendhal, *Vie de Rossini*, citado in Stendhal: *L'Ame de la musique*, org. Suzel Esquier (Paris: Editions Stock, 1999), p. 388, 394; traduzido por Harvey Sachs.
50. Stendhal, *Racine et Shakespeare: Etudes sur le romantisme* (Paris: Garnier-Flammarion, 1970), p. 51; traduzido por Harvey Sachs.
51. Ibid., p. 135.
52. Ibid., p. 144.

53. Ibid., p. 71.
54. Stendhal [Marie-Henri Beyle], *Paris-Londres: Chroniques* (Paris: Stock, 1997), p. 165; traduzido por Harvey Sachs.
55. Ibid., p. 169; traduzido por Harvey Sachs.
56. Hugo Bieber, org., *Heinrich Heine: A Biographical Anthology*, trad. Moses Hadas (Filadélfia: The Jewish Publication Society of America, 1956), p. 170.
57. Heinrich Heine, *Works of Prose*, trad. E. B. Ashton (Nova York: L. B. Fischer, 1943), p. 37-38.
58. Ford, *March of Literature*, p. 698, 719-20.
59. Arnold, *Heinrich Heine*, p. 21.
60. Heinrich Heine, "Fragen" ("Perguntas"), extraído de *Nordseebilder* (*Imagens do mar do Norte*), 1824-1826, traduzido por Harvey Sachs.
61. Philip Kossoff, *Valiant Heart: A Biography of Heinrich Heine* (Nova York, Londres: Cornwall Books, 1983), p. 151.
62. Heinrich Heine, *Selected Works*, trad. e org. Helen M. Mustard (Nova York: Random House, 1973), p. 281.
63. Heinrich Heine, *Works of Prose*, org. Hermann Kester, trad. E. B. Ashton (Nova York: L. B. Fischer, 1943), p. 310.
64. Amonina Vallemin, *Heine: Poet in Exile*, trad. Harrison Brown (Nova York: Doubleday, 1956), p. 157.
65. Heinrich Heine, "Ludwig Borne: A Memorial", in *The Romantic School and Other Essays*, org. Jost Hermand e Robert C. Holub (Nova York: Continuum, 1985), p. 282.
66. Ibid., p. 263-64.
67. Michael Mann, org., *Heinrich Heine: Zeitungsberichte über Musik und Malerei* (Frankfurt am Main, Alemanha: Insel-Verlag, 1964), p. 116; traduzido por Harvey Sachs.
68. Kossoff, *Valiant Heart*, p. 151.
69. Heinrich Heine, *Memoirs: From His Works, Letters, and Conversations* (Londres: John Lane, 1920), p. 282.
70. Arnold, *Heinrich Heine*, p. 3.
71. Federico Fellini, *Fare un film* (Turim, Itália: Einaudi, 1980), p. 155-56; traduzido por Harvey Sachs.

Parte Três

1. Roger Norrington, "In Search of Beethoven: A Fascinating Look at Contemporary Interpretations of His Music", 2001, http://www.unitel.de/uhilites/150201.htm.

2. Martin Gregor-Dellin e Dietrich Mack, eds., *Cosima Wagner's Diaries*, trad. Geoffrey Skelton (Nova York: Harcourt Brace Jovanovich, 1978-83), vol. 2, p. 370.
3. Bellow, *Humboldt's Gift*, p. 332.
4. Wilhelm Furtwängler, *Concerning Music*, trad. L. J. Lawrence (Londres: Boosey and Hawkes, 1953), p. 44.
5. Felix Mendelssohn a Marc-André Souchay, 15 de outubro de 1842, in *Felix Mendelssohn: A Life in Letters*, trad. Craig Tomlinson (Nova York: Fromm International, 1986), p. 314.
6. Gregor-Pellin e Mack, *Cosima Wagner's Diaries*, vol. 2, p. 855.
7. Michael Murray, org., *A Jacques Barzun Reader* (Nova York: HarperCollins, 2002), p. 325-29.
8. Ibid., p. 329.
9. James R. Oestreich, "A Pianist Who Balances Acclaim and Assists", *The New York Times*, 4 de maio de 2008.
10. J. W. N. Sullivan, *Beethoven: His Spiritual Development*.
11. Alfred Einstein, *A Short History of Music* (Nova York: Vintage Books, 1957), p. 147.
12. Ibid.
13. Seção de "Cartas", *The New York Review of Books*, 6 de dezembro de 2007, p. 76.
14. Edith Wharton, "A Backward Glance", in *Edith Wharton: Novellas and Other Writings* (Nova York: Library of America, 1990), p. 933.
15. Michael Tanner, "Art and Morality", *Routledge Encyclopedia of Philosophy*, org. Edward Craig (Londres: Routledge, 1998), vol. I.
16. Furtwängler, *Concerning Music*, p. 29.
17. Hegel, *Hegel's Introduction to the Lectures*, p. 55-56.
18. Hector Berlioz, *Beethoven* (Paris: Editions Corréa, 1941), p. 61; traduzido por Harvey Sachs.
19. Solomon, *Late Beethoven*, p. 201-2.
20. Berlioz, *Beethoven*, p. 61-62.
21. Benjamin Constant, *De la religion considerée dans sa source, ses formes, et ses développements* I (primavera de 1824), in *Oeuvres* (Paris: Gallimard, 1957), p. 1.369; traduzido por Harvey Sachs.
22. Lockwood, *Beethoven*, p. 420.
23. Murray, *Jacques Barzun Reader*, p. 336.
24. Richard Strauss, *Betrachtungen und Erinnerungen*, org. Willi Schuh (Zurique: Atlantis-Verlag, 1949), p. 103.
25. Furtwängler, *Concerning Music*, p. 43.
26. Citado in David Gramit, *Cultivating Music* (Berkeley: University of California Press, 2002), p. 62.

27. David Benjamin Levy, *Beethoven: The Ninth Symphony* (Nova York: Schirmer Books, 1995), p. 49.
28. Ibid., p. 61.
29. Ibid., p. 71.
30. Harvey Sachs, org., *The Letters of Arturo Toscanini* (Nova York: Alfred A. Knopf, 2002), p. 298.
31. Levy, *Beethoven*, p. 78.
32. John Updike, "Late Works", *The New Yorker*, 7 de agosto de 2006.
33. Ludwig van Beethoven, *Konversationshefte* (Leipzig, Alemanha: VEB Deutscher Verlag für Musik, 1970), vol. 9, p. 249; traduzido por Harvey Sachs.
34. Furtwängler, *Concerning Music*, p. 38.
35. Elaine Sisman, "Memory and Invention at the Threshold of Beethoven's Late Style", in *Beethoven and His World*, org. Scott Burnham e Michael P. Steinberg (Princeton, N.J.: Princeton University Press, 2000), p. 79.
36. Traduzido por Harvey Sachs.
37. Robert S. Hatten, *Musical Meaning in Beethoven* (Bloomington: Indiana University Press, 1994), p. 81-82.

Parte Quatro

1. Thomas Carlyle, *On Heroes, Hero-Worship, and the Heroic in History* (Teddington, Middlesex: Echo Library, 2007), p. 4.
2. Lockwood, *Beethoven*, p. 9.
3. Charles Baudelaire, "Sur mes contemporains: VII — Theodore de Banville" (1861), in *Oeuvres complètes*, org. Claude Pichois (Paris: Gallimard, 1976), vol. 2, p. 168; traduzido por Harvey Sachs.
4. Conrad L. Donakowski, *A Muse for the Masses: Ritual and Music in an Age of Democratic Revolution, 1770-1870* (Chicago: University of Chicago Press, 1977), p. 68.
5. David Cairns, *Berlioz: The Making of an Artist* (Berkeley: University of California Press, 2000), p. 318.
6. James Gibbon Huneker, "Interesting New French Books", *New York Times Saturday Book Review*, 16 de junho de 1906.
7. Christopher H. Gibbs, *The Life of Schubert* (Cambridge: Cambridge University Press, 2000), p. 117.
8. John Reed, *Schubert: The Final Years* (Nova York: St. Martin's Press, 1972), p. 127.
9. Brian Newbould, *Schubert: The Music and the Man* (Berkeley: University of California Press, 1997), p. 380, e Thrasybulos G. Georgiades, *Schubert: Musik und Lyrik* (Göttingen, Alemanha: Vandenhoeck & Ruprecht, 1967).

10. Peter Clive, *Schubert and His World: A Biographical Dictionary* (Oxford: Clarendon Press, 1997), p. 11.
11. Hector Berlioz, *Correspondance générale*, org. Pierre Citron (Paris: Flammarion, 1972), vol. 2, p. 168; traduzido por Harvey Sachs.
12. Ibid., p. 229.
13. Ibid., p. 244.
14. Cairns, *Berlioz: The Making of an Artist*, p. 318.
15. Jacques Barzun, *Berlioz and His Century* (Chicago: University of Chicago Press, 1982), p. 62.
16. Berlioz, *Beethoven*, p. 76-77.
17. Ibid., p. 61.
18. Ibid., p. 63-64.
19. Ibid., p. 72.
20. David Cairns, *Berlioz: Servitude and Greatness* (Berkeley: University of California Press, 2000), p. 484-87.
21. Anderson, *Letters of Beethoven*, vol. 3, p. 1.243.
22. Robert I. Letellier, org. e trad., *The Diaries of Giacomo Meyerbeer* (Madison, N.J.: Fairleigh Dickinson University Press, 1999), vol. I, p. 414.
23. Citado in Heinz e Gudrun Becker, eds., *Giacomo Meyerbeer: A Life in Letters*, trad. Mark Violette (Londres: Christopher Helm, 1983), p. 30-31.
24. Letellier, *Diaries*, vol. 4, p. 245.
25. Leonard Schapiro, *Turgenev: His Life and Times* (Nova York: Random House, 1978), p. 125-26.
26. Letellier, *Diaries*, vol. 3, p. 398.
27. Elvers, *Felix Mendelssohn*, p. 178.
28. Robert Schumann, "Nach der D moll-Symphonie", in *Gesammelte Schriften über Musik und Musiker Musiker*, vol. I, p. 28-30; traduzido por Harvey Sachs.
29. Ibid.
30. Eva Weissweiler, org., *The Complete Correspondence of Clara and Robert Schumann*, trad. Hildegard Fritsch e Ronald L. Crawford (Nova York: Peter Lang, 1994), vol. I, p. 95.
31. Robert Schumann, *On Music and Musicians*, org. Konrad Wolff, trad. Paul Rosenfeld (Nova York: McGraw-Hill, 1964), p. 101.
32. Wagner, *My Life*, p. 35.
33. Ibid., p. 35-36.
34. Richard Wagner, *Sämtliche Briefe*, org. G. Strobel e W. Wolf (Leipzig, Alemanha: VEB Deutscher Verlag für Musik, 1967), vol. I, p. 117.
35. Wagner, *My Life*, p. 174-75.

36. Richard Wagner, "Das Kunstwerk der Zukunft", in *Source Readings in Music History*, org. Oliver Strunk e Leo Treitler (Nova York: W. W. Norton, 1998), p. 1.108-9.
37. Richard Wagner, *Selected Letters of Richard Wagner*, trad. Stewart Spencer e Barry Millington (Nova York: W. W. Norron, 1988), p. 343.
38. Klaus Kropfinger, *Wagner and Beethoven: Richard Wagner's Reception of Beethoven*, trad. Peter Palmer (Cambridge: Cambridge University Press, 1991), p. 24-25.
39. Gregor-Dellin e Mack, *Cosima Wagner's Diaries*, vol. I, p. 86.
40. Ibid., vol. 2, p. 994.
41. Ibid., vol. I, p. 450.
42. Ibid., p. 491.
43. Ibid., vol. 2, p. 611.
44. Ibid., p. 470.
45. Ibid., vol. I, p. 450.
46. Ibid., vol. 2, p. 173.
47. Ibid., p. 370.
48. Ibid., p. 762.
49. Ibid., p. 830.
50. Ibid., p. 855.
51. Ibid., p. 857.
52. Edmond Michotte, "La Visite de Richard Wagner à Rossini", in *Rossini*, org. Luigi Rognoni (Milão: Guanda, 1956), p. 344; traduzido por Harvey Sachs.
53. Guido Zavadini, *Donizetti* (Bérgamo, Itália: Instituto Italiano d'arti grafiche, 1948), p. 590; traduzido por Harvey Sachs.
54. Ibid., p. 602.
55. Ibid., p. 590.
56. Ibid., p. 640.
57. Gaetano Cesari e Alessandro Luzio, eds., *I copialettere di Giuseppe Verdi* (Milão: Commissione esecutiva per le onoranze a Giuseppe Verdi nel primo centenario della nascita, 1913), p. 621; traduzido por Harvey Sachs.
58. Ibid., p. 626.
59. Ibid., p. 415.

Índice remissivo

As obras com títulos relacionados em ordem alfabética que não se seguem ao nome de um compositor são de Beethoven.

abertura "Coriolan", 60
abertura "Egmont", 60
abertura de *Die Weihe des Hauses* (A consagração da casa), 24
acorde do terror, 191, 193, 195n
Adorno, Theodor, 164
África, 99
Albrechtsberger, Johann Georg, 55
alegria, 10, 15, 134n, 159, 187, 193-205, 217, 221, 233, 237, 252
Alemanha, 42, 48-54, 62, 82, 90, 131-38, 219, 228, 236
   Nazista, 9, 138, 239
Alexandre I, tsar da Rússia, 81, 112, 116, 117, 119
Allen, Woody, 153
Allgemeine musikalische Zeitung, 33
América do Sul, 99
andamento, 144, 169, 185
   primeiro movimento, 169-71
   quarto movimento, 191, 195, 201, 203
An die ferne Geliebte (À amada distante), 65
Ansermet, Ernest, 143
apartamento em Landstrasse, Viena, 15-16, 18-19, 28, 34-36

"Appassionata" sonata para piano, 60, 127, 214
Arnold, Matthew, 109, 133
"Arquiduque" trio para piano, violino e violoncelo, 55, 60
arte, 169
   alto Renascimento, 169, 183-84
   romantismo, 91, 121-25
Ásia, 99, 183
Atenas, 111
Austrália, 99
Áustria, 40, 82-83, 152

Bach, Johann Sebastian, 41, 62-63, 64, 73-74, 145, 155, 156, 161, 168, 228, 235, 241, 244, 247
   influência de, 63
   Missa em si menor, 73, 155
   O cravo bem temperado, 51
   Patronos de, 155-56
   Variações "Goldberg", 52
Bakunin, Mikhail, 11-12
Bálcãs, 54, 83
Balzac, Honoré de, 215
   Comédia humana, 88

barroco, estilo, 62, 63
Bartók, Béla, 145, 182, 247
Barzun, Jacques, 220
  "Is Music Unspeakable?" 147-49
baixo, 24, 29, 195, 197, 202, 204
Baudelaire, Charles, 125-27
  sobre Beethoven, 212-13
  sobre Delacroix, 125-26
beleza, 183
Beethoven, Caspar Carl van, 53, 67
Beethoven, Johann van, 49-53
  relação com o filho Ludwig, 50-51
Beethoven, Karl van, 19, 36, 38, 67, 72
Beethoven, Ludwig Maria van, 49-50
Beethoven, Ludwig van, 9-12, 39, 88, 125
  aparência física, 16, 17, 30
  apartamento na Landstrasse, 15-16, 19, 28, 34
  Byron e, 108-10
  composição da Nona Sinfonia, 15-20, 109, 162-205
  culto do gênio, 59, 212
  e as mulheres, 66
  edições, 20-21, 157-59
  educação musical, 49-55
  ego, 64-65
  em Bonn, 48-54, 132
  escrita vocal, 28-30, 151-55, 192-201
  estilo, 22, 55, 58-61
  estreia da Nona Sinfonia, 10, 19-20, 23-48, 123, 215
  excentricidade, 61, 66, 97
  exigências técnicas, 23, 30
  finanças, 31, 44-46, 71, 160
  funeral, 219
  grandeza, 209-14
  Haydn e, 54-55
  "herói musical" do Congresso de Viena 83
  ideias políticas, 69-70
  infância, 50-53, 132
  influência em outros compositores, 214n, 215-90
  isolamento, 75
  métodos de trabalho, 21-23, 163, 168
  modernidade, 73-74
  morte, 71-75
  Mozart e, 52-53
  músico de corte, 54
  nascimento, 48, 132
  obras tardias, 71
  originalidade, 60
  papel protorromântico, 34, 59, 214
  patronos, 31, 45, 53-54, 155
  período de 1813-1820, 65-68
  "Período Intermediário", 59, 247
  personalidade, 37, 46, 53, 61, 66, 97, 160
  posteridade, 41, 156-58
  primeiras obras publicadas, 52, 102
  primeiros problemas de audição, 55-58
  professor de piano, 54
  Pushkin e, 114-19
  reputação como compositor, 55
  rudeza, 46-47, 66
  segundo os críticos, 22, 33-34, 221, 223
  senso de humor, 160
  sentimentos em relação à humanidade, 70, 101, 110, 137-38
  surdez, 10, 37, 55-58, 66, 72, 74, 137, 241
  "Testamento de Heiligenstadt", 56-58
  Ver também obras específicas
Beethoven, Ludwig van (avô de Beethoven), 49

Beethoven, Maria Magdalena van, 49, 53
   morte, 53-54
Beethoven, Nikolaus Johann van, 53
Bellaigue, Camille, 244
Bellini, Vincenzo, 24, 240, 241
   I Capuletti ed i Montecchi, 251
Bellow, Saul, 147
   Humboldt's Gift, 67
Berlim, 39, 132, 225
Berlioz, (Louis) Hector, 145, 163, 218-20, 221-24, 226, 242
   Beethoven e, 163-64, 218-23
   Haroldo na Itália, 148
   influência da Nona Sinfonia, 218-24
   Lenda dramática *La Damnation de Faust*, 222
   morte, 223
   Sinfonia dramática *Roméo et Juliette*, 222, 227n.
   Symphonie fantastique, 145, 222, 251
Bernard, Carl Joseph, 43
Bernstein, Leonard, *Fancy Free*, 247
Birmânia, 99
Bizet, Georges, 222n.
Blake, William, 70, 125n.
   Beatrice Addressing Dante from the Car, 125n.
   Milton, 60
Bohdanowicz, Basilius, 39
Bolívar, Simón, 99
Bonn, 48-49, 50-54, 55, 95-96, 132
Boris Godunov, tsar da Rússia, 115-17
Boulez, Pierre, 29n, 247
   Le Marteau sans maître, 247
Bourbon, Charles-Ferdinand, duque de Berry, 129
Bourbon, os, 10

Brahms, Johannes, 18, 72, 144-45, 182, 214n, 235
   Primeira Sinfonia, 251
   Quarta Sinfonia, 144
Braudel, Philippe, 209
Brodski, Joseph, 72
Bruckner, Anton, 18, 214n
Bülow, Hans von, 225, 237
Bunnell, Adam, 94
Burdin, Claude, 91
Burschenschaften, 96
Byron, Annabella Milbanke, 104
Byron, Lorde, 11, 101-04, 105-10, 113, 119, 120, 130, 213
   Childe Harold's Pilgrimage, 60, 102, 104, 110
   Don Juan, 104, 109
   e a Grécia, 101-09
   "Hoje eu completo meu trigésimo sexto ano", 106-09, 115
   morte, 109, 110, 111, 121, 131-32, 138
   personalidade, 101-02

Cäcilia, 32
Cairns, David, 219
Camerata Fiorentina, 61, 62
Canadá, 99
Canning, George, 101
canto gregoriano, 61
Carlos X, rei da França, 119-20, 129
Carlyle, Thomas, 209
   On Heroes, Hero-Worship, and the Heroic in History, 210
Carnot, Nicholas Léonard Sadi, *Reflections on the Motive Power of Fire*, 91
carta, 23
casa Pasqualati, Viena, 18
Castlereagh, visconde de, 81

catolicismo, 45, 49, 54, 83, 94-95, 129, 152
Cáucaso, 113
Cherubini, Luigi, 211-12, 241
chiaroscuro, 64
Chopin, Frédéric, 145, 182, 228, 243
   concertos para piano, 251
   e Beethoven, 228
   Prelúdio nº 13 em fá sustenido maior, 145
Cimabue, 169
Clairmont, Claire, 104
clarineta, 171, 175, 183-84, 185, 197, 202, 204
Clement, Franz, 44
Clive, Peter, *Schubert and His World*, 218
Coleridge, Samuel Taylor, 92, 109
Colônia, 48
colonialismo, 98-100
Comédie-Française, 128n
comunicação, música como forma de, 154-62
comunismo, 9
Concerto da Europa, 94
Concerto de Violino, 22, 44, 60
concerto Triplo, 60
Concertos para piano e orquestra, 55
concertos para piano, 60
Confederação alemã, 82
Congresso de Aix-la-Chapelle (1818), 94
Congresso de Viena (1815), 81, 83-85, 87, 89, 90, 93
conservatório de Paris, 218, 222, 224, 228, 232, 240
Constable, John, 125n
   A carroça de feno, 124-25
Constant, Benjamin, *De la religion*, 164
contrabaixo, 171, 174, 175, 191, 192, 195, 201

contralto, 197, 202, 203-04
Cooper, Barry, 21
copistas, 23, 27-44
coros, 25, 192-205, 227, 237
   estreia, 25-31, 32-36
Cortot, Alfred, 143
Cramer, Carl Friedrich, 51
Crimeia, 113
Croácia, 82
Cromwell, Oliver, 211
Czerny, Carl, 33, 39

d'Indy, Vincent, 143
Dante, 11, 210
   Inferno, 176
   Paradiso, 163
   Purgatorio, 163
Davison, James William, 223
Debussy, Claude, 148
   Images, 250
   Jeux, 250
   Preludes, 250
Decretos de Carlsbad, 96-97
Delacroix, Eugène, 11, 121-27, 131, 132
   O massacre de Quios, 122, 123-24, 139
Dennis, David B., 69
DeNora, Tia, *Beethoven and the Construction of Genius*, 11
Der glorreiche Augenblick, 83-84
desespero, 87, 119-20, 159, 168
dezembristas, 119
doença venérea, 66
Dolci, Antonio, 242
Donakowski, Conrad, 214
Donizetti, Gaetano, 24, 240, 241-42
   Anna Bolena, 251
   e Beethoven, 241
   Les Martyrs, 241

Doutrina Monroe, 99
Drabble, Margaret, *The Sea Lady*, 1
Dresden, 11
Dressler, Ernst Christoph, 52
Duccio, 169
Dukas, Paul, 143
Duport, Louis Antoine, 44, 47
Dussek, Jan Ladislav, 211
Düsseldorf, 132

Einstein, Alfred, 153
Emerson, Ralph Waldo, 59
emoção na música, 154-56, 159, 182.
    Ver também emoções específicas
Engels, Friedrich, 133
Eslováquia, 82
Eslovênia, 82
Espanha, 94, 99
Estados Unidos, 99
estilo Alto Barroco, 62
estilo clássico, 61, 63, 86, 127-29
estreia da Nona Sinfonia, 10, 19, 23-47, 109, 123, 215, 231, 251
    cartaz, 23
    coro, 23-29, 32-33
    ensaios, 26-30
    orquestra, 25, 31
    participação de Beethoven, 25, 31-48
    petição vienense, 39-43
    público, 31-2, 215
    venda de ingressos e lucros, 44-47
Europa pós-napoleônica, 85-139. *Ver também países específicos*
Exeter Hall, Londres, 223
exposição, 173, 174, 175

fagote, 175, 183, 184, 186, 194, 197, 199, 202, 204
Fallersleben, Hoffmann von, 98

Fantasia coral para piano, orquestra e coro, 60, 196
Fantasia para piano, coro e orquestra, 60, 196
Fellini, Federico, 139
fermata, 176, 176n, 189
ferrovia, 93
Festival Bayreuth, 239, 240
Fidelio, 22, 30, 68, 150-51, 153, 161, 231
    enredo, 150-51
Field, John, 211
filosofia, 90, 160, 162
Finlândia, 82
flauta, 172, 175, 186, 197, 202
Florença, 61
Ford, Ford Madox, 85, 133
fortissimo, 172-73, 175, 178, 179, 199
Fourestier, Louis, 143, 145
França, 80, 82, 90, 94, 121, 143, 219, 234
    napoleônica, 79-88, 114-15
    pós-napoleônica, 85-91, 94, 121-31, 136-37
    Primeiro Império, 125
    Segundo Império, 125
France, Anatole, 128n
Francisco I, imperador da Áustria, 31, 46, 81, 95
Frederico Guilherme III, rei da Prússia, 70, 81
    dedicatória da Nona Sinfonia, 70
fugato, 173, 238
Furtwängler, Wilhelm, 147, 166, 192

Gannibal, Abram, 111
Gazette Musicale, 221
Gegenliebe, 196
George IV, rei da Inglaterra, 81, 99

Géricault, Théodore, 91
Gershwin, George, *An American in Paris*, 149
Gesualdo, Carlo, 62
Giotto, 169
Globe, Le, 91
Godwin, William, 104
Goethe, Johann Wolfgang von, 11, 88, 113, 133, 183
  Fausto, 60, 71, 71n
Gombrich, E. H., 96
Göttingen, 131-32
Gounod, Charles, 243
Grã-Bretanha, 81, 83, 94, 99-106, 128, 223
  colonialismo, 99-100
  Revolução Industrial, 103
grandeza, 209-14
Grebner, Helene, 29
Grécia, 61, 100-01, 111, 121, 128
  Byron e a, 101-11
  guerra de independência, 100, 105, 121
Grillparzer, Franz, 16, 73, 74, 97, 219
Grosse Fuge, 72
Grosser Redoutensaal, Viena, 47, 47n, 83, 131
Guerras napoleônicas, 80, 81, 83, 85-86, 89, 91-92
Guiccioli, condessa Teresa, 105

Habeneck, François, 232, 240
Haizinger, Anton, 24
Händel, George Frederic, 63, 212
Hardenberg, príncipe Karl August von, 81
Hausmusik, 42
Hatten, Robert, 200-01
Habsburgo, dinastia, 10, 54, 97

Haydn, (Franz) Joseph, 18, 39, 40-41, 58, 63, 86, 127, 155, 156, 168, 212, 227
  A Criação, 149, 167
  Beethoven e, 54-55
  Missa em dó maior, 152
  patronos, 156
Hegel, Georg Wilhelm Friedrich, 60, 89-90, 133, 162
  Fenomenologia do espírito, 60
  "Testamento de Heiligenstadt", 56-58
Heine, Heinrich, 11, 131-32, 133-38
  "Die alten, bösen Lieder", 194
  "Die Lorelei", 138
  exílio em Paris, 136-37
  "Fragen", 133-34, 134n
  Imagens do mar do Norte, 133, 139
  Viagem ao Harz, 132, 139
Hiller, Ferdinand, 228
Hindemith, Paul, 159
hipsistários, 183
Hitler, Adolf, 138, 239
Hobsbawm, Eric, *A era das revoluções: 1789-1848*, 88-89
Hoffman, Ernst Theodor Amadeus, 86
Hugo, Victor, *Nouvelles odes et poésies diverses*, 91
humanidade, 70, 101, 110, 138
Humboldt, barão Wilhelm von, 81
Hummel, Johann Nepomuk, 211
Huneker, James Gibbons, 215
Hungria, 82

Illustrated London News, The, 223
Iluminismo, 11, 86, 87, 212
Índia, 99
influência de Beethoven, 214, 214n, 215-44
  em Berlioz, 218-25
  em Chopin, 228

em Donizetti, 241-43
em Mendelssohn, 226-28
em Meyerbeer, 225-26
em Rossini, 240-41
em Schubert, 215-18
em Schumann, 228-30
em Verdi, 242-44
em Wagner, 230-41
Ingres, Jean-Auguste-Dominique, 243
   O juramento de Luís XIII, 125
Itália, 42, 54, 61, 62, 82, 90-91, 94, 104-05, 234, 236, 240-41, 243
   ópera, 240-44
   reunificação, 105

Johnson, Samuel, 70, 211
José II, sacro imperador romano-germânico, 70, 94, 96
Journal des Débats, 241
judeus, 132, 135, 183, 224

Kapellmeister (diretor de música), 43-44
Kärntnertortheater, Viena, 19, 23-24, 44, 45, 75, 79
   estreia da Nona Sinfonia, 24-47
Keats, John, 109
Kelly, Thomas Forest, *First Nights: Five Musical Premieres*, 25
Kleiber, Erich, 248
Konzertmeister (primeiro violino), 44
Kotzebue, August von, 96
Kuffner, Christoph, 196

Le Sueur, Jean François, 211, 219
Leipzig, 232
Leonore, 60, 66, 174
   aberturas, 60, 174
Leopardi, Giacomo, 90, 91
   "*Discussão sobre o atual estado dos costumes na Itália*", 90

Leopoldo II, sacro imperador romano-germânico, 94, 95
Levy, David Benjamin, *Beethoven: The Ninth Symphony*, 169, 180-81
liberdade, 10, 87, 120
Liceu Imperial, 112
Lichnowski, conde, 46
Liszt, Franz, 39, 125, 146, 228, 236-37, 243, 251
literatura romântica, 85-88, 101-04, 111-20, 127-38
livros de conversação, 37-38, 43, 97, 192
Lockwood, Lewis, *Beethoven: The Music and the Life*, 68, 83, 84, 164-65
Londres, 102, 170, 223
Luís XIV, rei da França, 91, 128
Luís XVI, rei da França, 81, 95
Luís XVII, rei da França, 81
Luís XVIII, rei da França, 81, 83, 129
Luís-Filipe, rei da França, 125

Machaut, Guillaume de, 155
Magazin der Musik, 51
marcha turca, 200-01
Mahler, Gustav, 214n
   Nona Sinfonia, 250
Maria Antonieta, rainha da França, 95
Marshall, Robert L., 157
Marx, Karl, 133
Maturin, Charles Robert, *Melmoth the Wanderer*, 213
Mavrocordatos, Alexandros, 105
Max Franz, eleitor, 52
Maximilian Friedrich, arcebispo-eleitor, 49, 52
McClary, Susan, 164
Mendelssohn, Felix, 55, 147, 182, 226-28, 230, 243
   influência da Nona Sinfonia, 226-28
   Lobgesang, 227

Sinfonia "Escocesa", 227, 251
Sinfonia "Italiana", 251
metempsicose, 236
Metternich, príncipe Klemens von, 81-83, 84, 94, 96, 98, 119, 135
Meyerbeer, Giacomo, 224-26
   e Beethoven, 224-26
   óperas, 224
Michelangelo, 11
   Juízo final, 174
Millingen, Julius, 105
Missa em dó maior, 60, 242
Missa Solemnis, 24, 40, 45, 68, 71-72, 150, 151-54, 168, 242
   e a Nona Sinfonia, 151-54, 168-69
   Sanctus, 182, 202
   texto, 151-54
Missolonghi, 105-09
Mogúncia, 20, 231
Momento glorioso, O, 83, 160
Monroe, James, 11, 99, 101, 105
Moore, Thomas, *"Da música"*, 218n
Morante, Elsa, 75
Morrow, Mary Sue, 43
Moscou, 80, 119
Mozart, Wolfgang Amadeus, 11, 18, 40, 41, 54, 55, 58, 60, 63, 73, 86, 127, 144, 155-56, 161, 168, 212, 227, 228, 235, 240, 247
   A flauta mágica, 88, 155
   As bodas de Fígaro, 54
   Beethoven e, 52-53
   Don Giovanni, 54, 160
   Eine kleine Nachtmusik, 18
   estilo, 64-65
   L'oca del Cairo, 157
   morte, 54
   O rapto do serralho, 54

patronos, 155-56
Quarteto de cordas em sol maior, 144-45
Quinteto de cordas em sol menor, 73, 144-45
Sinfonia Júpiter, 64
mudanças psicológicas, 181
Muro de Berlim, queda de, 9
musette, 180
música religiosa, 24, 45, 61, 64, 67, 72, 151-54, 168, 182, 202, 242
música secular, 61, 62
Músicos de corte, 49, 54

nacionalismo, 90-91
Nações Unidas, 9
Napoleão Bonaparte, 10, 69, 80-85, 87, 114-15, 120, 125, 210-11, 212, 220
   exílio em Elba, 80
   queda, 81-82, 84, 85-86, 90, 91, 120, 128
Napoleão III, 125
narrativa, 144-54
nazismo, 9, 138, 239
Neefe, Christian Gottlob, 51-52
neoclassicismo, 124
Nesselrode, conde Karl Robert von, 81
New Monthly Magazine, 130
New Philharmonic Society, Londres, 223
New York Review of Books, 157
Nicolau I, tsar da Rússia, 119
Nietzsche, Friedrich, 67, 127, 134, 183
Norrington, Sir Roger, 145, 170
Noruega, 82

oboé, 171, 175, 179, 180, 186, 197, 202
Odessa, 111, 113, 115
"Ode à alegria", tema da, 15, 134n, 187, 193-205, 217, 221, 233, 237, 252

ópera, 22, 24, 60, 61-62, 143, 160, 224, 230-44
  Beethoven e a, 150-51
  italiana, 240-44
  surgimento, 61
  Wagner e a, 230-41
Opéra-Comique, 220
Opinion nationale, L', 125
orquestra, 25-26, 31
  estreia, 25-26, 31
Orquestra de Cleveland, 248
Orquestra de Concertgebouw, Amsterdã, 248
Orquestra Filarmônica de Nova York, 248
Orquestra Sinfônica de Chicago, 170

Paganini, Niccolò, 125, 251
Palestrina, Giovanni Pierluigi da, 62, 244
Palffy, conde, 44
papado, 96
Paris, 61, 120, 130, 136, 219, 222, 222n, 224, 226, 230, 232, 240
patrocínio, 31, 46, 53
Paulo I, tsar da Rússia, 116
Pedro, o Grande, tsar da Rússia, 112
península da Malásia, 99
Pergen, conde Johann Anton, 95, 96
Picasso, Pablo, 11
piccolo, 200
Piero della Francesca, *A Madonna do nascimento*, 184
Pio V, papa, 152
Platão, 211
Poe, Edgar Allan, 213
política, 69-70
Polônia, 82
Pope, Alexander, 166
pós-romantismo, 182, 214n

posteridade, 41, 156-58
Preisinger, Joseph, 25, 29
primeiro movimento, 177, 214
Prokofiev, Serguei, Concerto para piano nº 1, 248
protestantismo, 83
Prússia, 81, 82, 94, 135
publicidade, 91, 242
  sobre Beethoven, 22, 32-33, 51, 220, 222
  ver também *publicações específicas*
Puccini, Giacomo, 235
Pushkin, Alexander Sergueyevich, 11, 88, 111-13, 114-20, 131, 132
  "Ao mar", 114, 139
  Boris Godunov, 115-19, 138
  Eugênio Oneguin, 113, 115
  exílio, 112-15
  "O prisioneiro do Cáucaso", 113
  "Os ciganos", 115

Quádrupla Aliança, 94
Quarteto de Cordas de Budapeste, 249
Quarteto de cordas em lá menor, op. 132, 150
Quarteto de cordas op. 131, 72, 217, 219, 225, 249
Quarteto de cordas op. 135, 219
Quarteto de cordas op. 18, nº 4, 102, 144
Quarteto de cordas op. 59 ("Razumovski"), 60
Quarteto de cordas op. 74 ("Harpa"), 60
Quarteto de cordas op. 95 ("Serioso"), 65
quarteto(s) de cordas, 47, 55, 65, 71-72, 73, 102, 144, 150, 219, 225
Quarto concerto para piano, 60
Quênia, 99

Quinto ("Imperador") concerto de
    piano, 60
Quíntupla Aliança, 94

Racine, Jean, 127-28
Ravel, Maurice, *Daphnis et Chloé*, 250
Razumovski, conde, 84
recapitulação, 146, 174, 180, 238
recitativo, 192-93
redenção, 233-34
Reed, John, 217
Reicha, Antonín, 211, 219
religião, 83, 136, 164, 183
Reno, rio, 48
República Tcheca, 82
Restauração, 45, 69, 79, 87, 94, 125
Revolução Bolchevique, 117
Revolução de 1848, 97, 125
"Revolução de Julho" de 1830, 135
Revolução Francesa, 10, 79-80, 85-88, 95
    fim da, 85-87
    Romantismo como produto da,
        86-139
Revolução Industrial, 103
Rich, Adrienne, 165
Rimski-Korsakov, Nikolai, *Scheherazade*, 247
Rittersaal (Salão dos Cavaleiros),
    Viena, 84
Romanov, dinastia, 10, 117
romantismo, 11, 42, 59, 60, 86, 101,
    109-10, 120, 124-39, 156, 159, 182,
    210-11, 218
    Beethoven e o, 34, 59, 86, 210-14
    Byron e o, 101-11
    Delacroix e o, 121-27
    Heine e o, 131-39
    produto da Revolução Francesa,
        86-139
    Stendhal e o, 85-87, 127-31

Romênia, 82
Rosen, Charles, 157
    *The Classical Style: Haydn, Mozart,
        Beethoven*, 61, 62
Rossini, Gioacchino, 20, 127, 160, 224,
    235, 240-41
    Abertura *Semiramide*, 39
    Beethoven e, 240-41
Rousseau, Jean-Jacques, 211
Rubinstein, Anton, 225
Rudolph, arquiduque, arcebispo de
    Olmütz, 31, 68-69, 71, 84
Rússia, 80, 81, 82-83, 94, 111-21, 223
    Revolução Bolchevique, 117

Sacro Império Romano-Germânico, 82
Sainte-Beuve, Charles Augustin, 91
Salão de Paris de 1824, 124
Salieri, Antonio, 55, 241
Sandler, Stephanie, 118
Santayana, George, 165
São Petersburgo, 24, 112, 223
Sartori, Dr. Franz, 45
Satzenhofen, condessa Caroline von, 49
scherzo, 177, 178, 181, 193, 248
Segunda Guerra Mundial, 239
sinfonia "À Batalha", 224-25
Schiller, Friedrich von, 10, 36
    "Ode à alegria", 10, 20, 134n, 152,
        154, 196, 197, 222, 237, 252
    Guilherme Tell, 60
Schindler, Anton, 19, 28, 34, 35, 36, 37,
    37n, 38, 44, 46, 191, 216
Schlegel, August Wilhelm von, 133
Schoenberg, Arnold, 18, 182, 214n
    Pierrot Lunaire, 250
    Verklärte Nacht, 18
Schott, B., 20, 231

Schreckensakkord, 190-91, 193, 195, 195n
Schröder-Devrient, Wilhelmine, 231
Schubert, Franz, 18, 20, 23, 39, 60, 97-98, 144, 182, 215-19, 227
   e Beethoven, 215-19
   influenciado pela Nona Sinfonia, 215-19
   Mit dem grünen Lautenbande, 217
   Octeto em fá maior, 215
   Quarteto de cortas "A morte e a donzela", 216
   Quartetos de cordas em lá menor e ré menor, 215
   Sinfonia em dó maior, a "Grande", 217
   Sonata para piano em si bemol maior, D. 960, 149
Schumann, Robert, 72, 145, 182, 215, 228-30, 243
   Dichterliebe, ciclo de canções, 194
   e Beethoven, 229
   "Sobre a Sinfonia em ré menor", 228
Schuppanzigh, Ignaz, 25, 26, 44, 46
Scott, Sir Walter, 109
Sedlnitzky, conde Joseph, 46, 96
Seipelt, Joseph, 24, 29
Seis Leis, 98
Senn, Johann, 97
Sérvia, 82
Shakespeare, William, 11, 113, 119, 127-29, 182, 210, 234, 238
   Julius Caesar, 248
Shelley, Percy Bysshe, 104, 109
Sibelius, Jean, 246
   Sinfonia n° 4, 250
Sibéria, 118
Sinfonia n° 1, 22, 55
Sinfonia n° 2, 22, 55
Sinfonia n° 3 ("Eroica"), 22, 44, 60, 64, 87, 146, 150, 177-78, 212, 248
   primeiro movimento, 177-78
Sinfonia n° 4, 60
Sinfonia n° 5, 22, 44, 60, 127, 177-78, 214, 248
Sinfonia n° 6 ("Pastoral"), 23, 44, 60, 150, 167
Sinfonia n° 7, 60, 84, 174, 248
Sinfonia n° 8, 60
Sinfonia n° 9, 9-12, 15-75, 90, 93, 101, 115, 118, 120-21, 122, 138, 141-205
   composição, 15-20, 108-09, 162-205
   críticos, 33
   dedicatória, 70
   descrição e significado, 162-205
   e a *Missa Solemnis*, 151-54, 168-69
   estados psicológicos, 182
   estreia, 10, 19-20, 22-47, 109, 123, 215-16, 231, 251
   execução no Grosser Redoutensaal, 47, 47n
   publicação, 20-21, 27
   usada para solenizar eventos importantes, 9
   Ver também estreia da Nona Sinfonia; Sinfonia n° 9, primeiro movimento; Sinfonia n° 9, segundo movimento; Sinfonia n° 9, terceiro movimento; Sinfonia n° 9, quarto movimento; temas
Sinfonia n° 9, primeiro movimento, 9, 24, 146, 164, 167-77, 196, 214, 216, 237, 238, 238n, 239, 248
   andamento, 169-71
   coda, 175
   descrição e significado, 167-77
   recapitulação, 174, 238

tonalidade, 172, 173
Wagner se pronuncia, 237-39
Sinfonia nº 9, quarto movimento, 9, 30, 33, 110, 149, 151-54, 162, 189-205, 222, 227, 236, 248
  acorde do terror, 190, 193, 195n
  andamento, 191-92, 195, 201, 203-04
  coro, 191-205, 237
  críticos, 33
  descrição e significado, 189-205
  ensaios, 30
  ponto fraco, 236
  recitativo, 191-93
  tema da "Alegria", 10, 15, 134n, 159, 187, 193-205, 217, 221, 233, 237, 252
  tonalidade, 199
Sinfonia nº 9, segundo movimento, 9, 32, 162, 176-81, 196
  descrição e significado, 177-81
  tonalidade, 176, 179
Sinfonia nº 9, terceiro movimento, 9, 72, 143, 162, 182-88, 196, 248
  andamento, 185, 187
  descrição e significado, 182-88
  indicação de compasso, 185
  tonalidade, 185, 186, 187, 188
  variação, 185-87
Singapura, 99
Sisman, Elaine, 194
Sociedade Schubert de Viena, 15
Solomon, Maynard, 71, 163
Solti, Sir Georg, 170, 171
Sonata para piano "Ao luar", 213
sonata para piano "Les Adieux", 60
Sonata para piano "Patética", 102, 213
sonata para piano "Waldstein", 60
Sonata para piano em dó menor, op. 111, 37n

Sonata para piano op. 10, nº 1, 102
Sonata para piano op. 101, 65, 225
Sonata para piano op. 106 ("Hammerklavier"), 65
Sonata para piano op. 111, 35, 37n, 72
Sonata para piano op. 13 ("Patética"), 102, 213
Sonata para piano op. 2, nº 1, 102
Sonata para piano op. 90, 65
Sonata para violino nº 10 (sol maior), 60
sonata para violino nº 9 ("Kreutzer"), 60
Sonata para violoncelo nº 3 op. 69, 60
Sonata para violoncelo op. 5, nº 2, 102
sonatas para violino e piano, 55
sonatas para violino, 60
sonatas para violoncelo e piano, 55
sonatas para violoncelo, 65, 102
Sonnleithner, Joseph, 30
Sonnleithner, Leopold, 30
Sontag, Henriette, 24, 27-28
soprano, 24, 29, 197, 202, 231
Spaun, Joseph von, 217
Spontini, Gaspare, 211
Stendhal, 11, 85-86, 88, 114, 122, 127-31, 137
  A cartuxa de Parma, 85
  Lucien Leuwen, 85
  O vermelho e o negro, 85
  Racine and Shakespeare, 127-29, 139
Strauss, Richard, 149, 165, 214n
  Till Eulempiegel, 149
Stravinski, Igor, 11, 64, 145, 148, 159, 182, 230, 246
  A sagração da primavera, 250
  Canticum Sacrum, 247
Streicher, Andreas, 41
Sucre, Antonio José de, 99
Suécia, 82

Sullivan, J. W. N., *Beethoven: His Spiritual Development*, 151
Szell, George, 248

Talleyrand, Charles-Maurice de, 81, 82, 84
Tanner, Michael, 161
Tchaikovski, Pyotr Ilich, Abertura "1812", 247
temas, 24
    alegria, 10, 15, 134n, 159, 187, 193-214, 217, 221, 233, 237, 252
    desespero, 87, 119-20, 159, 168
    humanidade, 70, 101, 110, 138
    liberdade, 9-10, 87, 120
    primeiro movimento, 166-77
    quarto movimento, 189-205
    segundo movimento, 176-80
    terceiro movimento, 182-89
    transcendência, 71-72, 153-54, 247
tema de valsa, 52
tenor, 24, 197, 200, 202, 204
Terror de 1792-96, 80
Thayer, Alexander Wheelock, *Life of Beethoven*, 225
Theater an der Wien, 44, 45
Times, The, 223
tímpano, 172, 176, 178-79, 180, 189, 190, 194, 201
tonalidade, 58
Toscanini, Arturo, 176, 183
Trio "Fantasma" para piano, violino e violoncelo, 55, 60
turismo, 18
    europeu após 1815, 93
transcendência, 71-72, 153-54, 247
trio, 181
trios para piano, violino e violoncelo, 55, 60, 158
trombone, 181, 201, 202

trompete, 172, 189, 201
turcos otomanos, 100, 105
Turgueniev, Ivan Sergueyevich, 225
Turquia, 100, 105

Uchida, Mitsuko, 149
Umlauf, Michael, 25, 44, 46
Unger, Caroline, 24, 27-28, 32
Updike, John, 189

Variações "Diabelli" para piano, 52, 71-72
Veneza, 104
Verdi, Giuseppe, 228, 235, 240, 242-44
    Aida, 242
    e Beethoven, 242-43
Viena, 10, 15-47, 52, 54-56, 66, 69, 79, 83, 95, 97, 101, 131, 157, 224, 240, 241, 242
    apartamento na Landstrasse, 15-16, 19, 28, 34
    declínio cultural, 17, 39
    economia, 31
    estreia da Nona Sinfonia, 10, 19-20, 22-49
    vida cultural na década de 1820, 38-39
viola, 54, 170, 174, 183, 186, 194, 202
violino, 55, 171, 174, 179, 183-84, 186, 187, 194, 202
violoncelo, 55, 175, 183, 191, 193, 194, 195, 197, 201
Vitória de Wellington, A, 84, 160
Vivaldi, Antonio, *As quatro estações*, 148

Wagner, Cosima, 146-47, 237, 239, 239n
Wagner, Richard, 12, 146, 195, 230-37, 238-39, 240, 243
    "A obra de arte do futuro", 233-35
    A valquíria, 236

e Beethoven, 229-40
   influência da Nona Sinfonia, 230-41
   Lohengrin, 236
   O crepúsculo dos deuses, 236
   O navio fantasma, 236
   Os mestres cantores de Nuremberg, 236
   Parsifal, 236
   racismo, 239
   Siegfried, 236
   Tannhäuser, 236
   Tristão e Isolda, 145, 236
Waldstein, conde, 54, 55
Walter, Bruno, 248

Waterloo, batalha de, 81, 85, 92
Weber, Carl Maria von, 16-17, 236
   Euryanthe, 24
Weingartner, Felix, 29
Wharton, Edith, 159
Whitman, Walt, "Song of Myself," 188
Wieck, Clara, 229
Wiener allgemeine Theater-Zeitung, 33
Wordsworth, William, 109

Zeitung für die elegante Welt, 22
Zelter, Carl Friedrich, 226

Este livro foi composto na tipologia Palatino
LT Std, em corpo 11/16, e impresso em
papel off-white no Sistema Cameron da
Divisão Gráfica da Distribuidora Record.